21 世纪高职高专规划教材 · 数控系列

数字电子技术

主　编　崔爱红　胡长胜
副主编　刘　敏　康丽杰　张燕菲

中国人民大学出版社
· 北京 ·

图书在版编目(CIP)数据

数字电子技术/崔爱红,胡长胜主编

北京:中国人民大学出版社,2010

21世纪高职高专规划教材·数控系列

ISBN 978-7-300-12311-0

Ⅰ.①数…

Ⅱ.①崔…②胡…

Ⅲ.①数字电路-电子技术-高等学校:技术学校-教材

Ⅳ.①TN79

中国版本图书馆CIP数据核字(2010)第111042号

21世纪高职高专规划教材·数控系列

数字电子技术

主　编　崔爱红　胡长胜

副主编　刘　敏　康丽杰　张燕菲

出版发行	中国人民大学出版社		
社　　址	北京中关村大街31号	**邮政编码**	100080
电　　话	010－62511242(总编室)		010－62511770(质管部)
	010－82501766(邮购部)		010－62514148(门市部)
	010－62515195(发行公司)		010－62515275(盗版举报)
网　　址	http://www.crup.com.cn		
	http://www.ttrnet.com(人大教研网)		
经　　销	新华书店		
印　　刷	运河(唐山)印务有限公司		
规　　格	185 mm×260 mm　16开本	**版　　次**	2010年8月第1版
印　　张	11.75	**印　　次**	2022年9月第3次印刷
字　　数	268 000	**定　　价**	22.00元

前　言

本书是根据教育部制定的高职高专教育“数字电子技术”课程教学的基本要求和高职高专人才培养的规范和特点，并结合现代数字电子技术的发展趋势而编写的。

全书分八章，主要内容有：逻辑代数基础、集成逻辑门电路、组合逻辑电路、触发器、时序逻辑电路、脉冲波形的产生与整形电路、D/A 与 A/D 转换、半导体存储器和可编程逻辑器件。

在内容及章节编排上，本书充分考虑高职高专学生的特点和专业需要，以够用和实用为教学改革方向，侧重基本分析方法、设计方法和集成电路芯片的应用。在注重基本概念和基础理论的同时，更加强调应用和实践能力的培养。在每章的开始设有“典型应用电路”，突出数字电子技术的实用性；每章章末的“书报文摘”能让学生开阔视野，了解一些新的技术动态；书中每一个例题都加以分析，以方便学生理解和自学。各章还设有教学目标、总结提要、概念复习、网站读物、问题思考、习题练习等，供学生复习、自学使用。

本书适用于高职高专电子信息类专业，也适用于高职高专数控专业、电气专业和相关专业使用，同时可供从事相关工作的技术人员参考。

本书由崔爱红、胡长胜担任主编，刘敏、康丽杰、张燕菲任副主编。崔爱红编写第 1 章、第 4 章及附录并负责全书的统稿工作，胡长胜编写第 7 章，刘敏编写第 2 章、第 8 章，康丽杰编写第 5 章、第 6 章，张燕菲编写第 3 章。

在本书的编写过程中，得到了有关领导和老师的大力支持和帮助，赵志恒教授主审了全书，并提出了大量宝贵意见，在此谨向他们表示感谢。

另外，为保证本套书的质量，特设了编委会，主任：赵志恒；主审：孟华兴、于树中；编委会委员（按姓氏拼音为序）：黄瑞芳、胡生夕、李敏华、李素其、李新、任静、司宇佳、吴书博、张晓。

由于编者水平有限，书中错漏在所难免，不当之处，恳请读者批评指正。

编者

2010 年 6 月

目　　录

第1章　逻辑代数基础

【教学目标】

1. 了解与、或、非三种基本逻辑关系的概念、逻辑代数的基本定律与规则。
2. 学会用逻辑代数的基本公式和常用公式去化简逻辑函数。
3. 掌握5变量以下卡诺图的画法，能熟练地运用卡诺图化简逻辑函数。

【典型应用电路】

声光控延时开关

声光控延时开关集声控、光控、延时自动控制技术为一体，白天光线较强时，受光控自锁，有声响也不开灯；当傍晚环境光线变暗后，开关自动进入待机状态，遇有说话声、脚步声等声响时，会立即开灯，延时半分钟后自动关灯。声光控延时开关不仅能延长灯泡的寿命，还能达到节电的目的。在这里，声音和环境光线变暗是两个条件，即为两个逻辑变量，只有这两个条件均满足时，灯亮才能实现。

声光控延时开关的电路原理图如图1—1所示。电路中的主要元器件是数字集成电路CD4011，还有4个独立的与非门，电路结构简单，工作可靠性高。

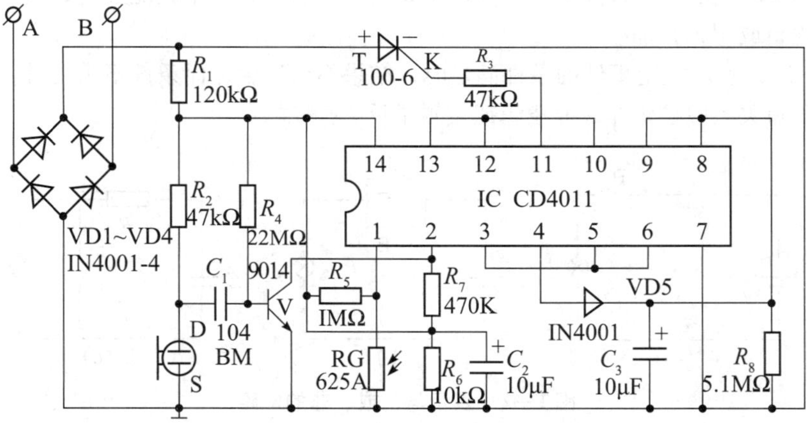

图1—1　声光控延时开关的电路原理图

本章着重讨论数字电路中逻辑关系的基本知识——逻辑代数，它是分析和设计数字电路的主要工具，是学习数字电子技术的基础。

1.1 逻辑变量与逻辑运算

1849 年，英国数学家乔治·布尔（George Boole）首先提出了描述客观事物逻辑关系的数学方法——布尔代数，因为布尔代数被广泛地用于开关电路及数字逻辑电路的分析设计中，故又把布尔代数称为开关代数或逻辑代数。

1.1.1 逻辑变量

逻辑代数中，用字母来表示变量，这种变量叫做逻辑变量。逻辑变量的取值只有 0 和 1 两个，这时 0 和 1 不表示数量的大小，只表示两种不同的逻辑状态，例如是和非、真和假、高电位和低电位、有和无、开和关等。在研究事件的因果变化关系时，决定事件变化的因素称为逻辑自变量，而与之对应的事件的结果称为逻辑结果，以某种形式表示的逻辑自变量与逻辑结果之间的函数关系称为逻辑函数。

1.1.2 逻辑运算

1. 基本逻辑运算

基本的逻辑关系有三种，即逻辑与、逻辑或、逻辑非。与之相对应，在逻辑代数中，基本的逻辑运算也有三种：与运算、或运算、非运算。为了理解与、或、非三种基本逻辑运算的含义，以下面例子进行说明。

从图 1—2 可以看出，若把开关的闭合作为条件，把灯泡的亮作为结果，那么三个电路图代表的逻辑关系如下：

图 1—2（a）表示只有决定事件结果的全部条件均具备时结果才发生，这种逻辑关系叫逻辑与、与逻辑或逻辑相乘。

图 1—2（b）表示决定事件的所有条件中只要一个满足，结果就能发生，这种逻辑关系叫逻辑或、或逻辑或逻辑相加。

图 1—2（c）表示决定事件的条件满足时，结果不会发生，而条件不满足时，结果反而会发生，这种逻辑关系叫逻辑非、非逻辑或逻辑求反。

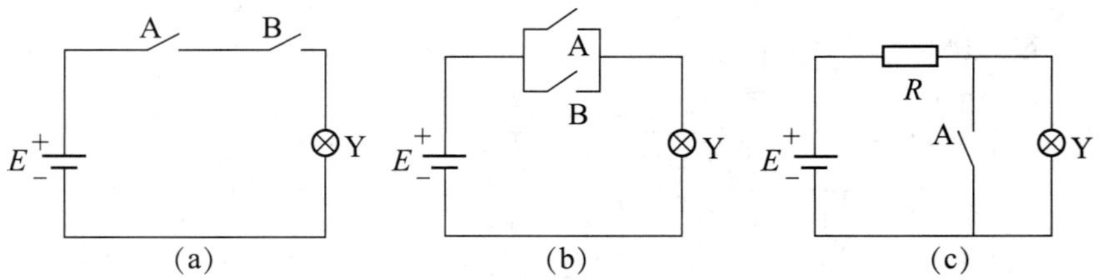

图 1—2 表示与、或、非的电路

若以 A、B 来表示逻辑自变量，Y 表示逻辑因变量，A、B 取 0 表示开关断开，取 1 表示开关闭合；Y 取 0 表示灯泡灭，取 1 表示灯泡亮，即可列出因变量与自变量之间变化关系表，称为逻辑真值表，见表 1—1～表 1—3。

表 1—1　与逻辑真值表

A	B	Y
0	0	0
0	1	0
1	0	0
1	1	1

表 1—2　或逻辑真值表

A	B	Y
0	0	0
0	1	1
1	0	1
1	1	1

表 1—3　非逻辑真值表

A	Y
0	1
1	0

将上述三种基本逻辑运算的逻辑自变量与逻辑因变量之间的关系表示成逻辑函数的形式为：

$Y=A\cdot B$　　与逻辑运算

$Y=A+B$　　或逻辑运算

$Y=\overline{A}$　　非逻辑运算

式中的“·”表示与运算，“+”表示或运算，变量上面的“－”表示非运算。同时，把实现与逻辑运算的单元电路叫与门，把实现或逻辑运算的单元电路叫或门，把实现非逻辑运算的单元电路叫非门。与、或、非逻辑运算不仅可以用逻辑函数的形式来表示，还可以用图形符号来表示，这些图形符号不仅可以表示有关的逻辑运算，还可以表示相应的门电路。图 1—3 即为国家标准所采用的图形符号。

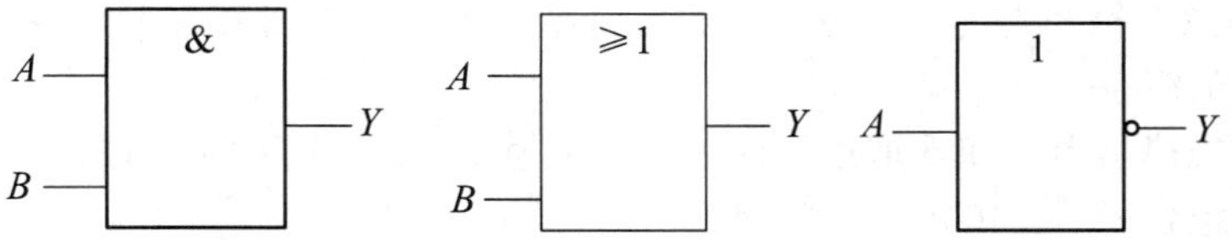

(a) 与逻辑符号　(b) 或逻辑符号　(c) 非逻辑符号

图 1—3　逻辑符号

2. 组合逻辑运算

在实际问题中，事件的因果关系往往比单一的与、或、非要复杂得多，不过它们均可用与、或、非组合来实现。将含有两个或两个以上基本逻辑的逻辑函数关系式称为组合逻辑函数。

通常组合逻辑函数包括与非、或非、异或、与或非等，相应的真值表见表 1—4～表 1—7。

表 1—4　与非逻辑真值表

A	B	Y
0	0	1
0	1	1
1	0	1
1	1	0

表 1—5　或非逻辑真值表

A	B	Y
0	0	1
0	1	0
1	0	0
1	1	0

表 1—6　异或逻辑真值表

A	B	Y
0	0	0
0	1	1
1	0	1
1	1	0

表 1—7　与或非逻辑真值表

A	B	C	D	Y	A	B	C	D	Y
0	0	0	0	1	1	0	0	0	1
0	0	0	1	1	1	0	0	1	1
0	0	1	0	1	1	0	1	0	1

续前表

A	B	C	D	Y	A	B	C	D	Y
0	0	1	1	0	1	0	1	1	0
0	1	0	0	1	1	1	0	0	0
0	1	0	1	1	1	1	0	1	0
0	1	1	0	1	1	1	1	0	0
0	1	1	1	0	1	1	1	1	0

与非、或非、异或、与或非运算的图形符号如图 1—4 所示。

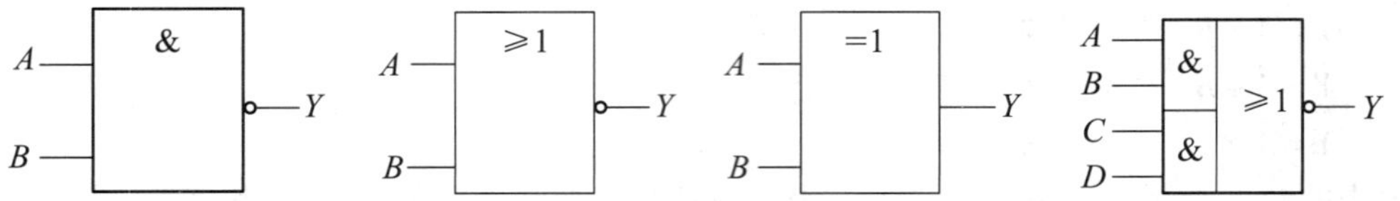

(a) 与非逻辑电路　(b) 或非逻辑电路　(c) 异或逻辑电路　(d) 与或非逻辑电路

图 1—4　组合逻辑电路的图形符号

由组合逻辑函数的真值表可知，与非运算是将 A 和 B 先进行与运算，然后将结果求反，可用公式 $Y=\overline{AB}$表示，故与非运算属于与运算和非运算的组合，图形符号中的小圆圈表示非运算。

或非运算是将 A 和 B 先进行或运算，然后将结果求反，可用公式 $Y=\overline{A+B}$表示，故属于或运算和非运算的组合。

异或运算的规律是当 A 和 B 取值不同时，输出为 1；取值相同时，输出为 0。异或运算可用与、或、非的组合表示：$A\oplus B=A\overline{B}+\overline{A}B$。

与或非运算是将 A、B、C 和 D 分别进行与运算，再将结果进行或运算，最后进行求反，可用公式 $Y=\overline{AB+CD}$表示，故属于与、或、非运算的组合。

1.2　逻辑代数的基本定律和基本规则

1.2.1　逻辑代数的基本定律

在逻辑代数中，有一些基本定律，见表 1—8。这些定律对今后的逻辑运算及逻辑函数的化简均有非常重要的作用。

表 1—8　逻辑代数基本定律

序号	定律	
1	$0\cdot A=0$	$1+A=1$
2	$1\cdot A=A$	$0+A=A$
3	$A\cdot A=A$	$A+A=A$
4	$A\cdot\overline{A}=0$	$A+\overline{A}=1$
5	$A\cdot B=B\cdot A$	$A+B=B+A$
6	$A\cdot(B\cdot C)=(A\cdot B)\cdot C$	$A+(B+C)=(A+B)+C$
7	$A\cdot(B+C)=A\cdot B+A\cdot C$	$A+B\cdot C=(A+B)(A+C)$
8	$\overline{AB}=\overline{A}+\overline{B}$	$\overline{A+B}=\overline{A}\cdot\overline{B}$
9	$\overline{\overline{A}}=A$	

表 1—8 中 1、2 为常量与变量间的运算规律，称为 0—1 律；3 为同一变量的运算规律，称为重叠律；4 为变量与反变量的运算规律，称为互补律；5 为交换律；6 为结合律；7 为分配律；8 是著名的摩根定理，也称反演律；9 表示一个变量两次求反运算后还原为本身，故称还原律或非非律。

上述这些定律的正确性可用真值表的方法加以证明，若将变量的所有取值代入等式两边，两边的结果相等，则等式成立。

1.2.2 逻辑代数常用公式

在逻辑代数中，有以下几个常用公式：

$$A + AB = A \tag{1—1}$$

$$A + \overline{A}B = A + B \tag{1—2}$$

$$AB + A\overline{B} = A \tag{1—3}$$

$$(A + B) \cdot (A + \overline{B}) = A \tag{1—4}$$

$$AB + \overline{A}C + BC = AB + \overline{A}C \tag{1—5}$$

这里仅对公式（1—5）加以证明，其余公式读者可用基本定律或真值表自己证明。

$$\begin{aligned} AB + \overline{A}C + BC &= AB + \overline{A}C + BC(A + \overline{A}) \\ &= AB + \overline{A}C + ABC + \overline{A}BC \\ &= AB(1 + C) + \overline{A}C(1 + B) \\ &= AB \cdot 1 + \overline{A}C \cdot 1 \\ &= AB + \overline{A}C \end{aligned}$$

1.2.3 逻辑代数的基本规则

1. 代入规则

将等式两边的同一个逻辑变量均以一个逻辑函数取代，则等式仍然成立，这一规则称为代入规则。

利用代入规则，可将前面讲过的基本定律和常用公式推广，掌握这些推广的形式，对逻辑函数化简非常有用。

应用代入规则将摩根定理推广，例如 $\overline{A + B} = \overline{A} \cdot \overline{B}$，若以 $(B + C)$ 代替原来的 B，则有 $\overline{A + (B + C)} = \overline{A} \cdot \overline{B + C} = \overline{A} \cdot \overline{B} \cdot \overline{C}$。

2. 反演规则

对于任意一个逻辑函数式 Y，若将其中所有的“·”换成“+”，“+”换成“·”；0 换成 1，1 换成 0；原变量换成反变量，反变量换成原变量，得到的函数式就是 $\overline{Y}$，这就是反演规则。利用反演规则可非常方便地求反函数 $\overline{Y}$。例如 $Y = (A + \overline{B}C)(\overline{A} + D)$，则 $\overline{Y} = \overline{A} \cdot (B + \overline{C}) + A \cdot \overline{D} = \overline{A}B + \overline{A}\,\overline{C} + A\overline{D}$。

在使用反演规则求反函数式时应注意以下两点：

（1）必须遵循先括号，然后乘，最后加的运算原则。

（2）不属于单个变量上的非号应保留不变。

3. 对偶规则

对于任意一个逻辑函数式 Y，若将其中的“·”换成“+”，“+”换成“·”；0 换成 1，1 换成 0，所得到的一个新的逻辑函数式，就是函数 Y 的对偶式，记为 Y'。由证明可得，若两个逻辑函数相等，则其对应的对偶式也相等。利用这一结果，可先证明某一等式两边函数的对偶式相等，再得出两函数相等，这样可简化证明过程。

1.3 逻辑函数的表示方法及相互转换

1.3.1 逻辑函数的表示方法

在实际使用中，逻辑函数的表示方法有多种，一般可用逻辑真值表、逻辑函数式、逻辑图、卡诺图及波形图等来表示。本节主要介绍前四种表示方法及相互转换，波形图表示法在后续章节中作介绍。

1. 逻辑真值表

将逻辑自变量所有取值和与其相对应的逻辑因变量的结果列成表格即得到真值表，真值表可将事件的因果关系非常直观地表示出来。

2. 逻辑函数式

将逻辑自变量和逻辑因变量的关系用与、或、非等运算的组合形式表示出来，即为逻辑函数式。逻辑函数式对事件的因果关系表示非常简捷，也便于化简。

3. 逻辑图

将逻辑函数式中的与、或、非等逻辑关系用对应的图形符号表示，即为逻辑图。逻辑图便于将事件的因果关系连成逻辑电路，因为最终的逻辑功能均依靠逻辑电路来实现。

4. 卡诺图

卡诺图实质上是把真值表按格雷码的编码规律排列出来的方格图。卡诺图中，小方格的个数与真值表的行数相同；真值表中，各行的行号也就是卡诺图中相应小方格的编号。

1.3.2 各种表示方法间的相互转换

1. 从真值表到逻辑函数式

例 1—1 已知一个奇偶判断电路的真值表（见表 1—9），试写出它的逻辑函数式。

表 1—9 **例 1—1 的真值表**

A	B	C	Y
0	0	0	0
0	0	1	0
0	1	0	0
0	1	1	1
1	0	0	0
1	0	1	1
1	1	0	1
1	1	1	0

分析 由真值表到逻辑函数式，步骤如下：

（1）找出真值表中使 $Y=1$ 的那些输入变量的组合。

（2）每组输入变量取值的组合对应一个乘积项，取 1 的写成原变量，取 0 的写成反变量。

（3）将这些乘积项相加，得到的即为逻辑函数式。

解 从真值表的变化规律可知，当变量 A、B、C 中有两个同时为 1 时，输出 Y 为 1，否则 Y 为 0：

$A=0$，$B=1$，$C=1$ 时，有 $\bar{A}BC=1$

$A=1$，$B=0$，$C=1$ 时，有 $A\bar{B}C=1$

$A=1$，$B=1$，$C=0$ 时，有 $AB\bar{C}=1$

故 Y 的逻辑函数式为上述三个乘积项之和，即 $Y=\bar{A}BC+A\bar{B}C+AB\bar{C}$。

2. 由逻辑函数式列出真值表

将输入变量的所有取值组合代入逻辑函数式中，求出函数值，列成表格，即可得到真值表。

例 1—2　已知 $Y = A\bar{B} + B\bar{C}$，求其对应的真值表。

分析　由逻辑函数式列出真值表，只要将 A、B、C 的八种取值组合逐一代入函数式，得出函数值，列成表格，即可得到其对应的真值表。

解　列出函数 $Y = A\bar{B} + B\bar{C}$ 的真值表（见表 1—10）。

表 1—10　　例 1—2 的真值表

A	B	C	Y
0	0	0	0
0	0	1	0
0	1	0	1
0	1	1	0
1	0	0	1
1	0	1	1
1	1	0	1
1	1	1	0

3. 由逻辑函数式画出逻辑图

用图形符号逐一代替函数式的运算符号，即可得到逻辑图。

例 1—3　已知 $Y=\overline{AB}+\overline{BC}$，试画出逻辑图。

分析　逻辑图就是用逻辑符号表示基本单元电路以及由这些基本单元电路组成的具有对应于某个逻辑函数功能的电路图。一般都是根据函数表达式画逻辑图的，只要把表达式中各个逻辑运算用相应门电路的逻辑符号代替，就可以画出和函数表达式相对应的逻辑图。

解　函数式 Y 的逻辑图，如图 1—5 所示。

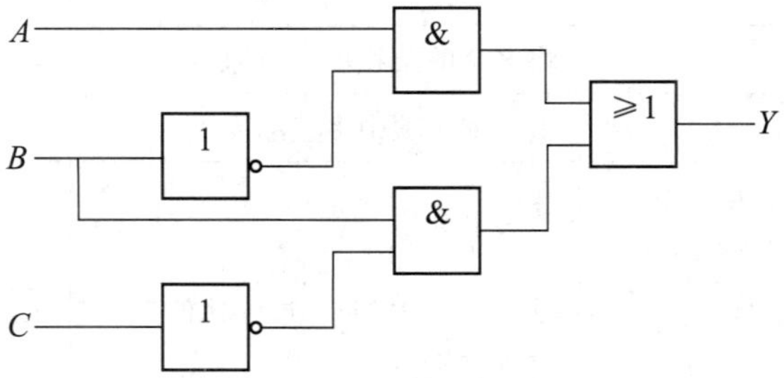

图 1—5　函数式 Y 的逻辑图

4. 由逻辑图写出逻辑函数式

从输入端到输出端逐级写出每个图形符号对应的逻辑式，即可得到对应的逻辑函数式。

例 1—4　已知某一函数的逻辑图如图 1—6 所示，写出对应的逻辑函数式。

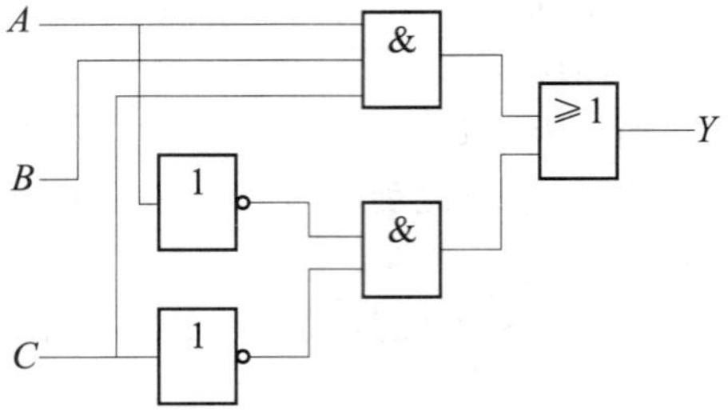

图 1—6　例 1—4 的逻辑图

分析　根据函数的逻辑图，可以从它的输出、输入变量间的逻辑关系得出和逻辑图相对应的函数表达式。只要对照逻辑图从输入到输出逐个写出输出端的表达式，那么逻辑图最后一级输出的逻辑关系式即为此逻辑图所对应的函数表达式。

解　图 1—6 对应的逻辑函数式为 $Y = ABC + \overline{A}\,\overline{C}$。

1.4　逻辑函数的化简方法

在分析逻辑问题时会发现，同一个逻辑函数虽然它所实现的逻辑功能相同，但其表达形式却多种多样，例如：$Y = AB + BC = \overline{\overline{AB}\,\overline{BC}} = \overline{\overline{A}+\overline{B}} + \overline{\overline{B}+\overline{C}}$。

人们总希望逻辑函数的表达形式最简单，因为当逻辑函数的形式最简单时，实现其逻辑功能的电路元件最少，不仅成本低，而且性能更可靠。

由于逻辑函数多以与或式出现，故下面将以与或式为例，分析其最简式的化简方法。所谓最简与或式，是指函数式的乘积项最少，且每个乘积项中的因子数也最少。

1.4.1　逻辑函数的代数化简法

所谓代数化简法，即指采用基本定律及常用公式对函数进行化简，见表 1—11。

表 1—11　　**代数化简法**

名称	所用公式	方法说明	举例
并项法	$A+\overline{A}=1$	将两项合并为一项，同时消去一个变量	$AB+A\overline{B}=A$
吸收法	$A+AB=A$	将多余的乘积项 AB 吸收掉	$A\overline{B}+A\overline{B}CD\ (E+F)\ =A\overline{B}$
消因子法	$A+\overline{A}B=A+B$	消去乘积项中多余的因子	
消项法	$AB+\overline{A}C+BC=AB+\overline{A}C$ $AB+\overline{A}C+BCD=AB+\overline{A}C$	消去多余项	
配项法	$A=A+A$	重复写入某项，再与其他项配合进行化简	$\overline{A}\,\overline{B}+\overline{A}B+AB=\ (\overline{A}\,\overline{B}+\overline{A}B)\ +\ (\overline{A}B+AB)$
	$1=A+\overline{A}$	一项拆成两项，再与其他项配合进行化简	$A=AB+A\overline{B}$

例 1—5　化简逻辑函数 $Y=A\overline{B}+\overline{A}\,\overline{B}+ACD+\overline{A}CD$。

分析　在对逻辑函数进行化简时，要灵活、综合甚至重复地使用某些公式，才能将函数化成最简的形式。能否尽快将函数化为最简形式，取决于对公式的熟练程度及应用技巧。

解　$Y=A\overline{B}+\overline{A}\,\overline{B}+ACD+\overline{A}CD$

$=(A+\overline{A})\overline{B}+(A+\overline{A})CD$

$=1\cdot\overline{B}+1\cdot CD=\overline{B}+CD$

1.4.2　逻辑函数的图形化简法

1. 逻辑函数的最小项之和形式

逻辑变量之间只进行逻辑与运算的表达式称为与项，与项之间只进行逻辑或运算的表达式称为与或表达式。例如：AC、$\overline{A}BC$ 是与项，$AC+\overline{A}BC$ 是与或表达式。

最小项是与项的一种，设有 n 个逻辑变量，由它们组成的具有 n 个变量的与项中，每个变量以原变量或反变量的形式出现一次而且仅出现一次，则称这个与项为最小项。对于 n 个变量来说可以有 2^n 个最小项。

例如：对于具有两个变量 A、B 的函数来说，就有四个最小项，分别为 $\overline{A}\,\overline{B}$、$\overline{A}B$、$A\overline{B}$、$AB$。

为了叙述及书写方便，通常用 m_i 表示最小项，下角标 i 的值是这样确定的：当变量按一定顺序排列好后，在对应的最小项中，若出现原变量时为 1，若出现反变量则为 0，这些 0、1 按顺序组成一个二进制数，这个二进制数所对应的十进制数就是 m_i 的下角标 i。

例如：当 $n=2$ 时，$\overline{A}\,\overline{B}$（00）$=m_0$，$\overline{A}B$（01）$=m_1$，$A\overline{B}$（10）$=m_2$，$AB$（11）$=m_3$。

为了分析最小项的性质，将两个变量所有最小项的真值列出，见表 1—12。由表中可看出最小项的性质。

表 1—12　　**两个变量最小项**

A	B	m_0	m_1	m_2	m_3
0	0	1	0	0	0
0	1	0	1	0	0
1	0	0	0	1	0
1	1	0	0	0	1

（1）使每一个最小项等于 1 的自变量的取值是唯一的。例如，当 $AB=00$ 时，只有 $m_0=1$，其余各最小项均为 0；当 $AB=11$ 时，只有 $m_3=1$，而其余最小项均为 0。

（2）两个不同的最小项之积为 0，即 $m_i\cdot m_j=0$（$i\neq j$）。

（3）n 个变量的所有最小项的逻辑和恒等于 1，即 $\sum_{i=0}^{2^n-1} m_i=1$。

求最小项有如下两种方法：

（1）将逻辑函数先用真值表表示，再根据真值表写出该逻辑函数的最小项之和。

例 1—6　设 $Y=\overline{A}\,\overline{B}\,\overline{C}+BC+A\overline{C}$，将 Y 表示成最小项之和形式。

分析　将函数式变为最小项之和形式，只需根据逻辑函数的表达式列出真值表，找出使 $Y=1$ 的变量取值组合，并写出这些组合相对应的最小项，最后将这些最小项相或，即得逻辑函数的最小项表达式。

解　列出真值表（见表 1—13），从真值表可得：

$Y=\overline{A}\,\overline{B}\,\overline{C}+\overline{A}BC+A\overline{B}\,\overline{C}+AB\overline{C}+ABC$

$=m_0+m_3+m_4+m_5+m_7$

$=\sum m(0,3,4,6,7)$

表 1—13　　　　Y 的真值表

A	B	C	$\bar{A}\bar{B}\bar{C}$	BC	$A\bar{C}$	Y
0	0	0	1	0	0	1
0	0	1	0	0	0	0
0	1	0	0	0	0	0
0	1	1	0	1	0	1
1	0	0	0	0	1	1
1	0	1	0	0	0	0
1	1	0	0	0	1	1
1	1	1	0	1	0	1

（2）将逻辑函数反复利用摩根定律和配项法，将函数式表示成最小项之和的形式。

例 1—7　已知 $Y=\overline{(AB+\bar{A}\bar{B}+\bar{C})\overline{AB}}$,将 Y 表示成最小项之和的形式。

分析　对于复杂函数式，要写出真值表很不方便，而利用摩根定律和配项法，将函数式表示成最小项之和的形式比较方便。

解　$Y=\overline{(AB+\bar{A}\bar{B}+\bar{C})\overline{AB}}$

$$Y=\overline{(AB+\bar{A}\bar{B}+\bar{C})}+AB$$

$$=\overline{AB}\cdot\overline{\bar{A}\bar{B}}\cdot C+AB=(\bar{A}+\bar{B})(A+B)C+AB$$

$$=(A\bar{B}+\bar{A}B)C+AB(C+\bar{C})=A\bar{B}C+\bar{A}BC+ABC+AB\bar{C}$$

$$=m_5+m_3+m_7+m_6=\sum m(3,5,6,7)$$

2. 逻辑函数的图解化简法

通过真值表和逻辑函数的讨论可知，对于任何一个逻辑函数的功能描述，都可做出它的真值表，根据真值表可以写出该函数的最小项之和的形式。但是，直接把真值表作为运算工具十分不便，如果将真值表按特定规律进行排列，将其变换成方格图的形式，称为卡诺图。利用卡诺图可以方便地对逻辑函数进行化简，通常称为图形法或卡诺图法。

（1）1 变量卡诺图。

1 变量卡诺图如图 1—7（a）所示。由于变量数 $n=1$，所以它有 $2^1=2$ 个小方格，对应 m_0 和 m_1 两个最小项。图中 0 表示 A 的反变量，1 表示 A 的原变量。

（2）2 变量卡诺图。

2 变量卡诺图如图 1—7（b）所示。由于变量数 $n=2$，所以它有 $2^2=4$ 个小方格，对应 4 个最小项。小方格按相邻原则排列，每个小方格有 2 个相邻格。

（3）3 变量卡诺图。

3 变量卡诺图如图 1—7（c）所示。由于变量数 $n=3$，所以它有 $2^3=8$ 个小方格，对应 8 个最小项。每个小方格有 3 个相邻格。

（4）4 变量卡诺图。

4 变量卡诺图如图 1—7（d）所示。由于变量数 $n=4$，所以它有 $2^4=16$ 个小方格，对应 16 个最小项。每个小方格有 4 个相邻格。

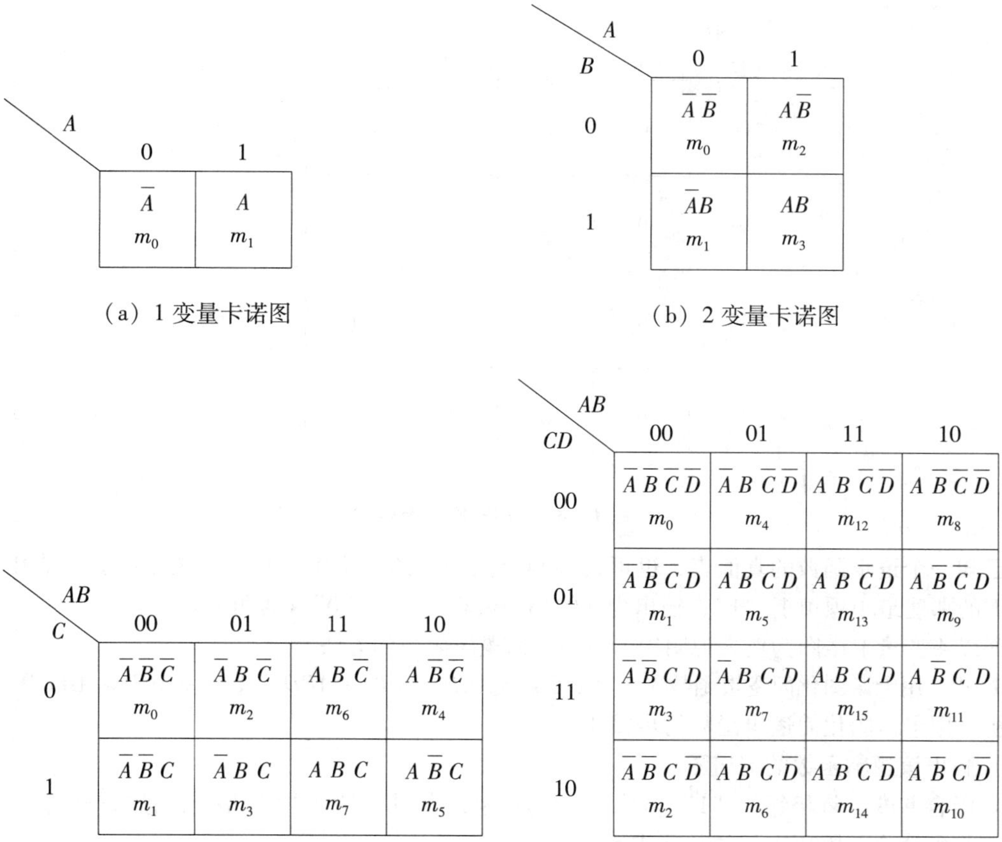

(a) 1 变量卡诺图　　(b) 2 变量卡诺图

(c) 3 变量卡诺图　　(d) 4 变量卡诺图

图 1—7　1～4 变量卡诺图

5 变量及以上的卡诺图十分复杂，相邻关系难以寻找，所以卡诺图一般用于 4 变量以内。

由于任意一个 n 变量的逻辑函数都可以表示成最小项之和的形式，而 n 变量的卡诺图包含了 n 个变量的所有最小项。所以只要先根据函数中的变量数画出对应的卡诺图，然后将函数中所有的最小项在卡诺图中找到对应的小方格，在格中填上“1”作为标记，其余小方格填“0”。

例 1—8　已知 $Y = AB\overline{C} + \overline{A}BD + AC$，试将此函数填在卡诺图上。

分析　已知逻辑函数，填卡诺图时应首先利用前面学过的方法将函数 Y 表示成最小项之和的形式。本例中由于 Y 是 4 变量逻辑函数，所以画出 4 变量的卡诺图，然后将函数 Y 的表达式中所有最小项填在卡诺图对应的小方格中，对应最小项处填“1”，其余格填“0”。

解　(1) 先将函数 Y 的表达式变为最小项形式：

$$\begin{aligned} Y &= AB\overline{C} + \overline{A}BD + AC \\ &= AB\overline{C}(D + \overline{D}) + \overline{A}BD(C + \overline{C}) + AC(B + \overline{B})(D + \overline{D}) \\ &= \overline{A}B\overline{C}D + \overline{A}BCD + A\overline{B}C\overline{D} + A\overline{B}CD + AB\overline{C}\,\overline{D} + AB\overline{C}D + ABC\overline{D} + ABCD \\ &= \sum m(5, 7, 10, 11, 12, 13, 14, 15) \end{aligned}$$

(2) 填入卡诺图，如图 1—8 所示。

CD \ AB	00	01	11	10
00	0	0	1	0
01	0	1	1	0
11	0	1	1	1
10	0	0	1	1

图 1—8　例 1—8 的卡诺图

若已知一个逻辑函数的真值表，也可直接画出该函数的卡诺图。具体做法是把真值表中输出为 1 的那些最小项填上“1”，输出为 0 的那些最小项填上“0”（也可不填）即可。

下面以 4 变量卡诺图为例来说明用卡诺图化简逻辑函数的方法。

例 1—9　用卡诺图化简逻辑函数 $Y = \overline{A}\,\overline{B}\,\overline{C}\,\overline{D} + \overline{A}C\overline{D} + \overline{A}BC + \overline{A}BD + ABC + AC\overline{D} + A\overline{B}\,\overline{C}D$ 。

分析　用卡诺图化简逻辑函数的步骤如下：

（1）画出该逻辑函数的卡诺图。

（2）画合并圈。将相邻的“1”格按 2^n 圈为一组，直到所有的“1”格全部被覆盖为止。

（3）将每个合并圈所表示的与项或运算。

解　第一步：将 Y 正确的填入 4 变量的卡诺图内，如图 1—9（a）所示。

第二步：画合并圈，圈住所有“1”格，如图 1—9（b）所示。为便于检查，可以将每个合并圈化简结果标在卡诺图上。

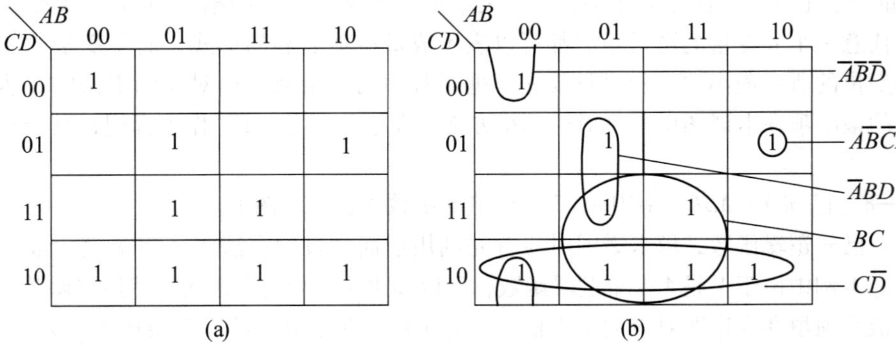

图 1—9　例 1—9 的卡诺图

第三步：组成化简后的函数。每一个合并圈对应一个与项，然后再将各与项“或”起来得到化简后的函数：

$$Y = BC + C\overline{D} + \overline{A}\,\overline{B}\,\overline{D} + \overline{A}BD + A\overline{B}\,\overline{C}D$$

为使简化后的逻辑函数式最简，在画圈时应注意下列几点：

（1）合并圈包含的小方格数必须是 2^n，越大越好。

（2）合并圈个数越少越好。

（3）由于 $A = A + A$，所以同一个“1”格可以圈多次。

（4）每个合并圈中要有新的未被圈过的“1”格。如果某一合并圈中所有“1”格均被别的圈所包围，由此圈所表示的与项是多余的，即为冗余项。

例 1—10　化简逻辑函数 $Y = \sum m(2, 3, 5, 7, 8, 10, 12, 13)$。

解　Y 的卡诺图及化简过程如图 1—10 所示。该函数有两种圈法，按图 1—10（a）的圈法可得：

$$Y = A\bar{C}\bar{D} + B\bar{C}\bar{D} + \bar{A}CD + \bar{B}C\bar{D}$$

按图 1—10（b）的圈法可得：

$$Y = A\bar{B}\bar{D} + AB\bar{C} + \bar{A}BD + \bar{A}\bar{B}C$$

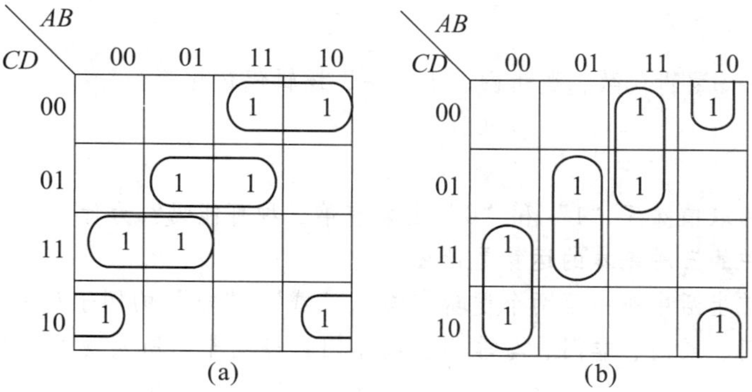

图 1—10　例 1—10 的卡诺图

比较两个合并法得出的结果可知它们均为 4 个 3 变量的与项组成，且均为最简的结果。从本例可知，同一逻辑函数可能有两种以上的最简化结果。

例 1—11　化简逻辑函数 $Y = \sum m(3, 5, 7, 9, 13, 14, 15)$。

解　化简过程如图 1—11（a）所示。从图中可看出合并圈最大（即结果为 BD）的一个圈中所有的“1”格均被其余的与项所包围，所以是冗余项，应去掉。最简的圈法如图 1—11（b）所示，最简结果为 $Y = \bar{A}B\bar{C} + A\bar{C}D + \bar{A}CD + ABC$。

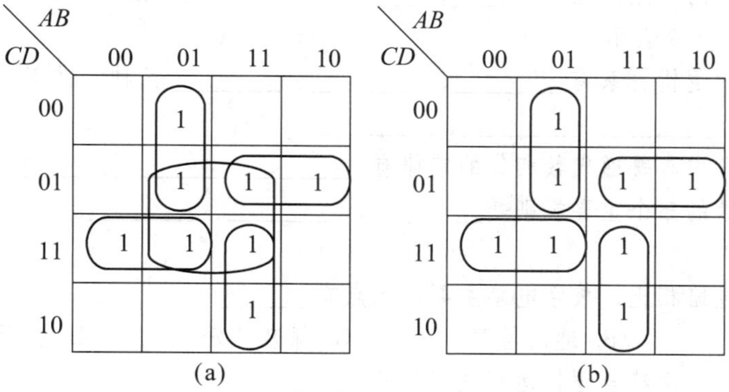

图 1—11　例 1—11 的卡诺图

【总结提要】

1. 基本逻辑关系有三种：与逻辑、或逻辑、非逻辑，由基本逻辑运算可实现与非、或非、异或等组合逻辑运算。逻辑函数遵循逻辑代数的运算法则。逻辑函数反映的不是数量之间的关系，而是逻辑关系。

2. 逻辑函数有五种表示方法：真值表、逻辑函数式、逻辑图、卡诺图和波形图，各种表示方法之间可以相互转换。

3. 逻辑函数的化简有两种基本方法：代数化简法和图形化简法。

【概念复习】

逻辑变量、真值表、与逻辑、逻辑函数式、或逻辑、非逻辑、逻辑图、卡诺图。

【网站读物】

搜索关键词——逻辑代数、逻辑图、卡诺图、逻辑代数化简。

【问题思考】

1. 逻辑变量的取值除了“1”和“0”之外有第三种可能吗？为什么？

2. 逻辑代数中的三种基本的运算是什么？

3. 能否从日常生活中举一至两个逻辑“与”、“或”、“非”的例子？

4. 试写出与门、或门、非门、与非门、或非门、与或非门所实现的逻辑运算，画出它们的逻辑符号。

5. 什么叫真值表？它有什么用处？你能根据给定的函数表达式列出真值表吗？

6. 试简述由真值表求函数表达式的方法。你能根据真值表直接写出函数表达式吗？

7. 什么叫逻辑图？试简述出函数表达式求逻辑图的方法。

8. 怎样根据逻辑图求出函数表达式和真值表？

【习题练习】

1. 填空题

（1）数字信号的特点是在________和________都是断续变化的，其高电平和低电平常用________和________来表示。

（2）最基本的逻辑关系有________、________、________三种。常用的几种导出的逻辑运算为________、________、________、________。

（3）逻辑代数中与普通代数相似的定律有________、________、________。

（4）逻辑代数的三个重要规则是________、________、________。

2. 选择题

（1）与模拟电路相比，数字电路主要的优点有________。

A. 容易设计　　B. 通用性强　　C. 保密性好　　D. 抗干扰能力强

（2）以下表达式中符合逻辑运算法则的是________。

A. $A \cdot A = A^2$　　B. $1 + 1 = 10$　　C. $0 < 1$　　D. $A + 1 = 1$

（3）逻辑函数的表示方法中具有唯一性的是________。

A. 真值表　　B. 表达式　　C. 逻辑图　　D. 卡诺图

（4）在________的情况下，“与非”运算的结果是逻辑 0。

A. 全部输入是 0 B. 任一输入是 0 C. 仅一输入是 0 D. 全部输入是 1

3. 判断题

（1）数字电路中用“1”和“0”分别表示两种状态，二者无大小之分。（ ）

（2）若两个函数具有相同的真值表，则两个逻辑函数必然相等。（ ）

（3）因为逻辑表达式 $A+B+AB=A+B$ 成立，所以 $AB=0$ 成立。（ ）

（4）若两个函数具有不同的逻辑函数式，则两个逻辑函数必然不相等。（ ）

4. 分析题

（1）化简下列逻辑函数（方法不限）。

1）$Y=A\overline{B}+\overline{A}C+\overline{C}\,\overline{D}+D$

2）$Y=\overline{A}\ (C\overline{D}+\overline{C}D)\ +B\overline{C}D+A\overline{C}D+\overline{A}\ C\ \overline{D}$

（2）试画出用与非门和非门实现下列函数的逻辑图。

1）$Y=AB+BC+AC$

2）$Y=\ (\overline{A}+B)\ (A+\overline{B})\ C+\overline{B}\ \overline{C}$

【书报文摘】

浅谈逻辑代数分析推理问题

很多同学认为《电子线路》教程中的逻辑代数与、或、非的逻辑关系及运算法则，与实际问题没有联系。笔者认为这种想法是片面的，该内容不仅是设计组合逻辑电路的基础，而且可以解决实际生活中的一些推理问题，下面笔者就“逻辑代数分析在学生中发生的推理问题”谈一点肤浅的看法，希望能起到抛砖引玉的作用。

问题：一天下午，一位同学跑来告诉我，他的茶杯被 A、B、C、D 四个男生中的某个同学摔坏了，于是，我就去班上询问，A 说：“这件事是 C 做的。”B 说：“我没有做。”C 说：“我也没有做。”D 说：“这件事是 A 做的。”当四人的话音刚落，一个知道内情的同学站起来嚷道：“老师，他们四个同学中，只有一个同学说了真话，其他三个同学说的都是假话。您上课不是说可以用逻辑代数分析推理问题，可否现场分析哪位同学说的是真话，哪位同学摔坏了茶杯?”

分析：四人都有摔坏茶杯或没有摔坏茶杯的可能，由此作如下规定：$A1$ 表示 A 摔坏茶杯，$A2$ 表示 A 没有摔坏茶杯。同理，B、C、D 也可能有 $B1$、$B2$；$C1$、$C2$；$D1$、$D2$。同时，四人都有说真话或说假话的可能，由此做如下规定：对学生说真话的取 1，对学生说假话的取 0。例如：A 说：“这件事是 C 做的。”若 A 说的是真话，则表达式为 $C1=1$ 或 $\overline{C1}=0$；若 A 说的是假话，则表达式为 $C1=0$ 或 $\overline{C1}=1$。

解：根据题意四个同学中，只有一个同学说了真话，其他三个同学说的都是假话。所以本题有四种可能：

（1）假设 A 同学说的真话，B、C、D 三个同学说的都是假话，则逻辑表达式为：$C1\cdot\overline{B2}\cdot\overline{C1}\cdot\overline{A1}=1$。根据题意 C、B 同学不可能都摔坏杯子，所以 $C1\cdot\overline{B2}=0$，因此这种假设不成立。

（2）假设 B 同学说的真话，A、C、D 三个同学说的都是假话，则逻辑表达式为：$B2\cdot\overline{C1}\cdot\overline{C2}\cdot\overline{A1}=1$。根据题意不可能出现 C 同学既摔坏杯子又没摔坏杯子这种模棱两可的情况，所以

$A1 \cdot \overline{C2} \cdot \overline{B2}=0$，因此这种假设也不成立。

（3）假设D同学说的真话，A、B、C三个同学说的都是假话。则逻辑表达式为：$A1 \cdot \overline{C1} \cdot \overline{C2} \cdot \overline{B2}=1$。据题意不可能出现A、B、C三个同学都摔坏杯子的情况，所以$A1 \cdot \overline{C2} \cdot \overline{B2}=0$，因此这种假设也不成立。

（4）假设C同学说的真话，A、B、D三个同学说的都是假话，则逻辑表达式为：$C2 \cdot \overline{C1} \cdot \overline{B2} \cdot \overline{A1}=1$。因为$C2$、$\overline{C1}$表示的意思是C没有摔坏杯子，$\overline{B2}$表示的意思是B摔坏杯子，$\overline{A1}$表示的意思是A没有摔坏杯子。三个意思不矛盾，因此这种假设成立。

根据以上分析，C同学说的是真话，茶杯是B同学摔坏的。

资料来源：易天龙：《浅谈逻辑代数分析推理问题》，载《电子报》，2007－06－17。

第 2 章　集成逻辑门电路

【教学目标】

1. 了解分立元件与门、或门和非门的电路构成和工作原理，掌握它们的逻辑符号。
2. 了解 TTL 与非门的工作原理及参数。
3. 掌握集成门电路 OC 门和三态门的功能及应用。

【典型应用电路】

电子液位控制器

在工业生产和日常生活中，逻辑门电路可以和其他电子器件配合，组成多种功能应用电路。电子液位控制器就是其中之一，它用于存储液体的容器中，是实现液位监测、报警和控制的一种电子设备。电子液位控制器电路原理图如图 2—1 所示。

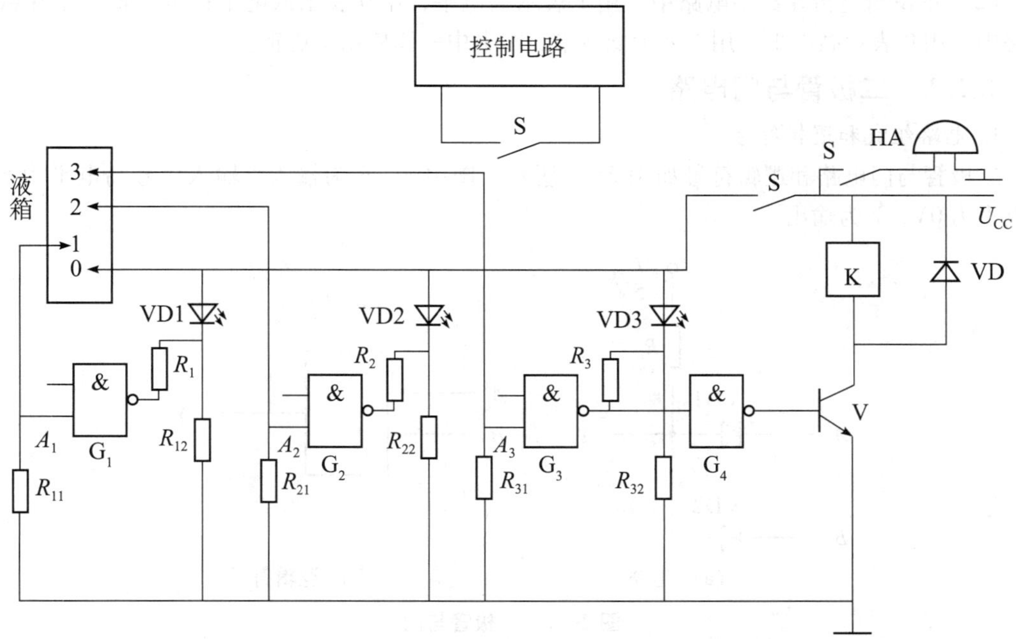

图 2—1　电子液位控制器电路原理图

图中 VD1、VD2 和 VD3 是 3 个发光二极管，用来做水位的指示。电铃 HA 由继电器控制，作为水位报警。S 为电源开关，电路工作时电源开关需闭合。

当水位极低的时候，检测点 1、2 和 3 都和 0 点断开，电阻 R_{11}、R_{21} 和 R_{31} 的阻值很小时，与非门 G_1、G_2 和 G_3 的输入端 A_1、A_2 和 A_3 均为低电平，从而 G_1、G_2 和 G_3 的输出端都为高电平，3 个发光二极管不发光。当水位上升至检测点 1 时，这时 1 和 0 点接通，G_1 的输入全为高电平，G_1 输出低电平，VD1 发光。同理当水位升至检测点 2、3 时 VD2 和 VD3 发光。当水位升到 3 检测点时 G_3 输出的低电平，经 G_4 输出高电平，三极管导通，从而电铃 HA 发声报警。

实现基本和复合逻辑运算的电子电路称为逻辑门电路，简称门电路。常用的门电路有与门、或门、非门、与非门、或非门、与或非门、异或门等。它们是组成各种数字系统的基本门电路。

逻辑门电路可分为分立元件逻辑门电路和集成逻辑门电路。用分立元器件和导线连接起来构成的逻辑门电路称为分立元件逻辑门电路。把分立元器件和导线都制作在一块半导体芯片上，封装起来构成的逻辑门电路称为集成逻辑门电路，现在使用最多的是 TTL 和 CMOS 集成逻辑门电路。

2.1 分立元件逻辑门电路

在介绍分立元件逻辑门电路之前，先介绍以下几个概念：

（1）在数字电路中，电平的高低用逻辑值 1 和 0 表示。

（2）正逻辑是指在数字电路中，用 1 表示高电平，用 0 表示低电平；负逻辑是指在数字电路中，用 0 表示高电平，用 1 表示低电平，本书中一律使用正逻辑。

2.1.1 二极管与门电路

1. 电路组成和逻辑符号

二极管与门电路和逻辑符号如图 2—2 所示。图中 A、B 为输入，输入信号高电平为 5V，低电平为 0V，Y 为输出。

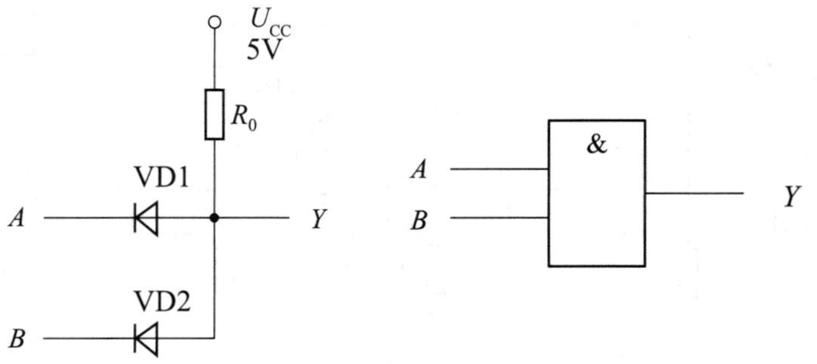

(a) 电路　　(b) 逻辑符号

图 2—2　二极管与门

2. 工作原理

A、B 的输入信号分别为 u_A、u_B，有四种不同情况：

（1）当 $u_A = u_B = 0V$，即均为低电平时，由于 VD1、VD2 都正偏导通，输出 Y 的电压 u_Y 被钳制在 0V。

（2）当 $u_A=0V$，$u_B=5V$，即一低一高时，由于 VD1 导通、VD2 截止，输出 Y 的电压 u_Y 被钳制在 0V。

（3）当 $u_A=5V$，$u_B=0V$，即一高一低时，由于 VD1 截止、VD2 导通，输出 Y 的电压 u_Y 被钳制在 0V。

（4）当 $u_A=5V$，$u_B=5V$，即均为高电平时，由于 VD1、VD2 都反偏截止，输出 Y 的电压 u_Y 为 5V。

整理上述分析，将结果列于表 2—1 中。按正逻辑，可将表 2—1 表示为表 2—2 的形式。

表 2—1　与门输入与输出电压关系

输入		输出
u_A/V	u_B/V	u_Y/V
0	0	0
0	5	0
5	0	0
5	5	5

表 2—2　与逻辑真值表

输入		输出
A	B	Y
0	0	0
0	1	0
1	0	0
1	1	1

综上所述，图 2—2（a）所示的电路实现了 $Y = A \cdot B$ 的与逻辑功能，是一个二极管与门。

2.1.2　二极管或门电路

1. 电路组成和逻辑符号

二极管或门电路和逻辑符号如图 2—3 所示。图中 A、B 为输入，输入信号高电平为 5V，低电平为 0V，Y 为输出。

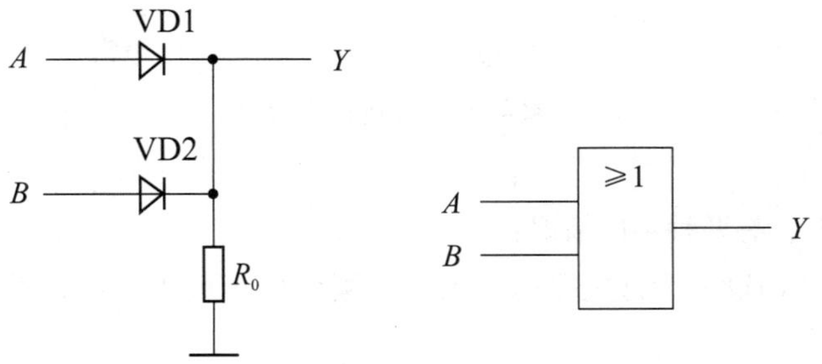

（a）电路　　　　（b）逻辑符号

图 2—3　二极管或门

2. 工作原理

A、B 的输入信号分别为 u_A、u_B，有四种不同情况：

（1）当 $u_A=u_B=0V$，即均为低电平时，由于 VD1、VD2 都截止，输出 Y 的电压 u_Y 为 0V。

（2）当 $u_A=0V$，$u_B=5V$，由于 VD1 截止、VD2 导通，输出 Y 的电压 u_Y 被钳制在 5V。

（3）当 $u_A=5V$，$u_B=0V$，由于 VD1 导通、VD2 截止，输出 Y 的电压 u_Y 被钳制 5V。

（4）当 $u_A=5V$，$u_B=5V$，由于 VD1、VD2 都导通，输出 Y 的电压 u_Y 被钳制在 5V。

整理上述分析，将结果列于表 2—3 中。按正逻辑，可将表 2—3 表示为表 2—4 的形式。

综上所述，图 2—3（a）所示的电路实现了 $Y = A + B$ 的或逻辑功能，是一个二极管或门。

表 2—3　或门输入与输出电压关系

输入		输出
u_A/V	u_B/V	u_Y/V
0	0	0
0	5	5
5	0	5
5	5	5

表 2—4　或逻辑真值表

输入		输出
A	*B*	*Y*
0	0	0
0	1	1
1	0	1
1	1	1

2.1.3　三极管非门电路

1. 电路组成和逻辑符号

三极管非门电路和逻辑符号如图 2—4 所示。图中 *A* 为输入，输入信号高电平为 5V，低电平为 0V，*Y* 为输出。

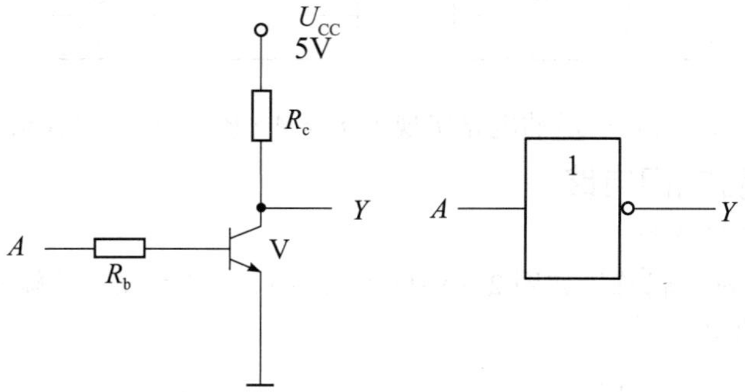

(a) 电路　　(b) 逻辑符号

图 2—4　三极管非门

2. 工作原理

A 的输入信号 u_A，有两种不同情况：

(1) 当 u_A = 0V，即输入为低电平时，由于三极管处于截止工作状态，输出 *Y* 的电压 u_Y 为 5V。

(2) 当 u_A = 5V，设置合适的电路参数，可使三极管处于饱和工作状态，输出 *Y* 的电压 u_Y 被钳制在 U_{CES}。U_{CES} 的值很小，可近似为 0V。

整理上述分析，将结果列于表 2—5 中。按正逻辑，可将表 2—5 表示为表 2—6 的形式。

表 2—5　非门输入与输出电压关系

输入	输出
u_A/V	u_Y/V
0	5
5	0

表 2—6　非逻辑真值表

输入	输出
A	*Y*
0	1
1	0

综上所述，如图 2—4（a）所示的电路实现了 $Y = \overline{A}$ 的非逻辑功能，是一个三极管非门。

2.2　集成逻辑门电路

与分立元件逻辑门电路相比，集成逻辑门电路具有体积小、重量轻、功耗低、可靠性高和工作速度高的特点。集成逻辑门电路按所用半导体器件不同可分为两大类：一类为双极型数字集成逻辑门电路，如 TTL 集成逻辑门电路；另一类为 MOS 型或单极型数字集成逻辑门电路，如 CMOS 集成逻辑门电路。

2.2.1　TTL 集成逻辑门电路

TTL 集成逻辑门电路主要是指晶体管—晶体管逻辑门电路。TTL 集成逻辑门电路有 TTL 与非门、OC 门、三态输出门等多种类型。

1. TTL 与非门

（1）电路组成和逻辑符号。

TTL 与非门的电路如图 2—5（a）所示。它由三部分组成：第一部分是由多发射极晶体管 V1 和电阻 R_1 组成电路的输入级，输入信号通过多发射极晶体管 V1 的发射结实现与逻辑；第二部分是由 V2 和电阻 R_2、R_3 组成中间级，从 V2 的集电极和发射极同时输出两个相位相反的信号，作为 V3 和 V4 的驱动信号；第三部分是由 V3、V4、二极管 VD4 和电阻 R_4 组成推拉式输出级。

TTL 与非门逻辑符号如图 2—5（b）所示。

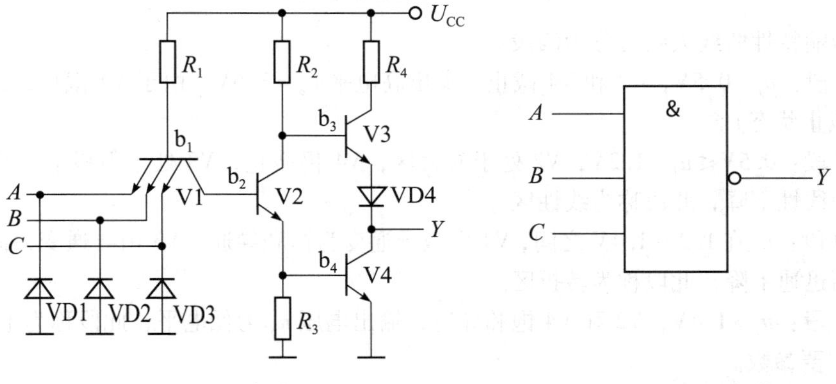

（a） 电路　　　　（b） 逻辑符号

图 2—5　TTL 与非门

（2）工作原理。

设输入信号的高、低电平分别为 3.6V 和 0.3V，PN 结导通压降为 0.7V，U_{CC}为 5V。

当输入信号有一个为低电平 0.3V 时，晶体管 V1 基极电位被限定在 0.3 + 0.7 = 1V。若想使 V2 和 V4 导通，V1 基极电位须达到 2.1V，因此 V2 和 V4 截止。U_{CC}通过 R_2 使 V3 和 VD4 导通，输出电压为 $U_{CC} - I_{b_3}R_2 - U_{BE3} - U_{VD4} \approx 3.6V$，输出 Y 为高电平。

当输入信号全为高电平 3.6V 时，晶体管 V1 基极电位升高，V2 和 V4 导通并饱和，从而晶体管 V1 的基极电位被限定在 2.1V。V2 的集电极电位被限定在 $U_{CES2} + U_{BE4} \approx 1V$，使 V3 和 VD4 截止，输出电压为低电平。

综上所述，当输入信号 A、B、C 有一个为低电平时，输出 Y 为高电平；只有全部输入为高电平时，输出才为低电平。输入与输出逻辑关系为与非关系，其输出逻辑表达式为：

$$Y = \overline{ABC}$$

特别注意，这种结构的输出端不能直接与地线或电源线相连。如果与地线直接相连，会使晶体管 V3 和 VD4 因流过的电流过大而损坏；如果与电源线直接相连，V4 会因流过电流过大而损坏。多个门电路输出端也不能直接相连，否则当一端输出高电平，另一端输出低电平时，会有很大的电流流过两个门中导通的输出管，造成损坏。

（3）电压传输特性。

TTL 与非门输出电压 u_o 随输入电压 u_i 变化的曲线称为电压传输特性曲线，如图 2—6 所示。

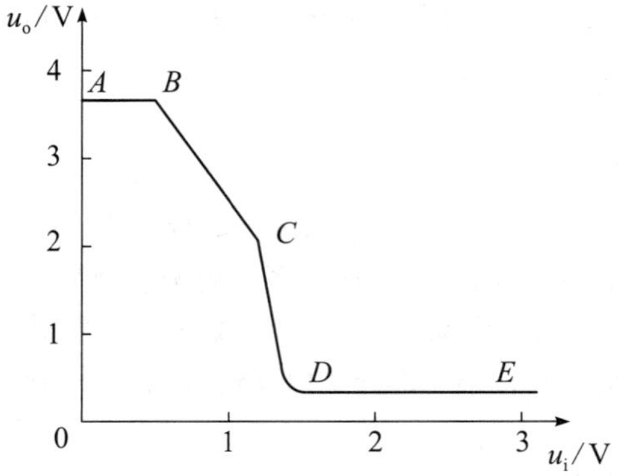

图 2—6　电压传输特性曲线

电压传输特性曲线大致可分为四段：

1）*AB* 段：$u_i < 0.5\text{V}$，V2 和 V4 截止，输出高电平 $u_o = 3.6\text{V}$，由于 V4 截止，此段称截止区（或称截止状态）。

2）*BC* 段：$0.5\text{V} \leqslant u_i < 1.2\text{V}$，V2 处于放大区，V4 仍截止，V3 处于射极输出状态，u_o 随 u_i 的增加而线性下降，此段称为线性区。

3）*CD* 段：u_i 在 1.2～1.4V 之间，V4 由微导通变为饱和导通，V3 由导通变为截止，u_o 随 u_i 的增加而迅速下降，此段称为转折区。

4）*DE* 段：$u_i > 1.4\text{V}$，V2 和 V4 饱和导通，输出电压 u_o 为低电平，此段称为饱和区。

（4）主要参数。

1）输出高电平 U_{OH} 和输出低电平 U_{OL}。

当与非门输入端有一个或几个为低电平时，输出的电压值称为输出高电平 U_{OH}，对应图 2—6 中的 *AB* 段的电压。

当与非门的输入端全接高电平时，输出的电压值称为输出低电平 U_{OL}，对应图 2—6 中的 DE 段的电压。

2）输入低电平 U_{IL} 和输入高电平 U_{IH}。

输入低电平 U_{IL} 和输入高电平 U_{IH} 都有一定的取值范围。为保证输出为高电平，最大输入低电平记为 U_{ILmax}；为保证输出为低电平，最小输入高电平记为 U_{IHmin}。

3）门限电压（或称阈值电压）U_{TH}。

门限电压一般取

$$U_{TH} = (U_{ILmax} + U_{IHmin})/2 \quad (2\text{—}1)$$

4）低电平噪声容限 U_{NL} 和高电平噪声容限 U_{NH}。

U_{NL} 和 U_{NH} 分别指输入低电平时允许的最大正向干扰幅度和输入高电平时允许的最大负向干扰幅度，如图 2—7 所示。噪声容限值越大，门电路的抗干扰能力值越强。

门电路在组成系统时，往往前一级的输出就是后一级的输入。

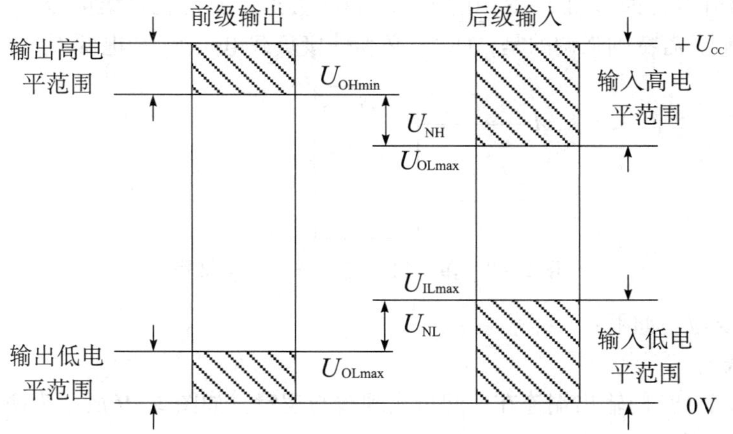

图 2—7　与非门噪声容限

由此可求得噪声容限为：

$$U_{NL} = U_{ILmax} - U_{OLmax} \tag{2—2}$$

$$U_{NH} = U_{OHmin} - U_{IHmin} \tag{2—3}$$

5）空载平均功耗 P_D。

空载平均功耗 P_D 是指输出端空载时，电源电压与电源电流平均值的乘积，其值越小越好。

6）平均传输延迟时间 t_{pd}。

在 TTL 集成逻辑门电路中，由于晶体管存在开关延迟时间，以及受电路结构和电路内部元件的影响，信号通过逻辑门电路时存在一定的时间延迟。t_{pd} 用来表示逻辑门电路的平均传输延迟时间，按其大小，门电路分为低速型、中速型、高速型和超高速型等。

7）扇出系数 N_O。

以 TTL 与非门和同类门一起作为负载为例。这时有两种情况，一种是负载电流从外电路流入 TTL 与非门，称为灌电流负载；另一种是负载电流从与非门流向外电路，称为拉电流负载。TTL 与非门输出低电平时，带灌电流负载，此时带灌电流负载门的个数称输出低电平扇出系数，记为 N_{OL}；TTL 与非门输出高电平时，带拉电流负载，此时带拉电流负载门的个数称输出高电平扇出系数，记为 N_{OH}。

$$N_{OL} = I_{OLmax}/I_{IL} \tag{2—4}$$

$$N_{OH} = I_{OHmax}/I_{IH} \tag{2—5}$$

式中，I_{OLmax} 为与非门输出低电平的最大允许电流，I_{IL} 为负载门输入低电平电流；I_{OHmax} 为与非门输出高电平的最大允许电流，I_{IH} 为负载门输入高电平电流。

当 N_{OL} 和 N_{OH} 不相等时，应取其中较小的作为电路的扇出系数。

8）开门电阻 R_{on} 和关门电阻 R_{off}。

当 $R_i > R_{on}$ 时，其逻辑状态相当于 1；当 $R_i < R_{off}$ 时，其逻辑状态相当于 0。如果 $R_{off} < R_i < R_{on}$ 时，则门电路处于不正常状态，这种情况是不允许的。

2. OC 门（集电极开路门）

在工程实践中，经常需要将两个门的输出端并联以实现与逻辑，称为线与。前面介绍过普通门电路的输出端不能直接连在一起，形成有用的线与功能，这个问题可采用集电极开路门来解决。

所谓集电极开路，即将图 2—5 中的 V3 和 VD4 去掉，所得就是集电极开路与非门，其符号如图 2—8 所示。需特别强调的是，OC 门必须外接负载电阻 R_C 和电源 U_{CC}才能正常工作。

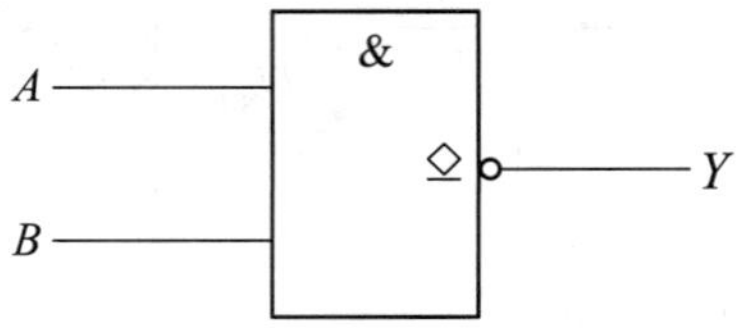

图 2—8　集电极开路与非门逻辑符号

OC 门的主要应用如下：

（1）实现线与。

将两个或多个 OC 门输出端连在一起可实现线与逻辑。如图 2—9 所示为两个 OC 门实现线与功能的电路。输出表达式为：

$$Y = Y_1 \cdot Y_2 = \overline{AB} \cdot \overline{CD} = \overline{AB + CD} \qquad (2—6)$$

（2）驱动发光二极管。

OC 门驱动发光二极管的电路，如图 2—10 所示。该电路只有在输入 A、B 都为高电平，输出为低电平时，发光二极管才会发光。

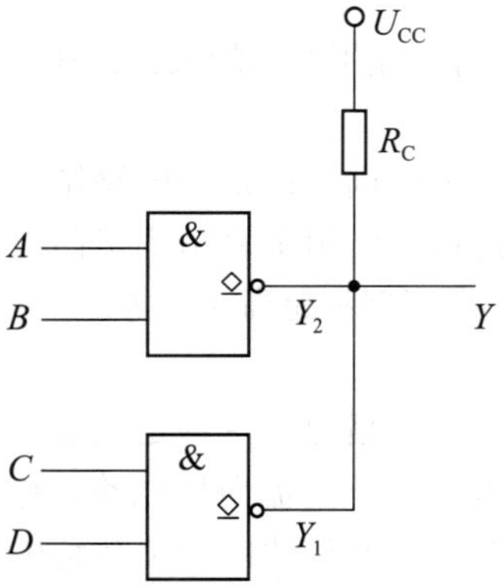

图 2—9　用 OC 门实现线与

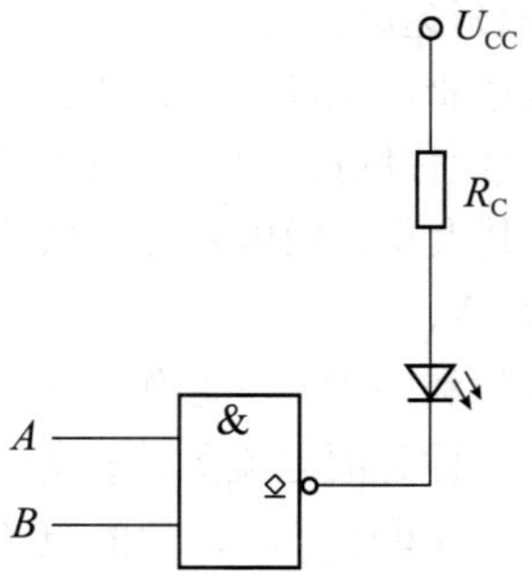

图 2—10　用 OC 门驱动发光二极管

（3）实现电平转换。

由 OC 门组成的电平转换电路，如图 2—11 所示。当输入 A、B 都为高电平时，输出 Y 为低电平 0.3V；当输入 A、B 中有低电平时，输出 Y 为高电平 U_{CC}。因此，选用不同的电源电压 U_{CC}时，可使输出的高电平能适应下一级电路对高电平的要求，从而实现电平转换。

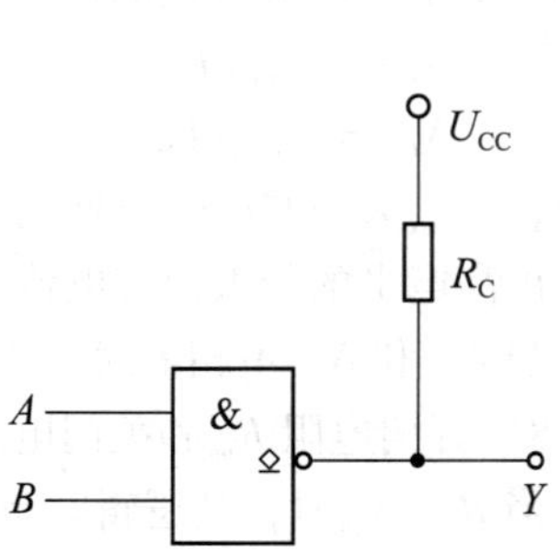

图 2—11　用 OC 门实现电平转换

3. 三态输出门

三态输出门（简称三态门）是在普通电路的基础上，增加控制端和控制电路。它的输出除了具有一般门电路的高电平、低电平外，还具有高输出电阻的第三种状态，称为高阻态。三态输出门的符号，如图 2—12 所示。

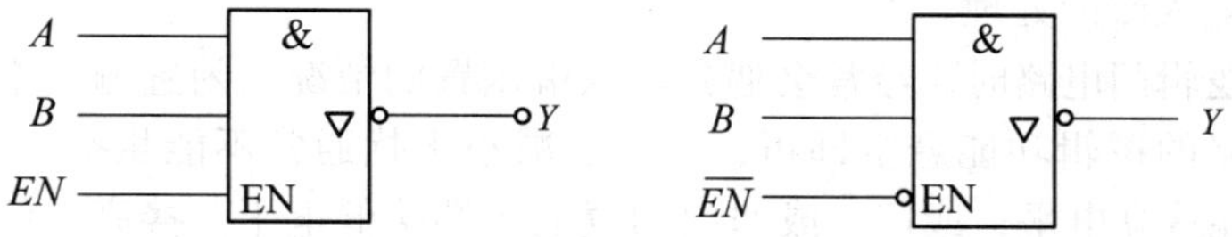

(a) 使能端高电平有效 (b) 使能端低电平有效

图 2—12 三态输出门

如图 2—12（a）所示的电路中，当使能端信号 EN 为高电平时，$Y=\overline{A\cdot B}$；当 EN 为低电平时，输出端呈高阻态。

如图 2—12（b）所示的电路中，当使能端信号 $\overline{EN}$ 为低电平时，$Y=\overline{A\cdot B}$；当 $\overline{EN}$ 为高电平时，输出端呈高阻态。

三态输出门的主要应用如下：

（1）用三态输出门构成单向数据总线。

如图 2—13 所示，n 个三态输出门输出端连接到一根信号传输线上，构成单向总线。n 路信号都可通过总线进行传输，但是任一时刻只允许一个三态输出门工作，其余三态输出门都被禁止。

（2）用三态输出门构成双向数据总线。

如图 2—14 所示，当 $EN=1$ 时，G_1 工作，G_2 输出高阻态，数据 D_0 经 G_1 反相后送到总线上；当 $EN=0$ 时，G_1 输出高阻态，G_2 工作，数据总线上的数据 D_1 经 G_2 反相后输出，从而实现数据的双向传输。

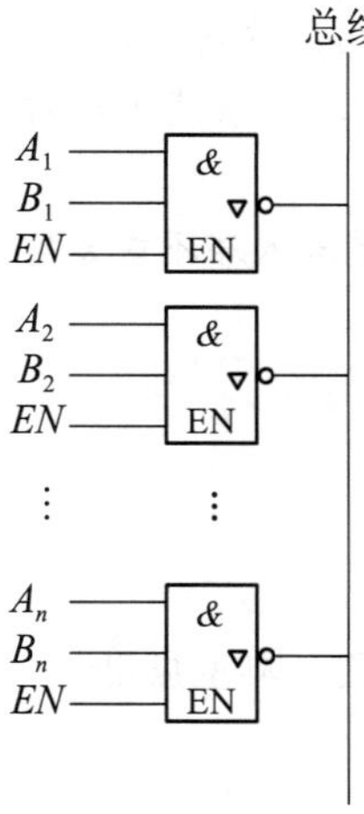

图 2—13 用三态输出门构成单向总线

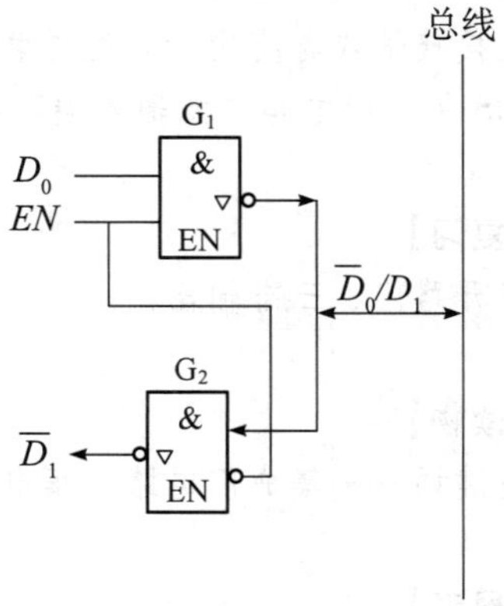

图 2—14 用三态输出门构成双向总线

4. 使用 TTL 逻辑门电路的几个实际问题

（1）输入端电阻对 TTL 逻辑门电路工作状态的影响。

当 TTL 逻辑门电路输入端接入一电阻 R 时，电阻值的大小会影响逻辑门的工作状态。适当选择电阻值，可使逻辑门电路工作在导通或截止状态。

（2）尖峰电流的问题。

TTL 逻辑门电路工作时，会产生较大的电源尖峰电流，尖峰电流的存在给逻辑系统带来不良影响。欲降低尖峰电流的影响，常在靠近 TTL 逻辑门电路的电源与地之间接入一个滤波电容。

（3）未使用输入端的处理。

当使用 TTL 逻辑门电路时，经常会遇到输入端闲置的情况。闲置输入端的处理，原则上只要不影响门电路的逻辑功能悬空即可，但为了减小干扰通常不能悬空。具体地说，与门、与非门闲置输入端接高电平；或门、或非门闲置输入端接低电平。接高、低电平的方法可以通过限流电阻接电源和地，也可以直接接电源和地，如果信号源驱动能力强，闲置输入端也可与使用端并联使用。

2.2.2 CMOS 集成逻辑门电路

CMOS 集成逻辑门电路具有功耗极低、电源电压范围宽、抗干扰能力强、输入电阻极高、扇出能力强、集成度高、抗幅射能力强和成本低的特点。

CMOS 集成逻辑门电路要注意输入端静电防护，在运输时最好用金属作为包装材料，不能用易产生静电的化工材料、化纤织物包装。在组装、调试时，仪器仪表、工作台面及烙铁等均应良好接地，不使用的闲置输入端不能悬空。

CMOS 集成逻辑门电路的电源电压不能将极性接反，电路输出端不能与电源或地短接，不同门电路的输出端也不能并联使用，否则会使电路损坏。

【总结提要】

1. 在数字电路中，半导体二极管、三极管和 MOS 管都工作在开关状态。

2. 在分立元件门电路中，基本逻辑门电路有与门、或门和非门。在数字集成电路中，基本逻辑门电路有与非门、或非门，它们是构成其他各种功能电路的基础。

3. OC 门的输出端可并联实现线与。三态输出门的输出端也可并联使用，但应分时工作，即在同一时间内，只能有一个三态输出门工作，其他三态输出门的输出都处于高阻状态。

4. 对于与非门的闲置输入端可直接与电源或与有用输入端并联使用；对于或非门的闲置输入端可直接接地或与有用输入端并联使用。

5. CMOS 集成门电路注意输入端静电防护，不使用的闲置输入端不能悬空。

【概念复习】

集电极开路门、三态输出门。

【网站读物】

搜索关键词——集成门电路、集电极开路门、三态输出门、典型应用。

【问题思考】

1. TTL 集成与非门输出端可直接相连吗？为什么？
2. 集成门电路闲置输入端如何处理？
3. OC 门有什么主要应用？
4. 什么是噪声容限？
5. 什么是扇出系数？
6. CMOS 集成逻辑门电路的特点及注意事项有哪些？

【习题练习】

1. 填空题

（1）正逻辑是指在数字电路中，用________表示高电平，用________表示低电平。负逻辑是指在数字电路中，用________表示高电平，用________表示低电平。

（2）三态输出门的输出状态有________、________、________三种，其主要应用有________、________。

（3）OC 门的输出端连在一起可实现________。

（4）三极管非门电路中三极管工作在________、________。

2. 选择题

（1）TTL 集成门逻辑电路的电源电压 U_{CC} 一般为________。

A. －5V　　B. 5V　　C. 12V　　D. －12V

（2）可实现线与功能的门是________。

A. 三态输出门　　B. OC 门

C. 与非门　　D. 非门

（3）输入端可悬空的门电路是________。

A. CMOS 集成逻辑门电路　　B. TTL 集成逻辑门电路

C. OC 门　　D. 三态输出门

（4）三极管非门输出低电平时三极管工作在________区域，输出高电平时三极管工作在________区域。

A. 放大区　　B. 截止区　　C. 饱和区

3. 计算题

（1）若负载门输出高电平为 2.4V、低电平为 0.3V，负载门允许输入最低高电平为 1.8V、最高低电平为 0.8V，求负载门的噪声容限。

（2）如图 2—15 所示电路中，VD1 和 VD2 为硅二极管，导通压降为 0.7V。

1）B 接地，A 接 5V 时，U_O 等于多少？

2）B 接 10V，A 接 5V 时，U_O 等于多少？

3）B 悬空，A 接 5V，测 B 和 U_O 端电压，各为多少？

4）A 接 10kΩ 电阻，B 悬空，测 B 和 U_O 端电压，各为多少？

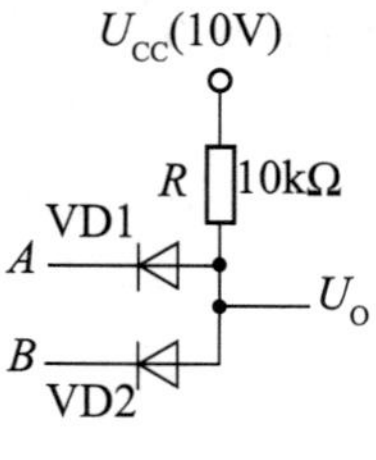

图 2—15

（3）在如图 2—16 所示的 TTL 逻辑门电路中，已知开门电阻 R_{on} 为 3kΩ，关门电阻 R_{off} 为 0.8kΩ。试判断哪些电路能正常工作，哪些电路不能正常工作，并写出能正常工作的电路输出逻辑表达式。

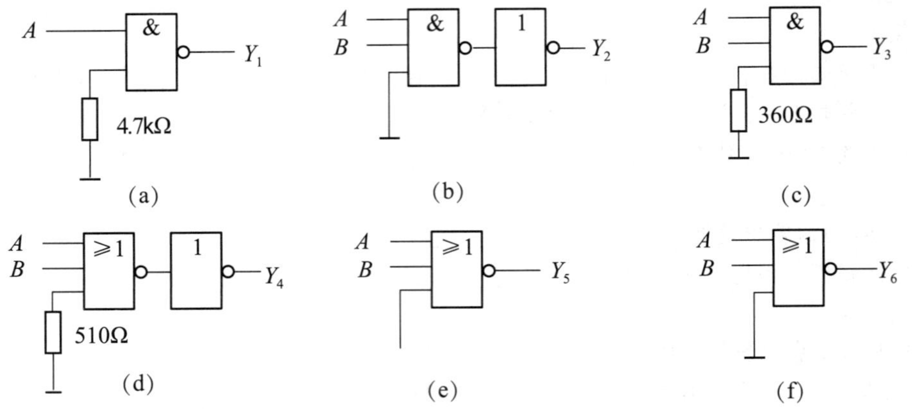

图 2—16　6 种 TTL 门电路

（4）判断图 2—17 是否正确，如果不正确将其改正。

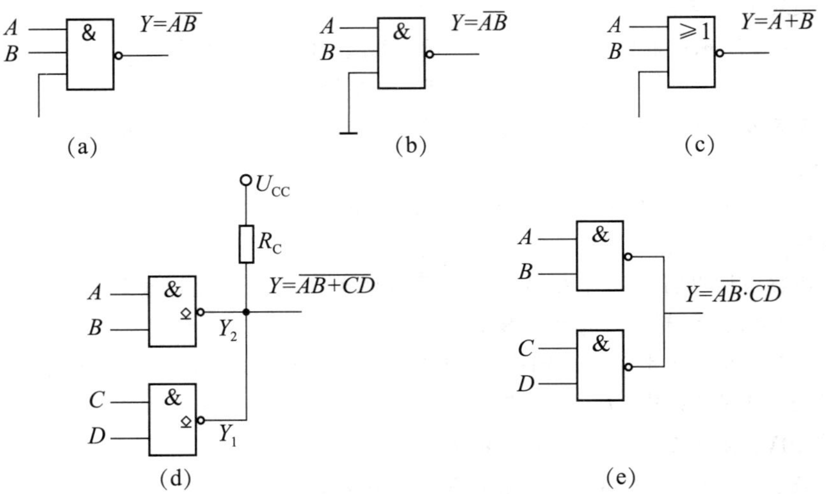

图 2—17

（5）三态输出门驱动标准与非门的逻辑电路如图 2—18 所示，试分别在下列情况下判断输出端 Y 的状态，并列出真值表。

1）$A=0$，$B=1$，$\overline{EN}=0$；

2）$A=B=1$，$\overline{EN}=1$；

3）$A=B=0$，$\overline{EN}=1$。

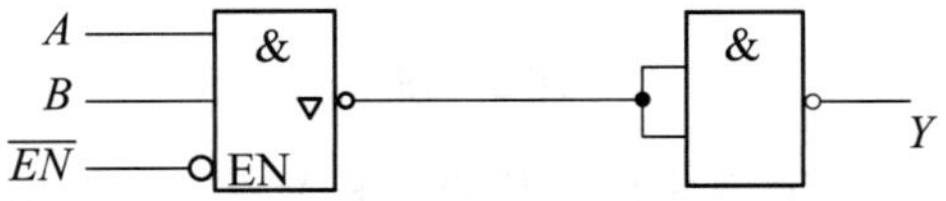

图 2—18

【书报文摘】

危险的技巧——再谈数字门电路的线性应用

门电路作为数字电路的基本组成单元之一，被广泛应用在各种数字逻辑电路之中。

由于非门的传输特性存在一段斜率较为陡峭的线性区，因而有的设计者通过负反馈等方法给非门建立直流工作点，使非门工作在线性区来实现对模拟信号的放大功能。在一些电子小制作的书中，也有介绍用非门作为放大级的收音机。

非门的线性应用，从器件可靠性的角度看，是非常危险的行为，我们将从 CMOS 逻辑门的结构入手，分析其危险之处。

图 2—19 是一个典型的 CMOS 电路的输入级，其本身就是一个由 2 个增强型 MOS 管构成的非门，它们对 CMOS 电路的输入和内电路进行匹配，提高了 CMOS 电路的输入阻抗。当输入信号的电压值处于高、低电平逻辑之间时，这两个 MOS 管趋于同时导通。由于连接于电源和地之间，此时流过两个 MOS 管的电流会很大，如果 CMOS 电路过长时间工作在此阶段，将可能导致 MOS 管过载，降低电路的可靠性。

图 2—20 是一个 CMOS 门电路消耗的电源电流与输入电压值之间的关系曲线。从图中可以看出，在典型的逻辑电平范围，CMOS 门所消耗的电源电流几乎为 0；而在逻辑电平的中间段（图中为 0.8～2V），电流陡然上升到 4mA。例如一个 18bit 宽的总线收发器，在输入电平处于逻辑电平中间段时，其消耗的电源电流高达 150～200mA。

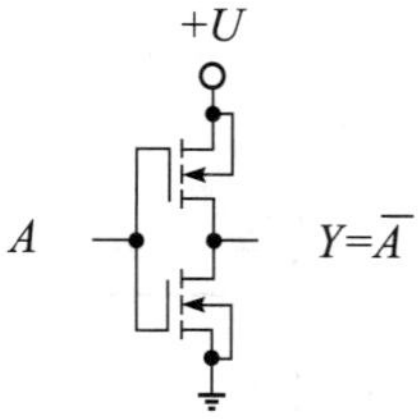

图 2—19

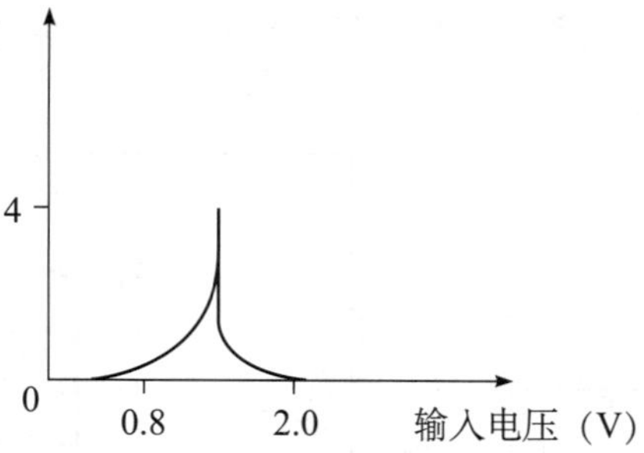

图 2—20

从上面的分析中可以看出，在使用 CMOS 逻辑门时，应该避免将未使用的输入端悬空，并应保证输入信号的上升沿、下降沿足够陡峭，尽量减少 CMOS 门在过渡区中的工作时间，减小电路功耗，提高电路可靠性。

现在讨论线性应用，直流工作点的建立势必使得门的输入电路及输出图腾柱始终处于“半导通”的过载状态，长期工作，难以保证电路的稳定运行。此外从价格方面考虑，一个 74HC04 和一片双运算放大器的价格相差无几，实在是没有必要为了一点差价，牺牲了可靠性指标。

资料来源：江海波：《危险的技巧——再谈数字门电路的线性应用》，载《电子报》，2006－11－19。

第 3 章　组合逻辑电路

【教学目标】

1. 掌握组合逻辑电路的分析方法和设计方法。
2. 熟悉常用中规模集成组合逻辑电路的工作原理。
3. 学会用中规模集成组合逻辑电路实现组合逻辑函数。

【典型应用电路】

微控制器报警编码电路

图 3—1 是一个微控制器报警编码电路，利用 74LS148 编码器监视 8 个液罐的液面高度。若 8 个液罐中的任何一个的液面超过预定高度时，其液面传感器便输出一个低电平信号到编码器的输入端。Intel 8051 是一个微控制器，编码器输出的 3 位二进制代码到微控制器，Intel 8051 的$\overline{INT_0}$端接收到一个低电平时，就运行报警处理程序并作出响应反应，完成报警。

图中 74LS148 就是本章要介绍的 8—3 线优先编码器。

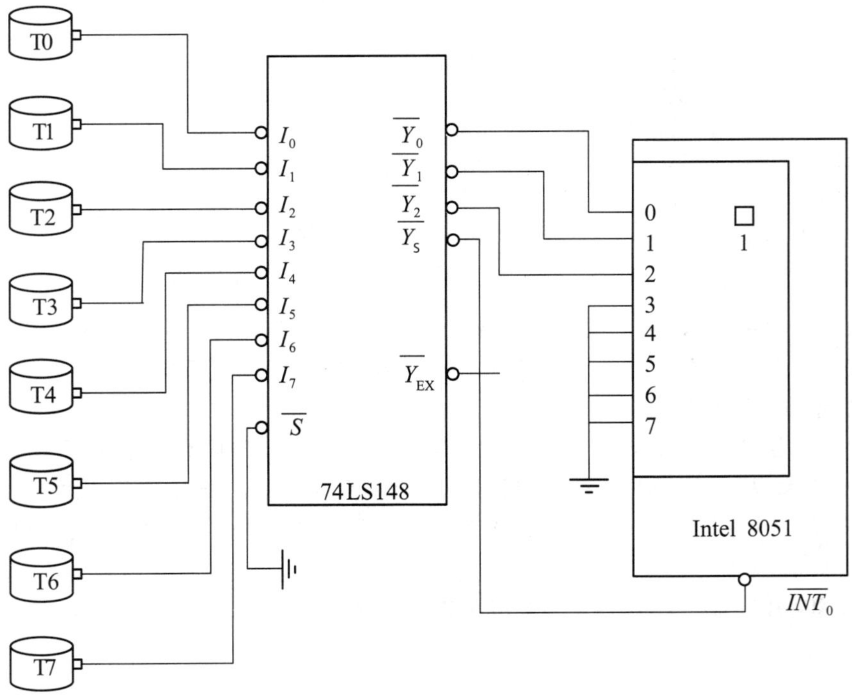

图 3—1　74LS148 微控制器报警编码电路

3.1　组合逻辑电路概述

数字电路按逻辑功能可分为两大类，组合逻辑电路和时序逻辑电路。本章介绍组合逻辑电路，简称组合电路。

3.1.1　组合逻辑电路的功能特点

所谓组合逻辑电路是指电路在任意时刻的输出只取决于该时刻的输入，与电路原来的状态无关。

组合逻辑电路可以有一个或多个输入，也可以有一个或多个输出。下面是一个多输入多输出的组合电路框图，如图 3—2 所示。

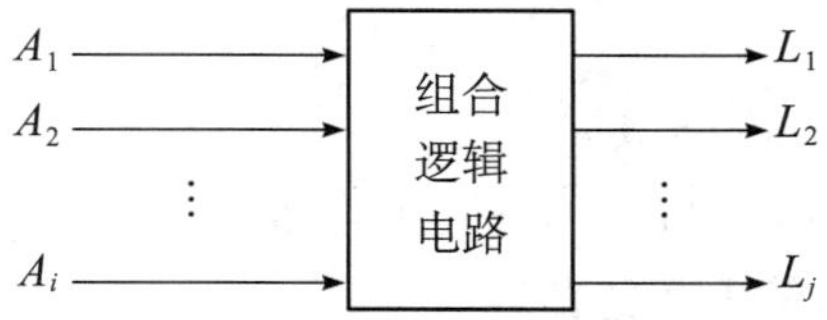

图 3—2　组合逻辑电路框图

电路有 i 路输入，j 路输出，其中 A_1，A_2，…，A_i是输入信号（逻辑变量），L_1，L_2，…，L_j是输出信号（逻辑函数），输入输出的关系可以表示为：

$$L_1=f_1(A_1, A_2, \cdots, A_i)$$
$$L_2=f_2(A_1, A_2, \cdots, A_i)$$
$$\cdots\cdots$$
$$L_j=f_j(A_1, A_2, \cdots, A_i) \tag{3—1}$$

3.1.2　组合逻辑电路的结构特点

组合逻辑电路中不包含有记忆功能的元件，全部由与门、或门、与非门、或非门等逻辑门组合而成。电路中不存在输出到输入的反馈通路，因此输出状态不影响输入状态。

3.2　组合逻辑电路的分析与设计

3.2.1　组合逻辑电路的一般分析方法

所谓组合逻辑电路的分析，就是找出给定组合逻辑电路输出和输入之间的逻辑关系，并指出电路的逻辑功能组合。分析过程一般按以下 3 个步骤进行：

（1）根据给定的组合逻辑电路，从输入端开始，逐级推导出输出端的逻辑函数表达式并根据代数法或卡诺图法化简或转换逻辑函数表达式。

（2）根据输出函数表达式列出真值表。

（3）根据真值表对电路进行分析，概括出电路的逻辑功能。

例 3—1　分析如图 3—3 所示的组合逻辑电路的逻辑功能。

分析　图 3—3 是由四个与非门组成的二级组合逻辑电路。组合逻辑电路中的级数是指从某一输入信号变化到引起输出也发生变化所经历的逻辑门的最大数目，通常将输入级作为第

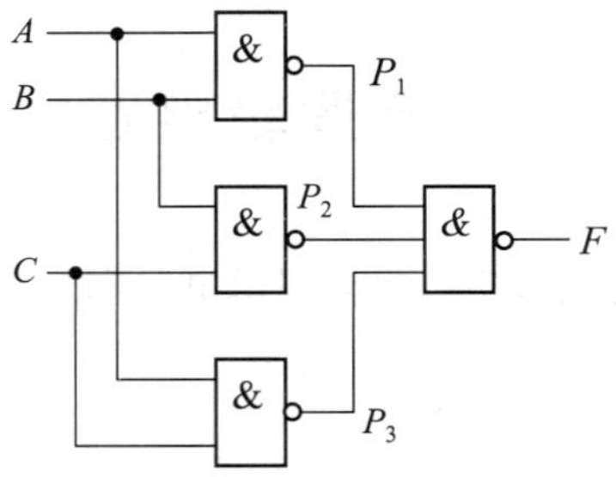

图 3—3　例 3—1 的逻辑电路

一级，以此类推。从输入端开始，根据器件的基本功能，逐级推导出输出端的表达式，按照逻辑电路分析的步骤依次进行分析。

解　第一步：根据给出的逻辑图，逐级推导出输出端的逻辑函数表达式，为了写表达式方便，借助中间变量 P_1、P_2、P_3。

$$P_1 = \overline{AB},\ P_2 = \overline{BC},\ P_3 = \overline{AC}$$

$$F = \overline{P_1 \cdot P_2 \cdot P_3} = \overline{\overline{AB} \cdot \overline{BC} \cdot \overline{AC}} = AB + BC + AC$$

第二步：由表达式列出真值表，见表 3—1。

表 3—1　　例 3—1 的真值表

A	B	C	F
0	0	0	0
0	0	1	0
0	1	0	0
0	1	1	1
1	0	0	0
1	0	1	1
1	1	0	1
1	1	1	1

第三步：确定电路功能。由真值表可以看出，在三个输入变量中，只要有两个或两个以上的输入变量为 1，则输出函数 F 为 1，否则为 0，它表示了一种“少数服从多数”的逻辑关系。因此可以将该电路概括为三变量多数表决器。

例 3—2　组合逻辑电路如图 3—4 所示，分析该电路的逻辑功能。

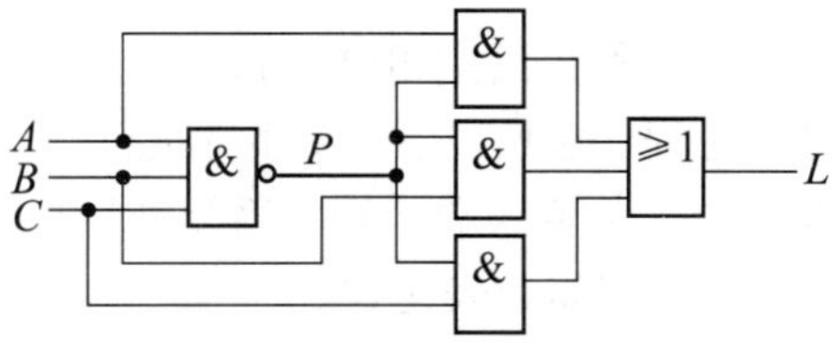

图 3—4　例 3—2 的逻辑电路图

分析　图 3—4 是由与非门、与门、或门组成的三级组合逻辑电路。从输入端开始，根据器件的基本功能，逐级推导出输出端的表达式，按照逻辑电路分析的步骤依次进行分析。

解　第一步：由逻辑图逐级写出逻辑表达式。为了写表达式方便，借助中间变量 P，并进行化简。

$$P = \overline{ABC}$$

$$L = AP + BP + CP = A\,\overline{ABC} + B\,\overline{ABC} + C\,\overline{ABC}$$

$$L = \overline{ABC}(A + B + C) = \overline{ABC + \overline{A + B + C}} = \overline{ABC + \overline{A}\,\overline{B}\,\overline{C}}$$

第二步：由表达式列出真值表，见表 3—2。

表 3—2　　例 3—2 的真值表

A	B	C	L
0	0	0	0
0	0	1	1
0	1	0	1
0	1	1	1
1	0	0	1
1	0	1	1
1	1	0	1
1	1	1	0

第三步：确定电路功能。当 A、B、C 三个变量不一致时，电路输出为“1”，所以这个电路称为“不一致电路”。

用文字描述逻辑电路的功能这一步对初学者来说有一定的困难，然而通过多做练习，多接触逻辑学问题，也不难掌握。

3.2.2　组合逻辑电路的一般设计方法

组合逻辑电路的设计是根据给定的逻辑要求的文字描述或者对给定逻辑功能的逻辑函数的描述，在特定的条件下，找出用最少的逻辑门实现给定逻辑功能的设计方案，并画出逻辑电路图。组合逻辑电路可以采用小规模集成逻辑门电路来实现，也可以采用中规模集成器件或可编程逻辑器件实现。本节只讨论采用小规模集成逻辑门电路构成组合逻辑电路的一般设计方法。组合逻辑电路的一般设计方法和步骤如下：

（1）分析设计要求，进行逻辑抽象。分析给定的实际逻辑问题的因果关系，根据给定的逻辑要求确定输入变量和输出变量，并对它们进行逻辑赋值，即确定“0”和“1”代表的含义。

（2）根据给定的逻辑要求建立真值表（实际上是用真值表描述逻辑功能要求）。

（3）根据真值表写出逻辑表达式并化简和转换。

（4）根据逻辑表达式画出逻辑电路图。

（1）、（2）两步是组合逻辑电路设计中最关键的，如果这两步错了，设计出来的电路也就不能满足设计要求，因此在设计时要特别重视。

例 3—3　某产品有 A、B、C、D 四种指标，其中 A 为主指标。当包含 A 在内的三项指标合格时，产品属正品，否则为废品。设计产品质量检验器，要求用与非门实现。

分析　根据组合逻辑电路的设计方法和步骤，第一步先对设计要求进行分析，得出逻辑关系，确定输入、输出变量，并进行逻辑赋值；第二步根据给定的逻辑要求列出真值表；第三步根据真值表写出逻辑表达式并进行化简和转换；第四步根据最后得出的表达式画出逻辑电路图。

解 第一步：用 Y 表示产品，Y 为 1 时表示产品属正品，0 表示产品属废品。A、B、C、D 为 1 时表示合格，0 表示不合格。

第二步：根据逻辑要求列真值表，见表 3—3。

表 3—3　　例 3—3 的真值表

A	B	C	D	Y
0	0	0	0	0
0	0	0	1	0
0	0	1	0	0
0	0	1	1	0
0	1	0	0	0
0	1	0	1	0
0	1	1	0	0
0	1	1	1	0
1	0	0	0	0
1	0	0	1	0
1	0	1	0	0
1	0	1	1	1
1	1	0	0	0
1	1	0	1	1
1	1	1	0	1
1	1	1	1	1

第三步：得出表达式，即：

$$Y = A\overline{B}CD + AB\overline{C}D + ABC\overline{D} + ABCD$$

化简表达式：

$$Y = ABD + ACD + ABC$$

化成与非形式：

$$Y = \overline{\overline{ABD} \cdot \overline{ACD} \cdot \overline{ABC}}$$

第四步：画出逻辑电路图（见图 3—5）。

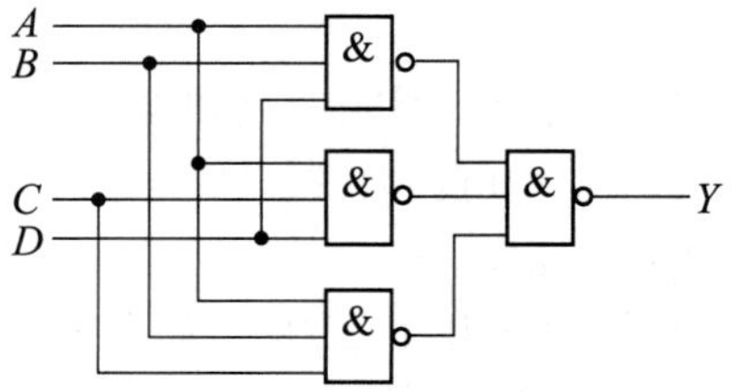

图 3—5　例 3—3 的逻辑电路图

例 3—4　旅客列车分特快、直快和普快，并依此为优先通行次序。某站在同一时间只能有一趟列车从车站开出，即只能给出一个开车信号，试画出满足上述要求的逻辑电路。

分析　根据组合逻辑电路的设计方法和步骤，第一步先分析题意，得出逻辑关系，确定输入、输出变量，并进行逻辑赋值；第二步根据给定的逻辑要求列出真值表；第三步根据真值表写出逻辑表达式并进行化简和转换；第四步根据最后得出的表达式画出逻辑电路图。

解　第一步：设 A、B、C 分别代表特快、直快、普快三种旅客列车，三种车的开车信号分别为 Y_A、Y_B、Y_C。

第二步：根据逻辑要求列真值表，见表 3—4。

表 3—4　　例 3—4 的真值表

A	B	C	Y_A	Y_B	Y_C
0	0	0	0	0	0
0	0	1	0	0	1
0	1	0	0	1	0
0	1	1	0	1	0
1	0	0	1	0	0
1	0	1	1	0	0
1	1	0	1	0	0
1	1	1	1	0	0

第三步：得出表达式并化简，即：

$$Y_A = A\overline{B}\,\overline{C} + A\overline{B}C + AB\overline{C} + ABC = A = \overline{\overline{A}}$$

$$Y_B = \overline{A}B\overline{C} + \overline{A}BC = \overline{A}B = \overline{\overline{\overline{A}B}}$$

$$Y_C = \overline{A}\,\overline{B}\,C = \overline{\overline{\overline{A}\,\overline{B}\,C}}$$

第四步：画出逻辑电路图。

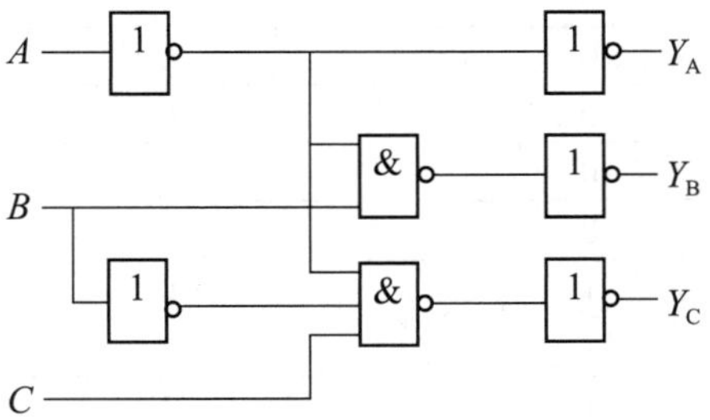

图 3—6　例 3—4 的逻辑电路图

说明：组合逻辑电路的设计常可看作组合逻辑电路的分析的逆过程。

3.3　常用的中规模组合逻辑电路及其应用

常用的中规模组合逻辑电路有编码器、译码器、数据选择器、加法器、数值比较器等，它们应用于各类数字系统。为了使用方便，目前已将这些电路的设计标准化，并由厂家制成了单片集成电路产品。

3.3.1　编码器

编码就是将特定含义的输入信号（文字、数字、符号等）转化成二进制代码的过程，实现编码操作的数字电路称为编码器。按照编码方式的不同，编码器可分为普通编码器和优先编码器。按照输出代码种类的不同，编码器可分为二进制编码器和非二进制编码器。

1. 二进制编码器

用 n 位二进制代码对 $N=2n$ 个信号进行编码的电路，叫做二进制编码器。这种编码器有一个特点：任何时刻只允许输入一个有效信号，不允许同时出现两个或两个以上的有效信号，即输入是一组有约束（即相互排斥）的变量。3 位二进制编码器真值表，如图 3—7 所示。

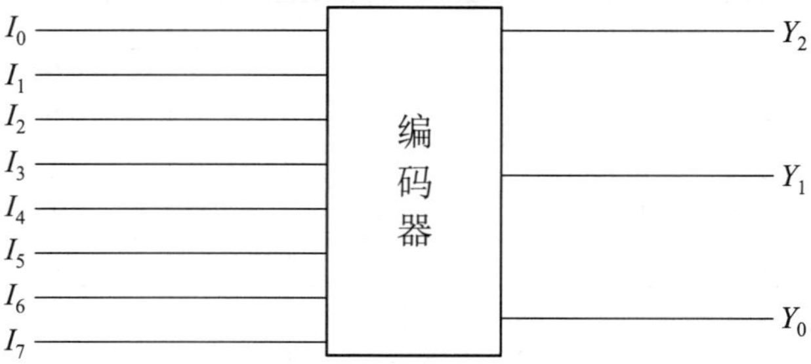

图 3—7　3 位二进制编码器

输入是 8 个需要编码的信号，分别用 I_0、I_1、I_2、I_3、I_4、I_5、I_6、I_7 表示；输出是 3 位二进制代码，分别用 Y_2、Y_1、Y_0 表示，其中，I_0～I_7 是一组互相排斥的变量。3 位二进制编码器的真值表，见表 3—5。

表 3—5　　3 位二进制编码器的真值表

输入	输出		
	Y_2	Y_1	Y_0
I_0	0	0	0
I_1	0	0	1
I_2	0	1	0
I_3	0	1	1
I_4	1	0	0
I_5	1	0	1
I_6	1	1	0
I_7	1	1	1

由真值表可得逻辑式：

$$Y_2 = I_4 + I_5 + I_6 + I_7$$
$$Y_1 = I_2 + I_3 + I_6 + I_7$$
$$Y_0 = I_1 + I_3 + I_5 + I_7 \qquad (3—2)$$

把逻辑式进行转化，用与非门实现，输入采用非变量形式，逻辑电路如图 3—8 所示。

$$Y_2 = I_4 + I_5 + I_6 + I_7 = \overline{\overline{I_4} \cdot \overline{I_5} \cdot \overline{I_6} \cdot \overline{I_7}}$$
$$Y_1 = I_2 + I_3 + I_6 + I_7 = \overline{\overline{I_2} \cdot \overline{I_3} \cdot \overline{I_6} \cdot \overline{I_7}}$$
$$Y_0 = I_1 + I_3 + I_5 + I_7 = \overline{\overline{I_1} \cdot \overline{I_3} \cdot \overline{I_5} \cdot \overline{I_7}} \qquad (3—3)$$

2. 二—十进制编码器

二—十进制编码器是指用 4 位二进制代码表示十进制数 0～9 的编码电路，也称 10—4 线编码器。二—十进制编码器中最常见的是 8421BCD 码编码器，如图 3—9 所示。其中，输入的 10 个编码信号分别用 I_0、I_1、I_2、I_3、I_4、I_5、I_6、I_7、I_8、I_9 表示（其中 I_0 是隐含的），输出的

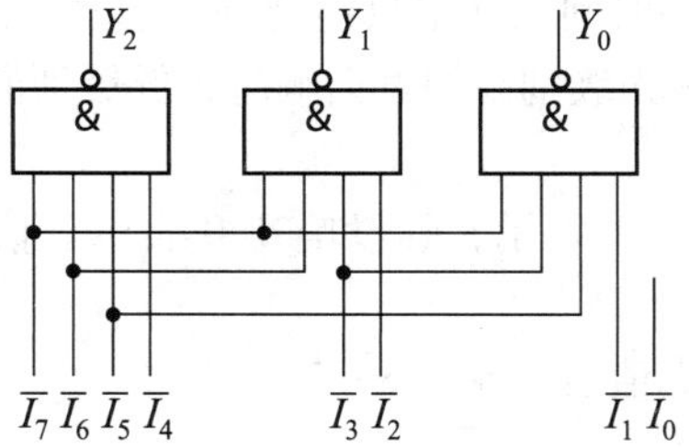

图 3—8　3 位二进制编码器的逻辑电路

8421BCD 码分别采用 Y_3、Y_2、Y_1、Y_0 表示。二—十进制编码器的真值表见表 3—6。

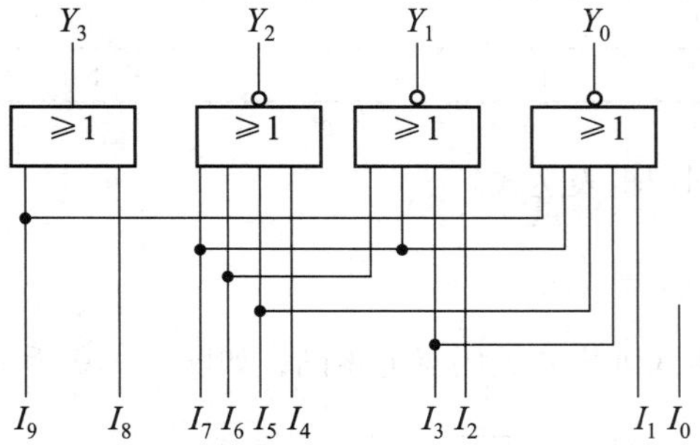

图 3—9　8421BCD 码编码器

表 3—6　　**二—十进制编码器的真值表**

输入	输出			
	Y_3	Y_2	Y_1	Y_0
I_0（0）	0	0	0	0
I_1（1）	0	0	0	1
I_2（2）	0	0	1	0
I_3（3）	0	0	1	1
I_4（4）	0	1	0	0
I_5（5）	0	1	0	1
I_6（6）	0	1	1	0
I_7（7）	0	1	1	1
I_8（8）	1	0	0	0
I_9（9）	1	0	0	1

3. 优先编码器

一般编码器在工作时仅允许有一个输入信号，如果两个或两个以上的信号同时输入时，编码器输出就会出错。优先编码器是当多个输入端同时有信号时，电路只对其中优先级别最高的信号进行编码，不理睬级别低的信号。在使用优先编码器编码时应根据轻重缓急，规定好输入信号的优先级别。

例 3—5　电话室有三种电话，优先级由高到低排序依次是火警电话、急救电话、工作电话，要求电话编码依次为 00、01、10，试设计电话编码控制电路。

分析 根据题意可知，同一时间电话室只能处理一部电话，假如用 A、B、C 分别代表火警、急救、工作三种电话，当优先级别高的电话响时，低级别的电话则不起作用，按照逻辑电路分析的步骤依次进行。

解 第一步：设电话铃响用 1 表示，铃没响用 0 表示。信号不起作用用 × 表示；用 Y_1、Y_2，表示输出编码。

第二步：根据逻辑要求列真值表，见表 3—7。

表 3—7　　例 3—5 的真值表

A	B	C	Y_2	Y_1
1	×	×	0	0
0	1	×	0	1
0	0	1	1	0

第三步：根据真值表列逻辑表达式。

$$Y_2 = \overline{A}\,\overline{B}\,C$$

$$Y_1 = \overline{A}B$$

第四步：根据逻辑表达式画优先编码器电路图，如图 3—10 所示。

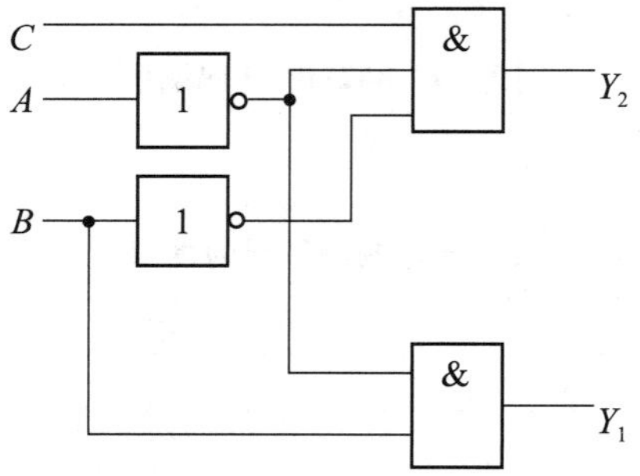

图 3—10　例 3—5 的电路图

常用的二进制集成编码器 74LS148 就是一个 8—3 线优先编码器，此编码器为了便于级联扩展，还增加了使能输入端和扩展输出端。74LS148 的符号图和引脚图，如图 3—11 所示。图中，$\overline{I_0}$~$\overline{I_7}$ 为输入信号，$\overline{S}$ 是使能输入，$\overline{Y_0}$~ $\overline{Y_2}$ 是三个输出，$\overline{Y}_{EX}$ 和 $\overline{Y}_S$ 是用于编码器扩展功能的输出端。

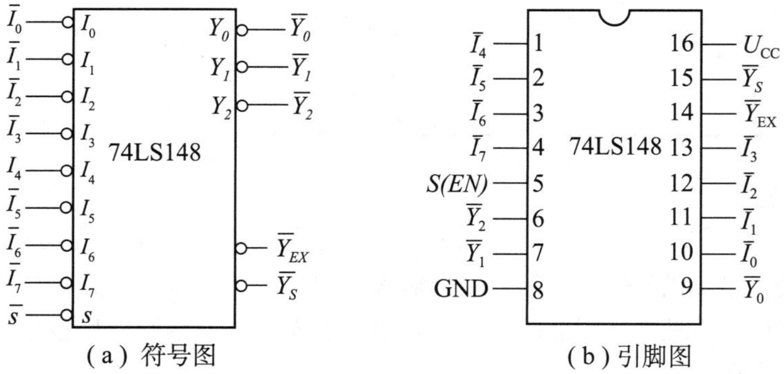

图 3—11　74LS148 优先编码器

74LS148 的真值表见表 3—8。

表 3—8　　74LS148 的真值表

使能输入	输入								输出			扩展	使能输出
$\overline{S}$	$\overline{I_7}$	$\overline{I_6}$	$\overline{I_5}$	$\overline{I_4}$	$\overline{I_3}$	$\overline{I_2}$	$\overline{I_1}$	$\overline{I_0}$	$\overline{Y_2}$	$\overline{Y_1}$	$\overline{Y_0}$	$\overline{Y_{EX}}$	$\overline{Y_S}$
1	×	×	×	×	×	×	×	×	1	1	1	1	1
0	1	1	1	1	1	1	1	1	1	1	1	1	0
0	0	×	×	×	×	×	×	×	0	0	0	0	1
0	1	0	×	×	×	×	×	×	0	0	1	0	1
0	1	1	0	×	×	×	×	×	0	1	0	0	1
0	1	1	1	0	×	×	×	×	0	1	1	0	1
0	1	1	1	1	0	×	×	×	1	0	0	0	1
0	1	1	1	1	1	0	×	×	1	0	1	0	1
0	1	1	1	1	1	1	0	×	1	1	0	0	1
0	1	1	1	1	1	1	1	0	1	1	1	0	1

由表 3—8 可知，输入 $\overline{I_0}$～$\overline{I_7}$ 低电平有效，$\overline{I_7}$ 为最高优先级，$\overline{I_0}$ 为最低优先级，即只要 $\overline{I_7}$ 为低电平，不管其他输入端是 0 还是 1，输出只对 $\overline{I_7}$ 编码，且对应的输出为反码有效，即 $\overline{Y_0}\,\overline{Y_1}\,\overline{Y_2}$ 为 000，输入信号中只有 $\overline{I_1}$ ～$\overline{I_7}$ 不要求编码且 $\overline{I_0}$ 要求编码时，才对 $\overline{I_0}$ 进行编码，即 $\overline{Y_0}\,\overline{Y_1}\,\overline{Y_2}$ 为 111。

$\overline{S}$ 为使能输入，只有 $\overline{S}$ 为 0 时编码器工作，$\overline{S}$ 为 1 时编码器不工作；$\overline{Y_S}$为使能输出，当 $\overline{S}$为 0，允许编码时，如果 $\overline{I_0}$～$\overline{I_7}$有信号输入，$\overline{Y_S}$ 为 1；若 $\overline{I_0}$～$\overline{I_7}$无信号输入，则 $\overline{Y_S}$为 0。$\overline{Y_{EX}}$为扩展输出，当 $\overline{S}$ 为 0，允许编码时，只要有信号输入，$\overline{Y_{EX}}$ 就输出低电平，否则为高电平。

当编码对象的状态比较多时，可用基本芯片的多级连接进行编码位数的扩展。例如，可用两片 74LS148 扩展成一个 16—4 线优先编码器，如图 3—12 所示。

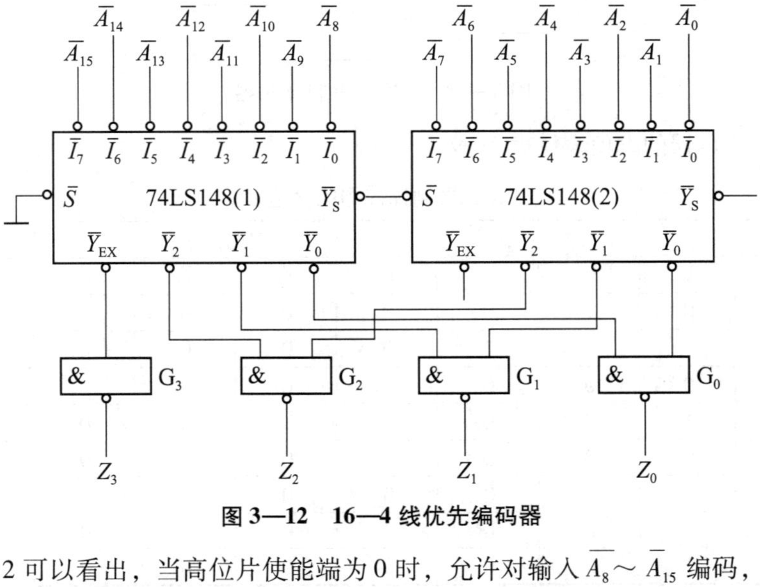

图 3—12　16—4 线优先编码器

由图 3—12 可以看出，当高位片使能端为 0 时，允许对输入 $\overline{A_8}$～ $\overline{A_{15}}$ 编码，且高位扩展端 $\overline{Y_S}$ 为 1，则低位使能端为 1，因此高位片编码时，低位片禁止编码。但是若 $\overline{A_8}$～ $\overline{A_{15}}$ 都为高电平，即均无有效信号输入时，则高位 $\overline{Y_S}$ 为 0，即低位使能端为 0，从而允许低位片对输入 $\overline{A_0}$～

$\overline{A_7}$ 编码。高位片的 $\overline{Y}_{EX}$ 作为编码输出的第四位，当高位片无信号时，输出 $\overline{Y}_{EX}$ 为 1；相反，当高位片信号输入时，则编码第四位输出 $\overline{Y}_{EX}$ 为 0，这样恰好可以用高位片的 $\overline{Y}_{EX}$ 作编码器四位二进制代码的最高位。

3.3.2 译码器

把代码状态的特定含义翻译出来的过程称为译码，实现译码操作的电路称为译码器。译码是编码的逆过程。

译码器的使用场合广泛，例如数字仪表中的各种显示译码器，计算机中的地址译码器、指令译码器，通信设备中由译码器构成的分配器以及各种代码转换的译码器等。本节将分别介绍二进制译码器、二—十进制译码器和数字显示译码器，它们是三种最典型、使用最广泛的译码器。

1. 二进制译码器

把二进制代码的各种状态，按照原意翻译成对应输出信号的电路，叫做二进制译码器。下面以 3 位二进制译码器为例进行说明。

3 位二进制译码器的示意图，如图 3—13 所示。输入是 3 位二进制代码 A_2、A_1、A_0，输出是其状态译码 Y_0～Y_7。3 位二进制译码器又叫做 3—8 线译码器，因为它有 3 根输入代码线，8 根输出信号线。

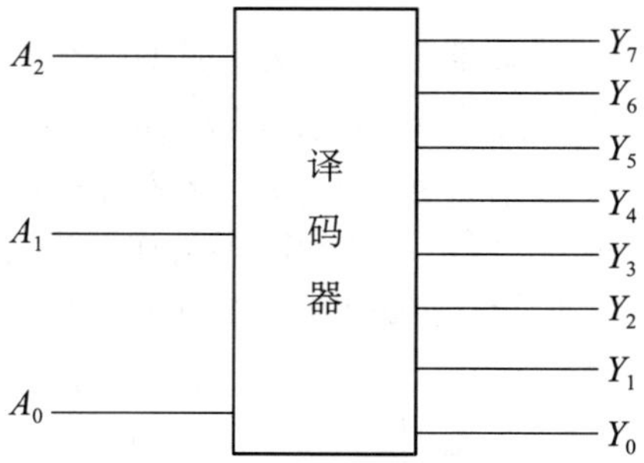

图 3—13　3 位二进制译码器

3 位二进制译码器的真值表见表 3—9。

表 3—9　　3 位二进制译码器的真值表

输入			输出							
A_2	A_1	A_0	Y_0	Y_1	Y_2	Y_3	Y_4	Y_5	Y_6	Y_7
0	0	0	1	0	0	0	0	0	0	0
0	0	1	0	1	0	0	0	0	0	0
0	1	0	0	0	1	0	0	0	0	0
0	1	1	0	0	0	1	0	0	0	0
1	0	0	0	0	0	0	1	0	0	0
1	0	1	0	0	0	0	0	1	0	0
1	1	0	0	0	0	0	0	0	1	0
1	1	1	0	0	0	0	0	0	0	1

由表 3—9 可以直接写出各输出函数表达式：

$$Y_0 = \overline{A_2}\,\overline{A_1}\,\overline{A_0}$$

$$Y_1 = \overline{A_2}\,\overline{A_1}A_0$$
$$Y_2 = \overline{A_2}A_1\overline{A_0}$$
$$Y_3 = \overline{A_2}A_1A_0$$
$$Y_4 = A_2\overline{A_1}\,\overline{A_0}$$
$$Y_5 = A_2\overline{A_1}A_0$$
$$Y_6 = A_2A_1\overline{A_0}$$
$$Y_7 = A_2A_1A_0 \qquad (3\text{—}4)$$

根据上述逻辑表达式画出逻辑电路图，如图 3—14 所示。

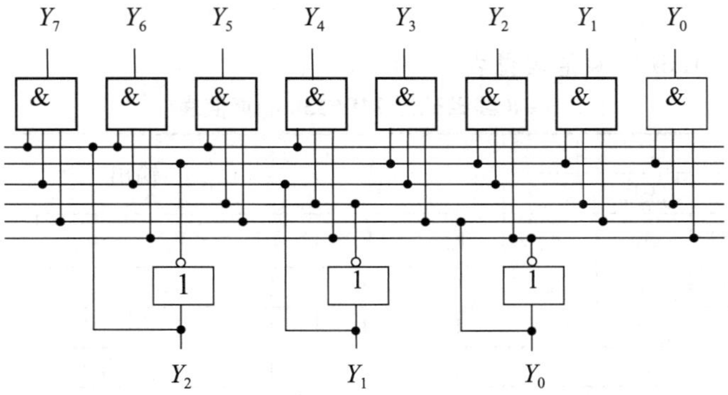

图 3—14　3 位二进制译码器的与门逻辑电路

如果把如图 3—14 所示电路中的与门换成与非门，同时把输出信号写成反变量，那么所得到的就是由与非门构成的输出反变量（低电平有效）的 3 位二进制译码器，如图 3—15 所示。

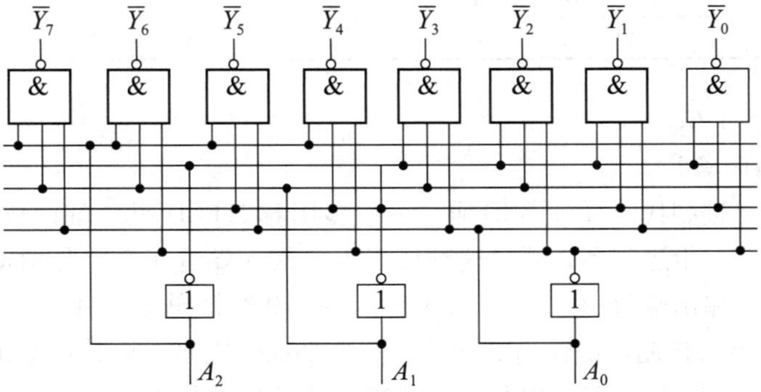

图 3—15　3 位二进制译码器的与非门逻辑电路

将如图 3—15 所示的电路做成集成电路的形式，就得到 3—8 线译码器 74LS138。3—8 线译码器 74LS138 的引脚排列图和逻辑功能示意图，如图 3—16 所示。

A_2、A_1、A_0 为二进制译码输入端，$\overline{Y_0}$～$\overline{Y_7}$ 为译码输出端（低电平有效），G_1、$\overline{G_{2A}}$、$\overline{G_{2B}}$ 为使能输入端。当 $G_1 = 1$，$\overline{G_{2A}} = \overline{G_{2B}} = 0$ 时，译码器处于工作状态；否则，译码器处于禁止状态。

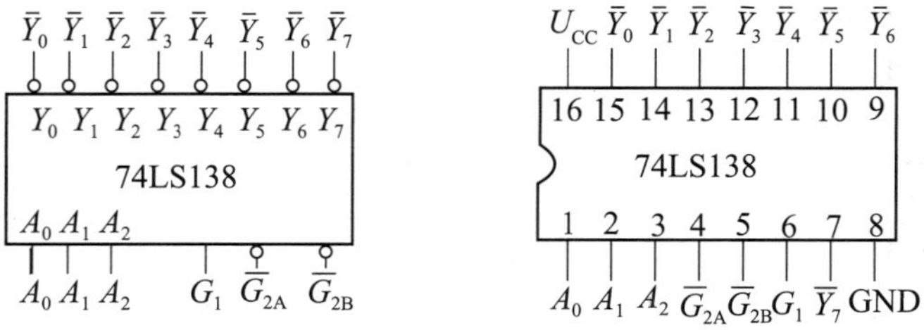

(a) 符号图　　　　(b) 引脚图

图 3—16　3—8 线译码器 74LS138

3—8 线译码器 74LS138 真值表见表 3—10。

表 3—10　　3—8 线译码器 74LS138 的真值表

输入					输出							
使能		选择										
G_1	$\overline{G}_2$	A_2	A_1	A_0	$\overline{Y}_0$	$\overline{Y}_1$	$\overline{Y}_2$	$\overline{Y}_3$	$\overline{Y}_4$	$\overline{Y}_5$	$\overline{Y}_6$	$\overline{Y}_7$
×	1	×	×	×	1	1	1	1	1	1	1	1
0	×	×	×	×	1	1	1	1	1	1	1	1
1	0	0	0	0	1	1	1	1	1	1	1	0
1	0	0	0	1	1	1	1	1	1	1	0	1
1	0	0	1	0	1	1	1	1	1	0	1	1
1	0	0	1	1	1	1	1	1	0	1	1	1
1	0	1	0	0	1	1	1	0	1	1	1	1
1	0	1	0	1	1	1	0	1	1	1	1	1
1	0	1	1	0	1	0	1	1	1	1	1	1
1	0	1	1	1	0	1	1	1	1	1	1	1

其中：$\overline{G}_2 = \overline{G}_{2A} + \overline{G}_{2B}$

2. 二—十进制译码器

把十进制数的二进制代码（即 BCD 码，一般多用 8421BCD 码）翻译成对应的 10 个输出信号的电路，称为二—十进制译码器。这种译码器的输入端有 4 个，分别输入 4 位 8421BCD 二进制代码的各位，输出端有 10 个，所以又称为 4—10 线译码器。每当输入一组 BCD 码时，10 个输出端中对应该二进制数的输出端就输出高电平或低电平，而其他输出端保持原有的高电平或低电平。表 3—11 为 8421BCD 码 4—10 线译码器的逻辑真值表。

表 3—11　　8421BCD 码 4—10 线译码器的逻辑真值表

输入				输出									
A_3	A_2	A_1	A_0	Y_0	Y_1	Y_2	Y_3	Y_4	Y_5	Y_6	Y_7	Y_8	Y_9
0	0	0	0	1	0	0	0	0	0	0	0	0	0
0	0	0	1	0	1	0	0	0	0	0	0	0	0
0	0	1	0	0	0	1	0	0	0	0	0	0	0
0	0	1	1	0	0	0	1	0	0	0	0	0	0
0	1	0	0	0	0	0	0	1	0	0	0	0	0

续前表

输入				输出									
A_3	A_2	A_1	A_0	Y_0	Y_1	Y_2	Y_3	Y_4	Y_5	Y_6	Y_7	Y_8	Y_9
0	1	0	1	0	0	0	0	0	1	0	0	0	0
0	1	1	0	0	0	0	0	0	0	1	0	0	0
0	1	1	1	0	0	0	0	0	0	0	1	0	0
1	0	0	0	0	0	0	0	0	0	0	0	1	0
1	0	0	1	0	0	0	0	0	0	0	0	0	1
1	0	1	0	×	×	×	×	×	×	×	×	×	×
1	0	1	1	×	×	×	×	×	×	×	×	×	×
1	1	0	0	×	×	×	×	×	×	×	×	×	×
1	1	0	1	×	×	×	×	×	×	×	×	×	×
1	1	1	0	×	×	×	×	×	×	×	×	×	×

由真值表可以得出：

$$
\begin{aligned}
Y_0 &= \overline{A_3}\,\overline{A_2}\,\overline{A_1}\,\overline{A_0} \\
Y_1 &= \overline{A_3}\,\overline{A_2}\,\overline{A_1}A_0 \\
Y_2 &= \overline{A_3}\,\overline{A_2}A_1\,\overline{A_0} \\
Y_3 &= \overline{A_3}\,\overline{A_2}A_1A_0 \\
Y_4 &= \overline{A_3}A_2\,\overline{A_1}\,\overline{A_0} \\
Y_5 &= \overline{A_3}A_2\,\overline{A_1}A_0 \\
Y_6 &= \overline{A_3}A_2A_1\,\overline{A_0} \\
Y_7 &= \overline{A_3}A_2A_1\,A_0 \\
Y_8 &= A_3\,\overline{A_2}\,\overline{A_1}\,\overline{A_0} \\
Y_9 &= A_3\,\overline{A_2}\,\overline{A_1}A_0
\end{aligned}
\tag{3—5}
$$

根据上述逻辑表达式画出逻辑电路图，如图 3—17 所示。当输入出现 1010～1111 无效码时，电路输出恒为 0，不会出现乱码干扰。

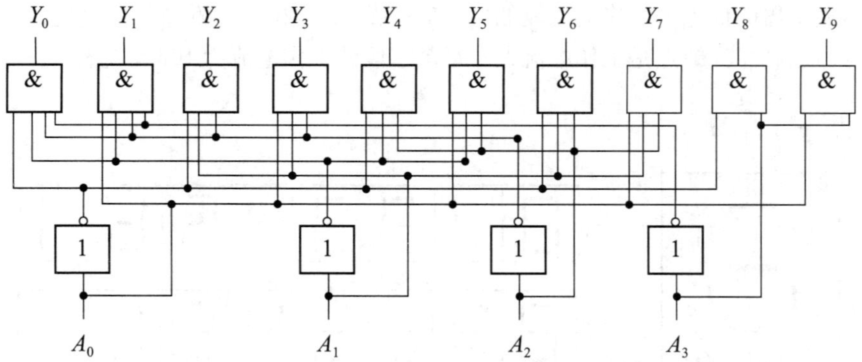

图 3—17　8421BCD 码 4—10 线译码器的逻辑电路

常用的 4—10 线译码器为 74LS42，其引脚图和逻辑功能示意图，如图 3—18 所示。

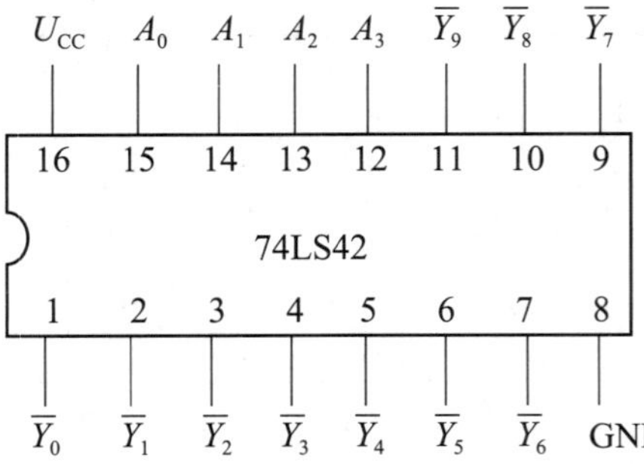

（a） 引脚图

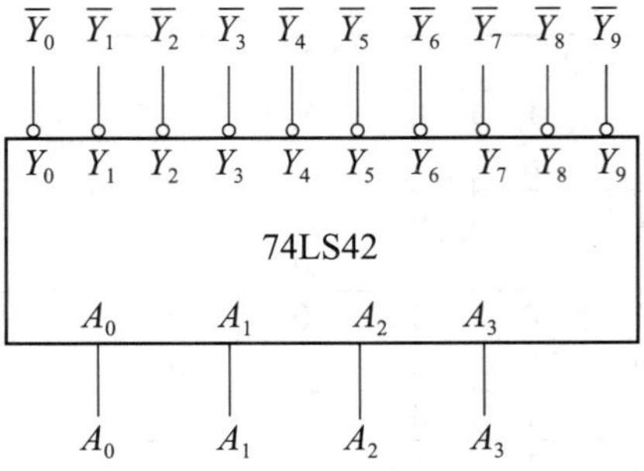

（b） 符号图

图 3—18　4—10 线译码器 74LS42

此外 74LS43、74LS44、CC4028 等也可以实现 4—10 线译码的功能。

3. 数字显示译码器

在数字电路中，常常需要将数字、字母、符号的二进制编码翻译并直观地显示出来，供人们读取或监视系统的工作情况。能够实现显示数字、字母、符号的器件称为数字显示器。能把数字、字母、符号的二进制编码翻译成数字显示器所能识别的信号的译码器称为数字显示译码器。

由于显示器件显示方式的不同，因此译码电路也不同。显示器件按照发光物质的不同可分为半导体发光二极管（LED 数码管）、液晶显示器（LCD 数码管）和荧光数码管等。目前应用最广泛的是 LED 数码管和 LCD 数码管。

（1）LED 数码管。

LED 数码管就是将七个发光二极管（加小数点为八个）按一定的方式排列起来，如图 3—19（a）所示。a、b、c、d、e、f、g（小数点 DP）各对应一个发光二极管，利用不同发光段的组合，显示不同的阿拉伯数字，如图 3—19（b）所示。按内部连接方式不同，七段数字显示器可分为共阴极和共阳极两种，如图 3—20 所示。

半导体显示器的优点是工作电压较低（1.5～3V）、体积小、寿命长、亮度高、响应速度快、工作可靠性高。其缺点是工作电流大，每个字段的工作电流为 10mA 左右。

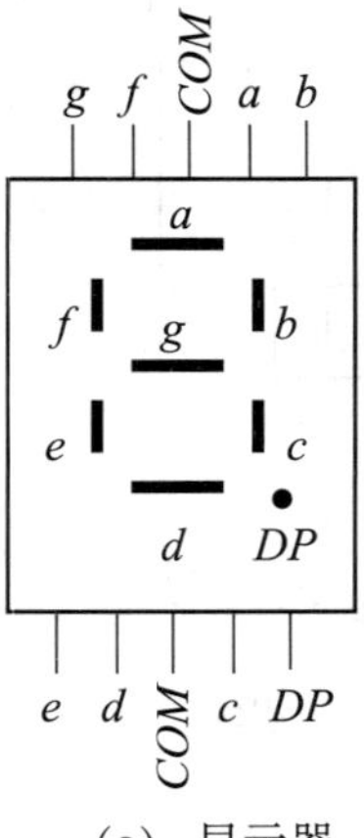

（a） 显示器

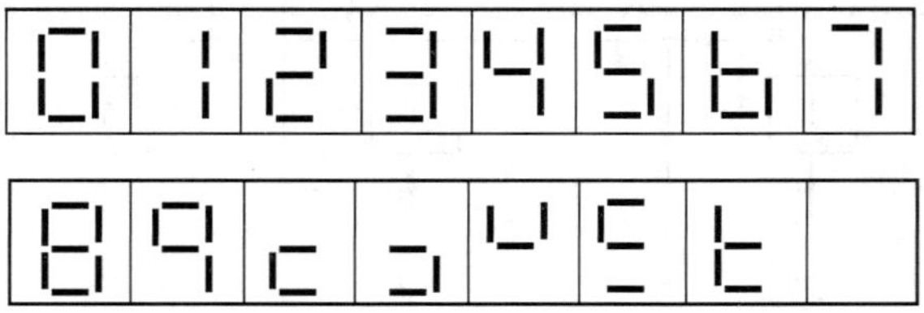

（b） 发光段组合图

图 3—19　七段数字显示器及发光段组合图

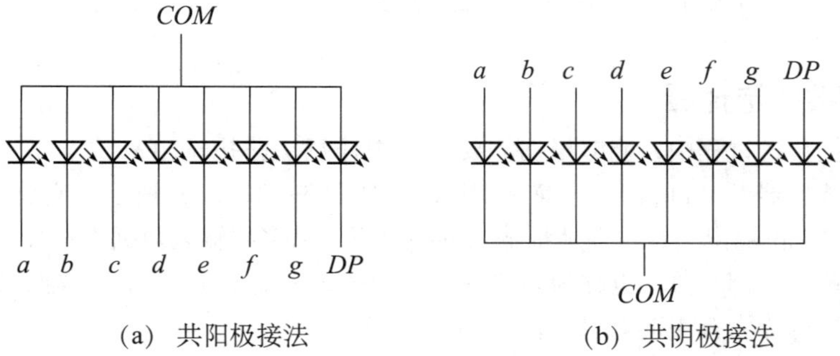

图 3—20　半导体数字显示器的内部接法

（2）LCD 数码管。

液态晶体简称液晶，是一种有机化合物。液晶显示器是一种被动显示器件，本身不发光。它的显示原理为：无外加电场作用时，液晶分子排列整齐，入射的光线绝大部分被反射回来，液晶呈透明状态，不显示数字；当在相应字段的电极上加电压时，液晶中的导电正离子作定向运动，在运动过程中不断撞击液晶分子，破坏了液晶分子的整齐排列，液晶对入射光产生散射而变成了暗灰色，于是显示出相应的数字。当外加电压断开后，液晶分子又将恢复到整齐排列状态，字形随之消失。

LCD 数码管的主要优点是工作电压低、功耗极小，但存在显示欠清晰，响应速度慢的缺点。

（3）七段数字显示译码器 74LS48。

七段数字显示译码器 74LS48 是一种与共阴极数字显示器配合使用的集成译码器，其引脚图如图 3—21 所示。它的功能是将输入的 4 位二进制代码转换成显示器所需要的七段信号 a～g。

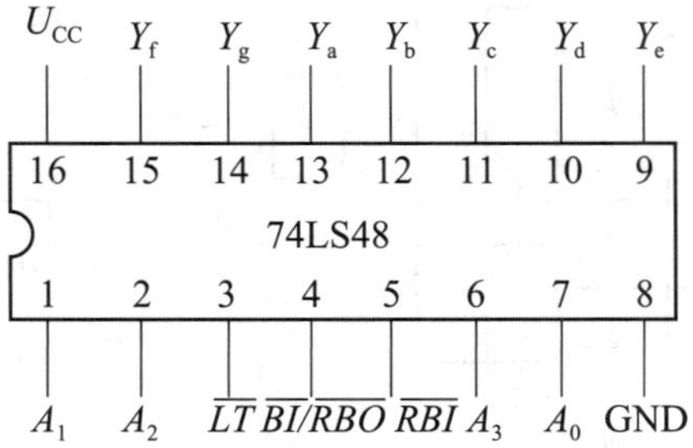

图 3—21　74LS48 的引脚图

74LS48 中设置了一些辅助端。这些辅助端的功能如下：

试灯输入 $\overline{LT}$：低电平有效。当 $\overline{LT}=0$ 时，数码管的七段应全亮，与输入的译码信号无关。试灯输入用于测试数码管的好坏。

动态灭零输入 $\overline{RBI}$：低电平有效。当 $\overline{LT}=1$、$\overline{RBI}=0$，且译码输入全为 0 时，该位输出不显示，即“0”字被熄灭；当译码输入不全为 0 时，该位正常显示。动态灭零输入端用于消除无效的 0，如数据 0034. 50 可显示为 34. 5。

灭灯输入/动态灭零输出 $\overline{BI}/\overline{RBO}$：这是一个特殊的辅助端，有时用作输入，有时用作输出。当 $\overline{BI}/\overline{RBO}$ 作为输入使用，且 $\overline{BI}/\overline{RBO}=0$ 时，数码管七段全灭，与译码输入无关；当 $\overline{BI}/\overline{RBO}$ 作为输出使用时，受控于 $\overline{LT}$ 和 $\overline{RBI}$。当 $\overline{LT}=1$ 且 $\overline{RBI}=0$ 时，$\overline{BI}/\overline{RBO}=0$；其他情

况下 $\overline{BI}/\overline{RBO}=1$。灭灯输入/动态灭零输出主要用于显示多位数字时，多个译码器之间的连接。

3.3.3 数据选择器

在多路数据传送过程中，能够根据需要将其中任意一路挑选出来的电路，叫做数据选择器，又称多路选择器（Multiplexer，简称 MUX），如图 3—22（a）所示。它有 n 位地址输入、2^n 位数据输入、1 位输出。每次在地址输入的控制下，从多路输入数据中选择一路输出，其功能类似于一个单刀多掷开关，也称为多路开关，如图 3—22（b）所示。常见的数据选择器根据输入端的个数可分为有 4 选 1、8 选 1、16 选 1 等。

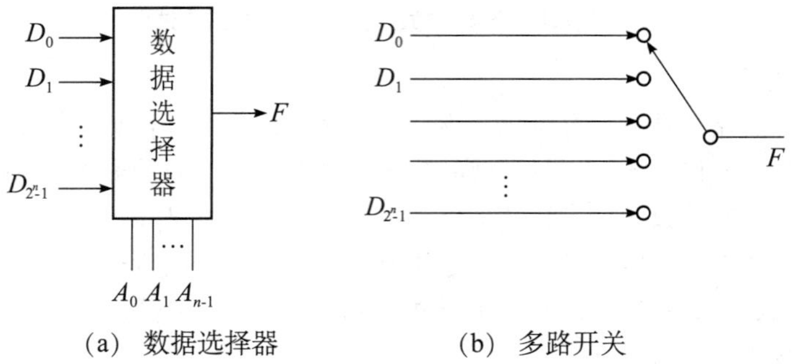

图 3—22 数据选择器及其功能等效图

1. 4 选 1 数据选择器

4 选 1 数据选择器的电路图和逻辑符号，如图 3—23 所示，其真值表见表 3—12。

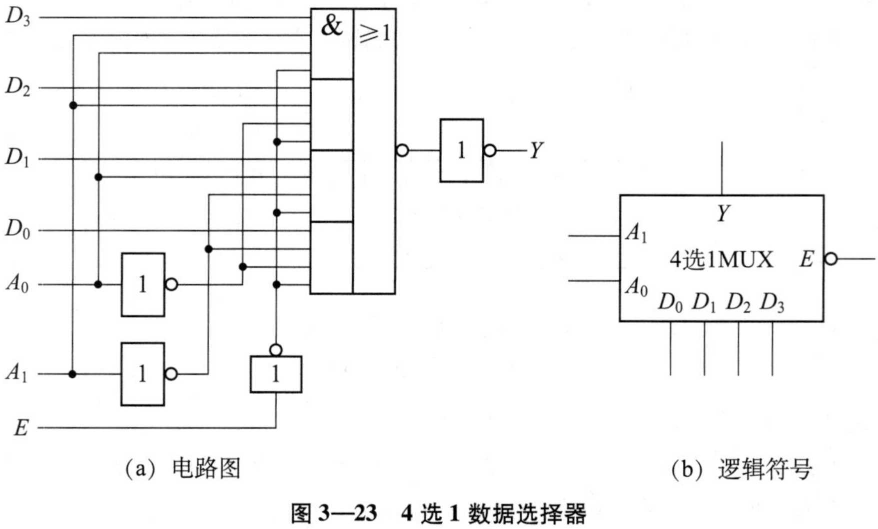

图 3—23 4 选 1 数据选择器

表 3—12　　4 选 1 数据选择器的逻辑真值表

E	A_1	A_2	Y
0	0	0	D_0
0	0	1	D_1
0	1	0	D_2
0	1	1	D_3

其中 $D_0 \sim D_3$ 是数据输入，也称为数据通道；A_1、A_0 是地址输入，也称选择输入；Y 是输出；E 是使能输入，低电平有效。当 $E=1$ 时，输出 $Y=0$，即无效；当 $E=0$ 时，在地址输入 A_1、A_0 的控制下，从 $D_0 \sim D_3$ 中选择一路输出。

当 $E=0$ 时，4 选 1 MUX 的逻辑功能还可以用以下表达式表示：

$$Y = \overline{A_1}\,\overline{A_0}D_0 + \overline{A_1}A_0D_1 + A_1\overline{A_0}D_2 + A_1A_0D_3 = \sum_{i=0}^{3} m_iD_i \tag{3—6}$$

式中，m_i 是地址变量 A_1、A_0 所对应的最小项，称地址最小项。

2. 8 选 1 数据选择器

74LS151 是一种典型的 8 选 1 数据选择器，其引脚图如图 3—24 所示，它共有三个地址输入 A_2、A_1、A_0，一共可选择 $D_0 \sim D_7$ 八个数据，具有互补输入 Y 和 $\overline{Y}$，使能输入 $\overline{S}$。

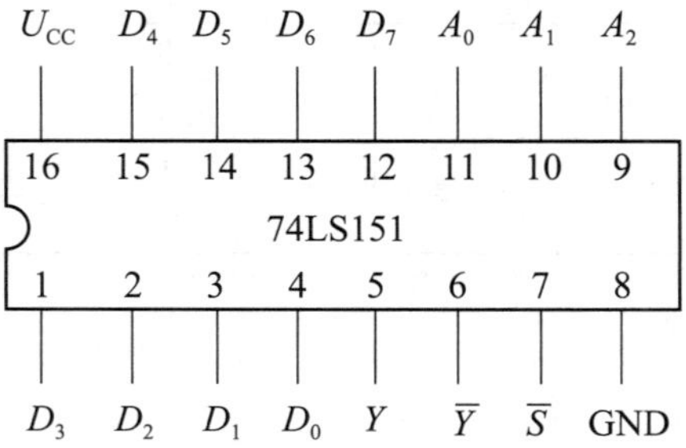

图 3—24　74LS151 的引脚图

当 $\overline{S}=1$ 时，选择器被禁止，无论地址码是什么，Y 总是等于 0；当 $\overline{S}=0$ 时，选择器工作。

74LS151 的真值表见表 3—13。

表 3—13　　74LS151 的真值表

输入					输出	
D	A_2	A_1	A_0	$\overline{S}$	Y	$\overline{Y}$
×	×	×	×	1	0	1
D_0	0	0	0	0	D_0	$\overline{D_0}$
D_1	0	0	1	0	D_1	$\overline{D_1}$
D_2	0	1	0	0	D_2	$\overline{D_2}$
D_3	0	1	1	0	D_3	$\overline{D_3}$
D_4	1	0	0	0	D_4	$\overline{D_4}$
D_5	1	0	1	0	D_5	$\overline{D_5}$
D_6	1	1	0	0	D_6	$\overline{D_6}$
D_7	1	1	1	0	D_7	$\overline{D_7}$

根据真值表可列出 74LS151 输出的表达式为：

$$Y=\overline{A_2}\,\overline{A_1}\,\overline{A_0}D_0+\overline{A_2}\,\overline{A_1}A_0D_1+\overline{A_2}A_1\overline{A_0}D_2+\overline{A_2}A_1A_0D_3$$
$$+A_2\overline{A_1}\,\overline{A_0}D_4+A_2\overline{A_1}A_0D_5+A_2A_1\overline{A_0}D_6+A_2A_1A_0D_7 \quad (3—7)$$

3.3.4 加法器

实现多位二进制数相加的逻辑电路称为加法器。

1. 半加器

半加器是只考虑两个加数本身，而不考虑来自低位进位的逻辑电路。表 3—14 为半加器的真值表。输入变量为 A 和 B，输出变量为和数 S 和进位数 C。

表 3—14　　半加器的真值表

输入		输出	
A	B	S	C
0	0	0	0
0	1	1	0
1	0	1	0
1	1	0	1

由真值表得出逻辑表达式：

$$S=\overline{A}B+A\overline{B}=A\oplus B \quad (3—8)$$

$$C=AB \quad (3—9)$$

半加器的电路图和逻辑符号如图 3—25 所示。

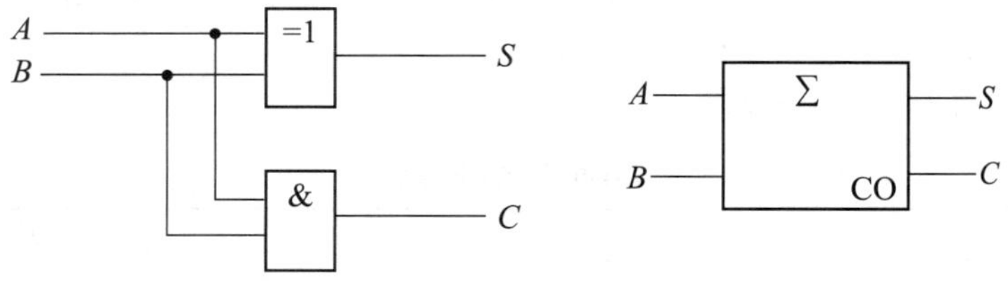

(a) 电路　　(b) 逻辑符号

图 3—25　半加器

2. 全加器

除了两个一位加法外，还考虑低位进位的加法运算称为全加。完成全加功能的电路称为全加器。全加器有三个输入端，分别为 A_i、B_i 和 C_{i-1}，两个输出端 S_i 和 C_i。其中 A_i 和 B_i 分别是被加数和加数，C_{i-1} 为相邻低位的进位，S_i 为本位的和，C_i 为本位的进位。全加器的真值表见表 3—15。

表 3—15　　全加器的真值表

输入			输出	
A_i	B_i	C_{i-1}	S_i	C_i
0	0	0	0	0
0	0	1	1	0
0	1	0	1	0

续前表

输入			输出	
A_i	B_i	C_{i-1}	S_i	C_i
0	1	1	0	1
1	0	0	1	0
1	0	1	0	1
1	1	0	0	1
1	1	1	1	1

由真值表直接写出逻辑表达式，再经化简和转换得：

$$\begin{aligned} S_i &= \overline{A_i}\,\overline{B_i}C_{i-1} + \overline{A_i}B_i\overline{C_{i-1}} + A_i\overline{B_i}\,\overline{C_{i-1}} + A_iB_iC_{i-1} \\ &= \overline{(A_i \oplus B_i)}C_{i-1} + (A_i \oplus B_i)\overline{C_{i-1}} \\ &= A_i \oplus B_i \oplus C_{i-1} \end{aligned} \tag{3—10}$$

$$\begin{aligned} C_i &= \overline{A_i}B_iC_{i-1} + A_i\overline{B_i}C_{i-1} + A_iB_i\overline{C_{i-1}} + A_iB_iC_{i-1} \\ &= A_iB_i + (A_i \oplus B_i)C_{i-1} \end{aligned} \tag{3—11}$$

全加器的电路和逻辑符号如图 3—26 所示。

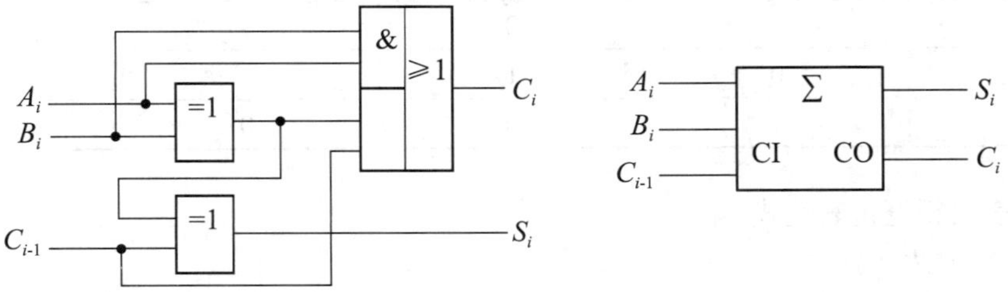

(a) 电路　　(b) 逻辑符号

图 3—26　全加器

3. 多位数加法器

两个多位二进制数相加时，因为每一位都是带进位的加法，所以必须采用全加器。4 位串行加法器如图 3—27 所示。

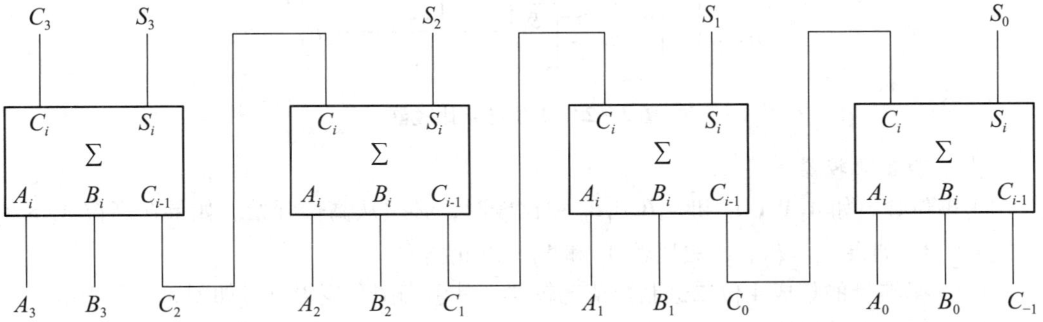

图 3—27　4 位串行加法器

从图 3—27 可以看出，多位加法器将低位全加器的进位输出接到高位全加器的进位输入，因此，任一位的加法运算必须在低一位的运算完成之后才能进行，这种方式称为串行进位，所需要全加器的个数等于相加数的位数。这种加法器电路简单，但运算速度较慢。

为了克服串行加法器运算速度慢的缺点，减少由于信号的逐级进位传递带来的延时，可以采用超前进位加法器。这种加法器的设计思想是全加器在作加法运算的同时，利用进位产生电路把各进位数也求出来，设法将低位进位输入信号经判断直接送到输出端。这就大大缩短了传输延迟时间，提高了电路运算速度。

3.3.5 数值比较器

数值比较器就是对两个位数相同的二进制数 A、B 进行数值比较，并输出其比较结果（$A>B$、$A<B$、$A=B$）的组合逻辑电路。

1. 1 位数值比较器

1 位数字比较器输入变量是两个比较数 A 和 B，输出 $F_{A>B}$、$F_{A<B}$、$F_{A=B}$分别表示 $A>B$、$A<B$、$A=B$ 三种结果，其真值表见表 3—16。

表 3—16　　1 位数值比较器的真值表

输入		输出		
A	B	$F_{A>B}$	$F_{A<B}$	$F_{A=B}$
0	0	0	0	1
0	1	0	1	0
1	0	1	0	0
1	1	0	0	1

由真值表可得逻辑表达式：

$$F_{A>B}=A\overline{B}$$

$$F_{A<B}=\overline{A}B$$

$$F_{A=B}=\overline{A}\,\overline{B}+AB=\overline{A\oplus B}==\overline{\overline{A}B+A\overline{B}} \qquad (3—12)$$

1 位数字比较器的电路如图 3—28 所示。

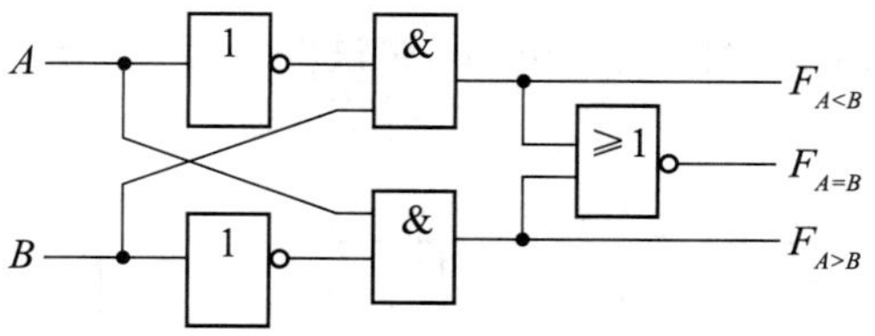

图 3—28　1 位数字比较器

2. 集成数值比较器

两个多位数，如 $A_3A_2A_1A_0$ 和 $B_3B_2B_1B_0$ 相比较时，必须从高位开始。如果在高位 $A_3>B_3$，则肯定 $A>B$；如果 $A_3=B_3$，再去比较 A_2 和 B_2，以此类推。

74LS85 是典型的集成 4 位二进制数值比较器，其引脚图和逻辑符号如图 3—29 所示。

74LS85 有 8 个数码输入端 A_3、A_2、A_1、A_0和 B_3、B_2、B_1、B_0，分别表示要进行比较的两个 4 位二进制数，有 3 个级联输入端：$I_{A>B}$、$I_{A<B}$、$I_{A=B}$，有 3 个级联输出端：$F_{A>B}$、$F_{A<B}$、$F_{A=B}$，其真值表见表 3—17。

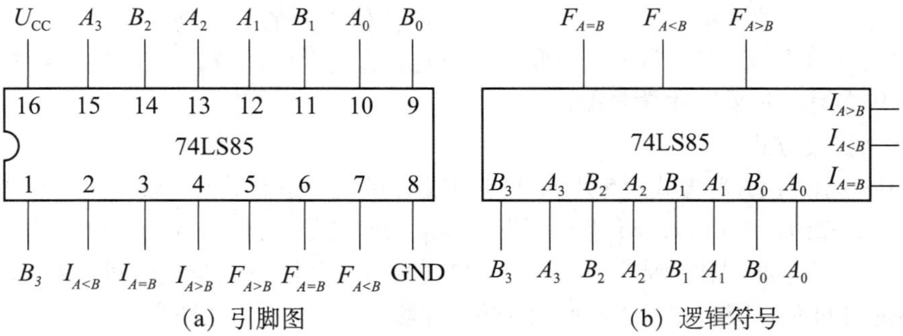

图 3—29　集成 4 位二进制数值比较器 74LS85

表 3—17　　74LS85 的真值表

输入信号				级联输入			输出		
A_3　B_3	A_2　B_2	A_1　B_1	A_0　B_0	$I_{A>B}$	$I_{A<B}$	$I_{A=B}$	$F_{A>B}$	$F_{A<B}$	$F_{A=B}$
$A_3>B_3$	×	×	×	×	×	×	1	0	0
$A_3<B_3$	×	×	×	×	×	×	0	1	0
$A_3=B_3$	$A_2>B_2$	×	×	×	×	×	1	0	0
$A_3=B_3$	$A_2<B_2$	×	×	×	×	×	0	1	0
$A_3=B_3$	$A_2=B_2$	$A_1>B_1$	×	×	×	×	1	0	0
$A_3=B_3$	$A_2=B_2$	$A_1<B_1$	×	×	×	×	0	1	0
$A_3=B_3$	$A_2=B_2$	$A_1=B_1$	$A_0>B_0$	×	×	×	1	0	0
$A_3=B_3$	$A_2=B_2$	$A_1=B_1$	$A_0<B_0$	×	×	×	0	1	0
$A_3=B_3$	$A_2=B_2$	$A_1=B_1$	$A_0=B_0$	1	0	0	1	0	0
$A_3=B_3$	$A_2=B_2$	$A_1=B_1$	$A_0=B_0$	0	1	0	0	1	0
$A_3=B_3$	$A_2=B_2$	$A_1=B_1$	$A_0=B_0$	0	0	1	0	0	1

3. 数值比较器的扩展

（1）串联扩展方式。

图 3—30 表示采用串联扩展方式用两片 74LS85 实现 8 位二进制数值比较。遵循“高位比较相等再低位比较”的原则，将两个 8 位二进制数值的低 4 位通过 74LS85（1）进行比较，其输入级联 $I_{A>B}$、$I_{A<B}$、$I_{A=B}$的取值为 001，74LS85（1）的比较结果作为 74LS85（2）的级联输入信号；两个 8 位二进制数值的高 4 位通过 74LS85（2）输入进行比较，其比较结果作为两个 8 位二进制数值得比较结果输出。

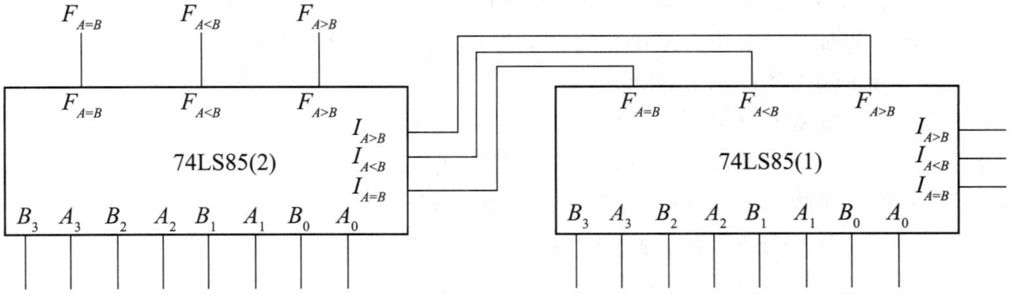

图 3—30　两片 74LS85 串联扩展方式实现 8 位二进制数值比较器

从理论上来讲，按照串联扩展方式可以扩展成任何位数的二进制数值比较器，但由于这种方式中的比较结果是逐级进位的，级联芯片数越多，传递时间越长，工作速度越慢。因此，当扩展位数较多时，常采用并联方式。

（2）并联扩展方式。

图 3—31 表示采用并联方式用 5 片 74LS85 组成的 16 位二进制数值比较器。将 16 位按高低位次序分成 4 组，每组用 1 片 74LS85 进行比较，各组的比较是并行的。将每组的比较结果再经 1 片 74LS85 进行比较后得出比较结果，这样总的传递时间为 74LS85 的延迟时间的 2 倍；若用串联方式，则传递时间为 74LS85 的延迟时间的 4 倍。并联扩展方式有效地提高了工作速度。

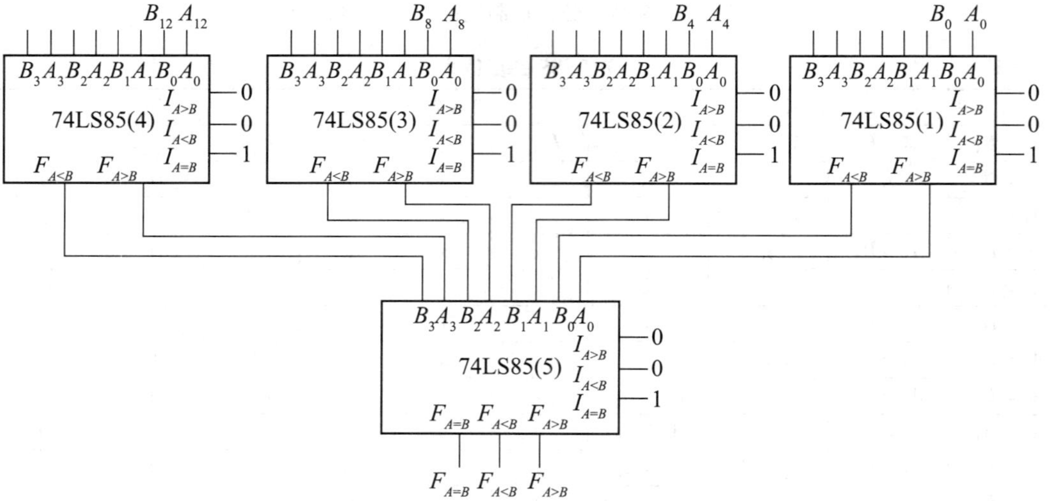

图 3—31　5 片 74LS85 用并联扩展方式组成的 16 位二进制数值比较器

3.4　用中规模集成电路实现组合逻辑函数

利用中规模集成电路可组成各类逻辑函数，用的较多的是二进制译码器、数据选择器和加法器。

3.4.1　二进制译码器的应用

由于二进制译码器的输出为输入变量的全部最小项，即每个输出对应一个最小项，而且任何一个逻辑函数都可以变换为最小项之和的形式，因此，用二进制译码器和门电路可以实现任何单输出或多输出的逻辑函数。

例 3—6　用二进制译码器设计全加器。

分析　第一步写出全加器的真值表，得出表达式；第二步选定译码器，并对其输入端进行相应赋值；第三步画出逻辑电路图，得出对应的逻辑函数。

解　第一步：写出全加器真值表，见表 3—18。

表 3—18　　全加器真值表

输入			输出	
A_i	B_i	C_{i-1}	S_i	C_i

续前表

输入			输出	
A_i	B_i	C_{i-1}	S_i	C_i
0	0	0	0	0
0	0	1	1	0
0	1	0	1	0
0	1	1	0	1
1	0	0	1	0
1	0	1	0	1
1	1	0	0	1
1	1	1	1	1

根据真值表得出表达式：

$$S_i = \overline{A_i}\,\overline{B_i}C_{i-1} + \overline{A_i}B_i\overline{C_{i-1}} + A_i\overline{B_i}\,\overline{C_{i-1}} + A_iB_iC_{i-1}$$

$$= m_1 + m_2 + m_4 + m_7 = \overline{\overline{m_1}\,\overline{m_2}\,\overline{m_4}\,\overline{m_7}}$$

$$C_i = \overline{A_i}B_iC_{i-1} + A_i\overline{B_i}C_{i-1} + A_iB_i\overline{C_{i-1}} + A_iB_iC_{i-1}$$

$$= m_3 + m_5 + m_6 + m_7 = \overline{\overline{m_3}\,\overline{m_5}\,\overline{m_6}\,\overline{m_7}}$$

第二步：选用 3—8 线译码器 74LS138，并且使 $A_2 = A_i$、$A_1 = B_i$、$A_0 = C_{i-1}$。

第三步：画出逻辑电路，如图 3—32 所示。

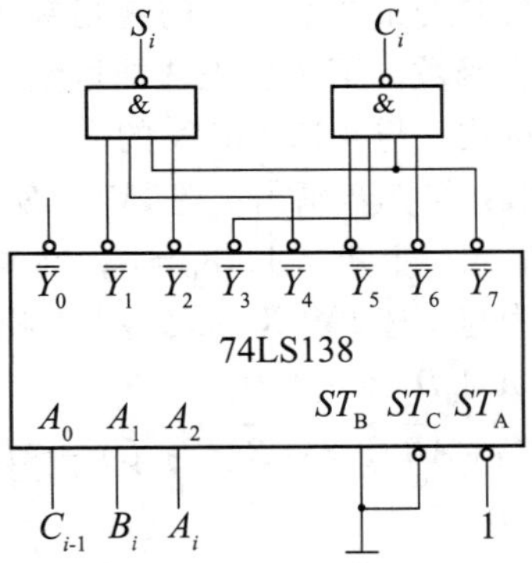

图 3—32　例 3—6 的逻辑电路图

对应的逻辑函数可写为：

$$S_i = \overline{\overline{Y_1}\,\overline{Y_2}\,\overline{Y_4}\,\overline{Y_7}} \qquad C_i = \overline{\overline{Y_3}\,\overline{Y_5}\,\overline{Y_6}\,\overline{Y_7}}$$

3.4.2　数据选择器的应用

例 3—7　试用 8 选 1MUX 实现逻辑函数 $F = \overline{A}B + A\overline{B} + C$。

分析　由于逻辑函数的变量个数和数据选择器选择输入端的数目相同，逻辑函数的全部最小项和数据选择器的数据输入端的数目相同，因此可直接用数据选择器来实现函数。第一步先整理函数，得出其最小项表达式；第二步写出 8 选 1MUX 的表达式和函数最小项表达式，并进行对照；第三步根据对照结果对 8 选 1MUX 的输入端进行赋值；第四步画出 8 选 1MUX 实现函数 F 的逻辑图。

解　第一步：整理函数，写出其最小项表达式，即：

$$F(A,B,C) = \sum m(1,2,3,4,5,7)$$

第二步：采用 8 选 1MUX 的表达式，即：

$$Y = \overline{A_2}\,\overline{A_1}\,\overline{A_0}D_0 + \overline{A_2}\,\overline{A_1}A_0D_1 + \overline{A_2}A_1\overline{A_0}D_2 + \overline{A_2}A_1A_0D_3$$
$$+ A_2\overline{A_1}\,\overline{A_0}D_4 + A_2\overline{A_1}A_0D_5 + A_2A_1\overline{A_0}D_6 + A_2A_1A_0D_7$$

第三步：对照数据选择器的表达式，令数据选择器的输入端 $A_2 = A$，$A_1 = B$，$A_0 = C$，且令 $D_1 = D_2 = D_3 = D_4 = D_5 = D_7 = 1$，$D_0 = D_6 = 0$，则有 $F = Y$。

第四步：用 8 选 1MUX 实现函数 F 的逻辑图，如图 3—33 所示。

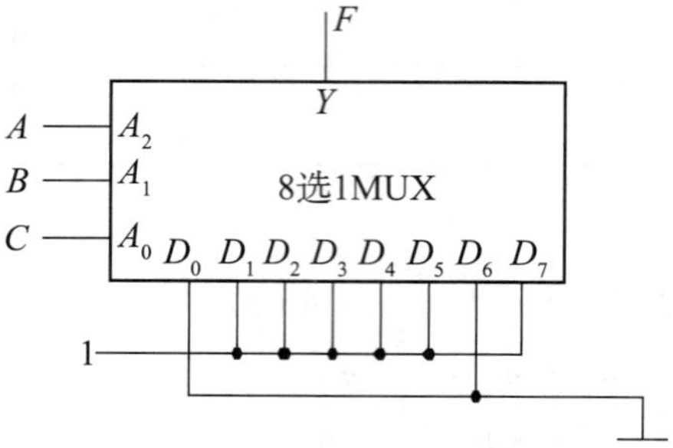

图 3—33　例 3—7 的电路图

例 3—8　试用 4 选 1MUX 实现三变量函数：$F = \overline{A}\,\overline{B}C + \overline{A}\,\overline{B}\,\overline{C} + \overline{A}BC + A\overline{B}\,\overline{C}$。

分析　由于逻辑函数中的变量个数大于数据选择器输入端的数目，所以就要根据选择器的地址输入端对应分配变量，多余的变量按照一定的规则接入到数据输入端，在数据选择器的输出端即可得到所要实现的逻辑函数。第一步先选择地址输入端，并对各个端口赋值；第二步整理函数，得出其最小项表达式，与 4 选 1MUX 的表达式进行对照；第三步根据对照结果对 4 选 1MUX 的输入端进行赋值；第四步画出 4 选 1MUX 实现函数 F 的逻辑图。

解　第一步：首先选择地址输入，令 $A_1 = A$，$A_0 = B$，则多余输入变量 C 对应数据输入端。

第二步：将 F 的表达式变换为与 4 选 1MUX 的表达式 Y 相应的形式。

$$Y = \overline{A_1}\,\overline{A_0}D_0 + \overline{A_1}A_0D_1 + A_1\overline{A_0}D_2 + A_1A_0D_3$$
$$F = \overline{A}\,\overline{B}C + \overline{A}\,\overline{B}\,\overline{C} + \overline{A}BC + A\overline{B}\,\overline{C} = \overline{A}\,\overline{B}(C + \overline{C}) + \overline{A}BC + A\overline{B}\,\overline{C}$$
$$= \overline{A}\,\overline{B}\cdot 1 + \overline{A}B\cdot C + A\overline{B}\cdot\overline{C} + AB\cdot C$$

第三步：将 F 与 Y 对照，令 $D_0 = 1, D_1 = C, D_2 = \overline{C}, D_3 = 0$

第四步：用 4 选 1MUX 实现函数 F 的逻辑图，如图 3—34 所示。

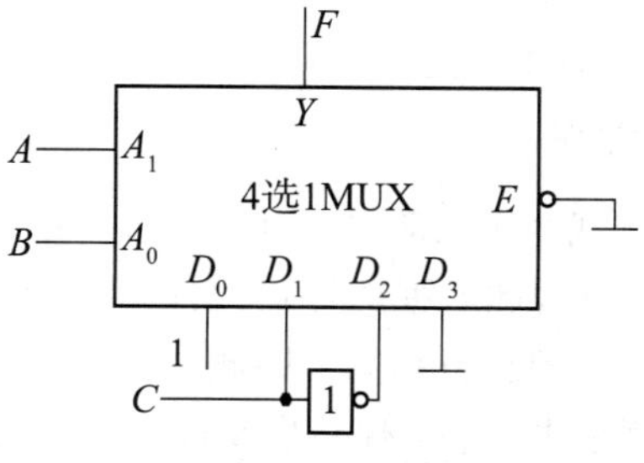

图 3—34　例 3—8 的电路图

3.4.3　加法器的应用

例 3—9　试采用 4 位加法器完成余三码到 8421BCD 码的转换。

分析　第一步先写出余三码和 8421BCD 码的对照表，找出其区别：对于同样一个十进制数，余三码比相应的8421BCD码多3，因此要实现余三码到8421BCD码的转换，只需从余三码减去“0011”即可。由于0011各位变反后成为1100，再加1，即为1101，因此，减0011同加0011等效。第二步根据其特点对全加器的各个输入分别赋值；第三步画出逻辑电路图。

解　第一步：写出余三码和8421BCD码对照表，见表3—19。

表3—19　　余三码和8421BCD码对照表

十进制数	8421BCD 码	余三码
0	0 0 0 0	0 0 1 1
1	0 0 0 1	0 1 0 0
2	0 0 1 0	0 1 0 1
3	0 0 1 1	0 1 1 0
4	0 1 0 0	0 1 1 1
5	0 1 0 1	1 0 0 0
6	0 1 1 0	1 0 0 1
7	0 1 1 1	1 0 1 0
8	1 0 0 0	1 0 1 1
9	1 0 0 1	1 1 0 0

第二步：在四位加法器的 $A_3 \sim A_0$ 接上余三码的四位代码，B_3、B_2、B_1、B_0 上接固定代码1101。

第三步：画出逻辑电路图，如图3—35所示。

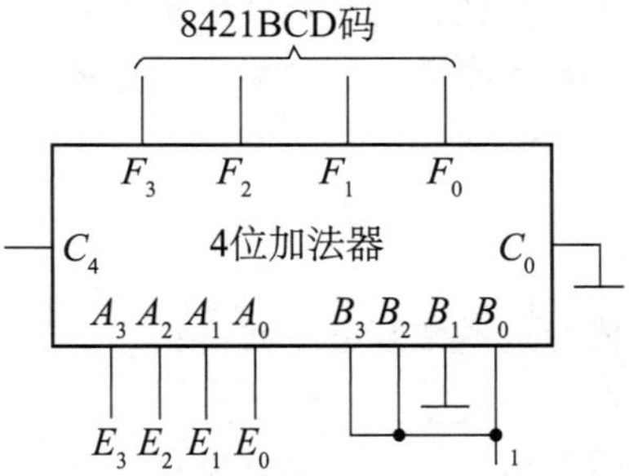

图3—35　例3—9的电路图

【总结提要】

1. 组合逻辑电路的特点是：任何时刻的输出仅取决于该时刻的输入，而与电路原来的状态无关。组合逻辑电路由若干逻辑门组成。

2. 组合逻辑电路的分析方法。

（1）根据给定的逻辑电路，从输入端开始，逐级推导出输出端的逻辑函数表达式并根据公式法或卡诺图法化简或转换逻辑表达式。

（2）根据输出函数表达式列出真值表。

（3）根据真值表对电路进行分析，概括出电路的逻辑功能。

3. 组合逻辑电路的设计方法。

（1）分析设计要求，进行逻辑抽象。分析给定实际逻辑问题的因果关系，根据给定的要求确定输入变量和输出变量，并对它们进行逻辑赋值，即确定“0”和“1”代表的含义。

（2）根据给定的逻辑要求建立真值表（实际上是用真值表描述逻辑功能要求）。

（3）根据真值表写出逻辑表达式并化简和转换。

（4）根据逻辑表达式画出逻辑电路图。

4. 本章还重点介绍了组合逻辑电路常用的集成电路的逻辑功能及应用，包括编码器、译码器、数据选择器、加法器、数值比较器，这些中规模集成器件可以比较方便地设计组合逻辑电路。

【概念复习】

组合逻辑电路、编码器、译码器、数据选择器、加法器、数值比较器。

【网站读物】

搜索关键词——编码器、译码器、数据选择器、加法器、数值比较器参数、引脚图、中规模集成电路的典型应用。

【问题思考】

1. 什么是组合逻辑电路？它有什么特点？
2. 简述组合逻辑电路的一般分析方法。
3. 简述组合逻辑电路的一般设计方法。
4. 编码器和译码器有什么区别？
5. 什么是半加、全加？什么是半加器、全加器？
6. 仿照半加器和全加器的设计方法，设计一个半减器和全减器。
7. 设计一个数值比较器，实现两个 2 位二进制数的比较。

【习题练习】

1. 填空题

（1）数字电路按照逻辑功能功能通常可分为两类：________、________。

（2）组合逻辑电路的输出取决于________的状态。

（3）小规模组合逻辑电路通常由________组合而成。

（4）编码电路和译码电路中，________电路的输出是二进制代码。

（5）若所设计的编码器是将 31 个一般信号转换成二进制代码，则输出应是一组________位的二进制代码。

2. 选择题

（1）组合电路设计的结果一般是要得到________。

A. 逻辑电路图　　B. 电路的逻辑功能

C. 电路的真值表　　D. 逻辑函数式

（2）在下列逻辑电路中，不是组合逻辑电路的是________。

A. 译码器　　B. 编码器

C. 全加器　　D. 寄存器

（3）七段显示译码器是指________的电路。

A. 将二进制代码转换成 0～9 个数字　　B. 将 BCD 码转换成七段显示字形信号

C. 将 0～9 个数转换成 BCD 码　　D. 将七段显示字形信号转换成 BCD 码

（4）十六路数据选择器，其地址输入端有________个。

A. 16　　B. 2　　C. 4　　D. 8

3. 分析题

(1) 试分析如图 3—36 所示的逻辑电路，写出逻辑表达式和真值表。

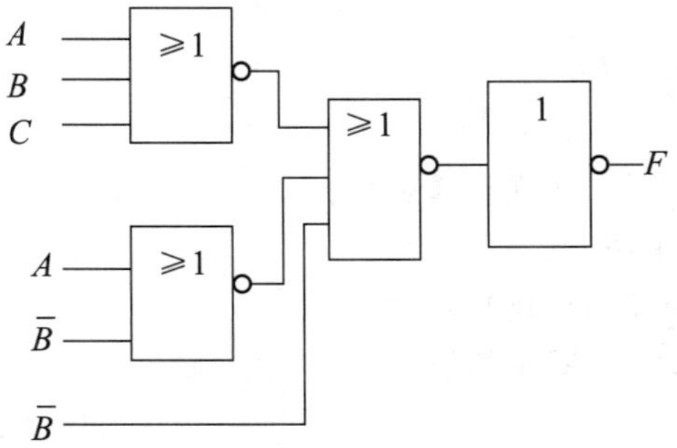

图 3—36

(2) 分析如图 3—37 所示电路的逻辑功能，写出 Y_1、Y_2 的逻辑函数式，列出真值表，指出电路完成的是什么逻辑功能。

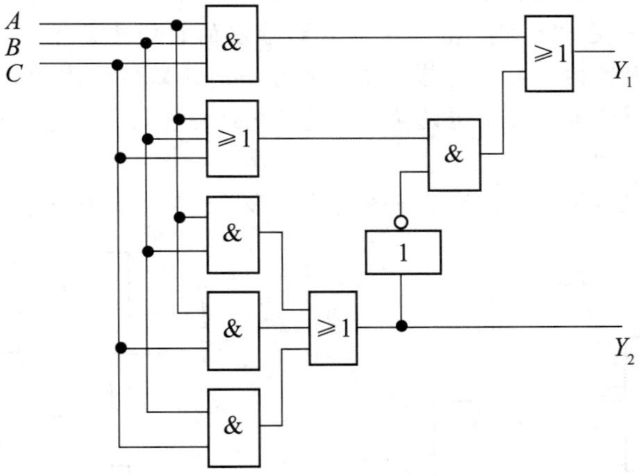

图 3—37

4. 设计题

(1) 请设计一组合电路，其输入端为 A，B，C，输出端为 D，要求其功能为：当 $A=1$ 时，$D=B$；当 $A=0$ 时，$D=C$。设计内容包括：

1) 列出真值表。

2) 写出 D 的最简表达式。

3) 用最少的与或非门和与非门画出逻辑图。

(2) 设计一个监测信号灯工作状态的逻辑电路，每一组信号灯由红、黄、绿三盏灯组成。正常时，只能一盏灯亮，否则电路出现故障，要求逻辑电路发出故障信号，以提醒维护人员前去修理。设计内容包括：

1) 列出真值表。

2) 写出逻辑表达式，并用卡诺图化简。

3) 画出逻辑图（用与非门实现）。

(3) 三个工厂由甲、乙两个变电站供电。如果一个工厂用电，则由甲站供电；如果两个工厂用电，则由乙站供电；如果三个工厂同时用电，则由甲和乙两个站供电。试用异或门和与非门设计一个供电控制电路。

（4）试画出用 3—8 线译码器 74LS138 和门电路实现以下多输出逻辑函数的逻辑图。

$Y_1 = AC$

$Y_2 = \overline{A}\,\overline{B}C + A\overline{B}\,\overline{C} + BC$

$Y_3 = \overline{B}\,\overline{C} + AB\overline{C}$

（5）试用 4 选 1 数据选择器实现逻辑函数。

$Y_1 = A\overline{B}\,\overline{C} + \overline{A}\,\overline{C} + BC$

（6）用 8 选 1 数据选择器实现逻辑函数。

$Y_1 = A\overline{C}D + \overline{A}\,\overline{B}CD + BC + B\overline{C}\,\overline{D}$

【书报文摘】

组合逻辑电路中的竞争冒险

分析组合逻辑电路时，没有考虑门电路的延迟时间对电路产生的影响。实际上，从信号输入到稳定输出需要一定的时间。由于从输入到输出的过程中，不同通路上门的级数不同，或者门电路平均延迟时间的差异，使信号从输入经不同通路传输到输出级的时间不同。由于这个原因，可能会使逻辑电路产生错误输出，通常把这种现象称为竞争冒险。

一、产生竞争冒险的原因

先来分析如图 3—38 所示电路的工作情况及波形图，可以建立竞争冒险的概念。

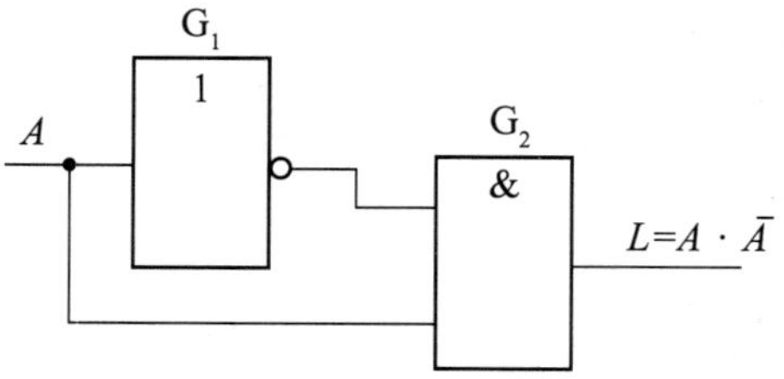

(a) 电路

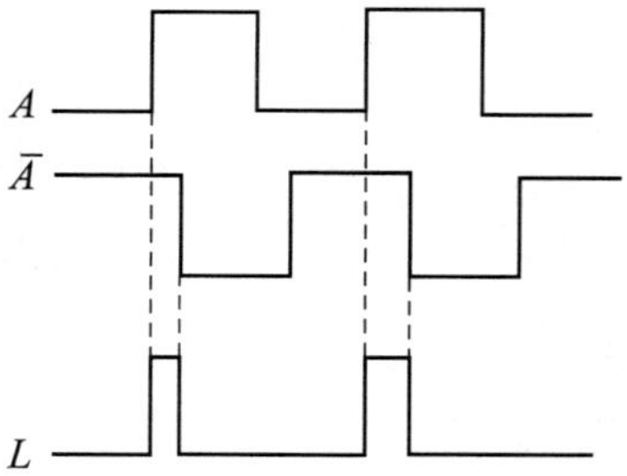

(b) 波形图

图 3—38

在图 3—38 中，与门 G_2 的输入是 A 和 $\overline{A}$ 两个互补信号。由于 G_1 的延迟，$\overline{A}$ 的下降沿要滞后于 A 的上升沿，因此在很短的时间间隔内，G_2 的两个输入端都会出现高电平，致使它的输出出现一个高电平窄脉冲（它是按逻辑设计要求不应出现的干扰脉冲），如图中的波形部分所示。与门 G_2 的 2 个输入信号分别由 G_1 和 A 端两个路径在不同的时刻到达的现象，通常称为竞争，由此而产生输出干扰脉冲的现象称为冒险。

下面进一步分析组合逻辑电路产生竞争冒险的原因。

设有一个逻辑电路如图 3—39 所示，其工作波形如图 3—40 所示。它的输出逻辑表达式为 $AC + B\overline{C}$。由此式可知，当 A 和 B 都为 1 时，$L=1$，与 C 的状态无关。但是，由波形图可以看出，在 C 由 1 变 0 时，有一延迟时间，在这个时间间隔内，G_2 和 G_3 的输出 AC 和 $B\overline{C}$ 同时为

0，而使输出出现一负跳变的窄脉冲，即冒险现象。这是产生竞争冒险的原因之一，其他原因这里不作详述。

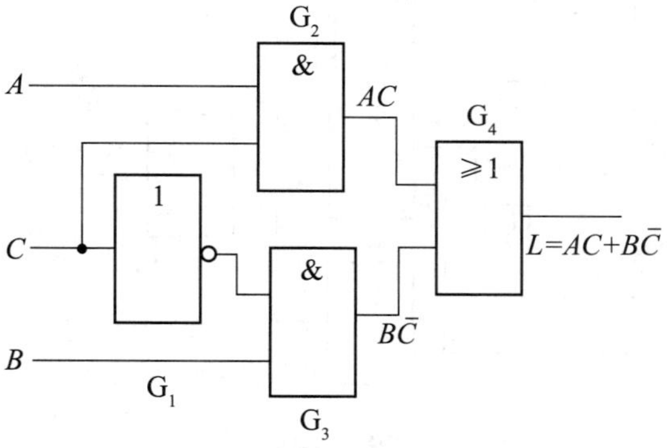

图 3—39　电路图

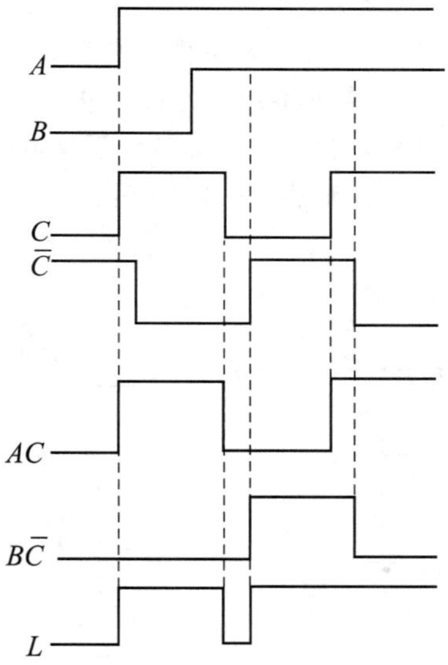

图 3—40　波形图

由以上分析可知，当电路中存在由非门产生的互补信号，且在互补信号的状态发生变化时可能出现冒险现象。

二、消去竞争冒险的方法

针对上述原因，可以采取以下措施消去竞争冒险现象。

1. 增加乘积项

根据逻辑代数中的常用恒等式，在其输出逻辑表达式中增加乘积项 AB，即 $L = AC + B\overline{C} + AB$，这时，对应的逻辑电路如图 3—41 所示。由前面的分析可知，出现负跳变窄脉冲处，正是 A 和 B 均为 1 时。显然，对于图 3—41 所示电路，当 $A = B = 1$ 时，G_5 输出为 1，G_4 输出也为 1，这就消除了 C 跳变时对输出状态的影响，从而消去了竞争冒险。

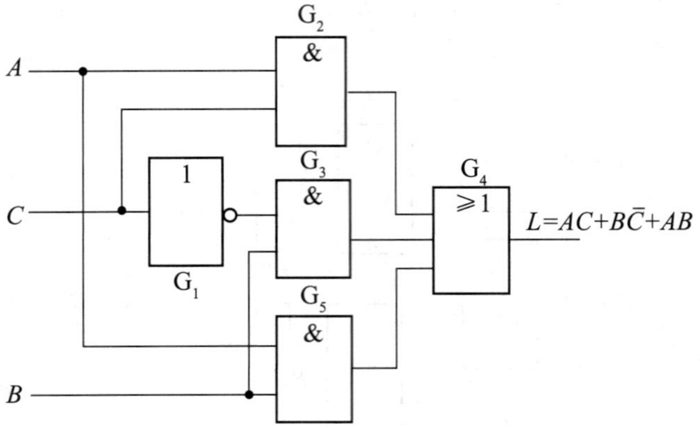

图 3—41

2. 输出端并联电容器

如果逻辑电路在较慢速度下工作，为了消去竞争冒险，可以在输出端并联一电容器，其容量为（4～20）pF 之间。比如可以在电路的输出端并联一个电容 C，如图 3 — 42 所示。由于或门 G_4 存在一输出电阻 R_0，致使输出波形上升沿和下降沿的变化变得比较缓慢。因此对于很窄的负跳变脉冲起到平滑的作用，如图 3—43 所示。显然，这时在输出端不会出现逻辑错误。

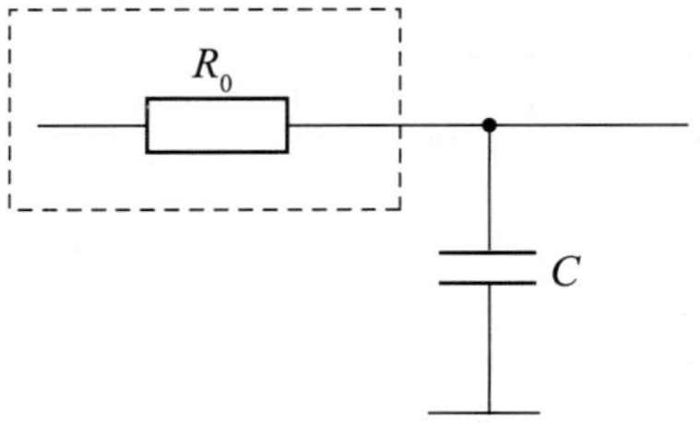

图 3—42

图 3—43

资料来源：电子查询网。

第 4 章　触发器

【教学目标】

1. 了解触发器的概念、类型、电路组成、工作原理及应用。
2. 掌握各种触发器的逻辑功能描述方法和动作特点。
3. 掌握常用触发器的逻辑功能转换。

【典型应用电路】

4 路电子抢答器

在许多比赛中，都会用到抢答器。图 4—1 是一个最简单的 4 路电子抢答器电路。抢答开始前，由主持人清除信号，按下复位开关，74LS175 的输出 $Q_0 \sim Q_3$ 全为 0，所有发光二极管 LED 灯均熄灭，当主持人宣布“抢答开始”后，首先作出判断的参赛者立即按下开关，例如 S1 按下，此时 Q_1 为高电平，对应的发光二极管亮，同时 $\overline{Q_1}$ 为“0”，通过与非门送出信号锁住其余三位选手的电路，不再接受其他信号，直到主持人再次清除信号为止。

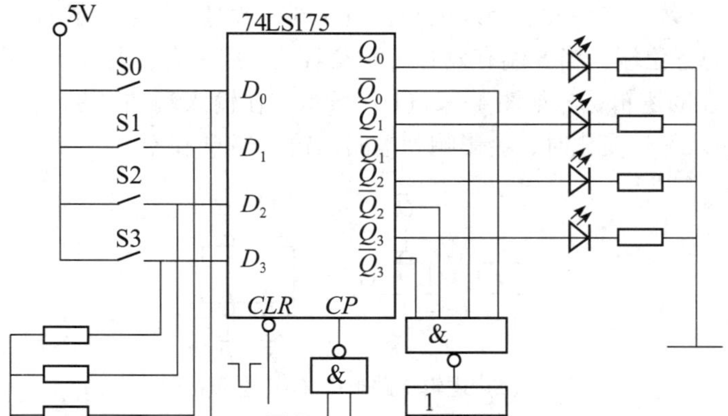

图 4—1　4 路电子抢答器电路

4.1　RS 触发器

门电路在任一时刻的输出信号仅与当时的输入信号有关，而与电路原来的状态无关，其原因在于逻辑门电路中，没有存储电路，因而不能“记忆”电路的状态。

能够存储一位二位信号的基本单元电路叫做触发器，它是具有“记忆”功能的存储电路，是时序逻辑电路（在后续章节中将详细阐述）的基本单元。

触发器的基本特点：

（1）具有两个能够自行保持的稳定状态——0 态和 1 态，分别用来表示逻辑状态的 0 和 1，或二进制数的 0 和 1。

（2）根据不同的输入信号可以置成 0 态或 1 态。

（3）在输入信号消失以后，能将获得的新状态保存下来。

触发器的分类方式有很多种，按电路结构可分为基本 RS 触发器、同步触发器、主从触发器、边沿触发器等，不同电路结构的触发器有不同的工作特点；按逻辑功能可分为 RS 触发器、JK 触发器、D 触发器、T 触发器和 T′触发器等。本书按逻辑功能分类方式来介绍常见触发器的组成、功能及特点。

RS 触发器根据电路结构不同，又可分为基本 RS 触发器、同步 RS 触发器、主从 RS 触发器。

4.1.1 基本 RS 触发器

1. 电路组成和逻辑符号

基本 RS 触发器是一种最简单的触发器，是构成各种触发器的基础。它由两个与非门（或者或非门）的输入和输出交叉连接而成，如图 4—2（a）所示。

基本 RS 触发器有两个输出端，一个称为 Q 端，另一个称为 $\overline{Q}$ 端。在正常情况下，这两个输出端总是逻辑互补的，即一个为 0 态时，另一个为 1 态。通常规定 $Q=0$，$\overline{Q}=1$ 为触发器的 0 态，$Q=1$，$\overline{Q}=0$ 为触发器的 1 态。

基本 RS 触发器有两个输入 $\overline{R}$ 和 $\overline{S}$（又称触发信号），$\overline{R}$ 和 $\overline{S}$ 符号上面的“ - ”号表示这两个输入端为低电平有效。其中 $\overline{R}$ 端为复位端，当 $\overline{R}$ 端有效时，触发器被置成 0 态，所以 $\overline{R}$ 端也称为置 0 端；$\overline{S}$ 端为置位端，当 $\overline{S}$ 端有效时，触发器被置成 1 态，所以 $\overline{S}$ 端也称为置 1 端。

基本 RS 触发器的逻辑符号如图 4—2（b）所示，在输入端加“。”符号也表示 $\overline{R}$ 和 $\overline{S}$ 是低电平有效。当输入信号变化时，会影响到电路的输出端 Q 和 $\overline{Q}$。

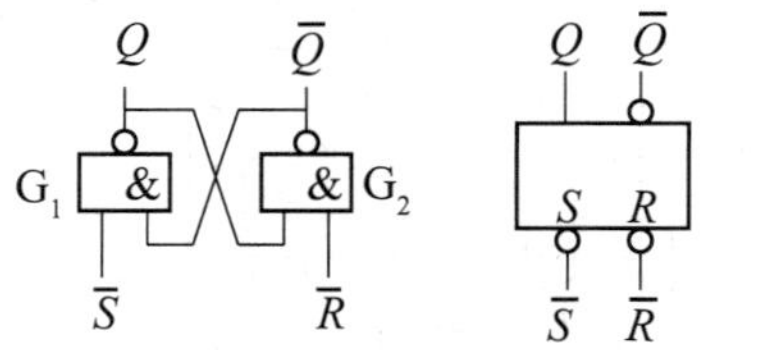

（a）逻辑电路　　（b）逻辑符号

图 4—2　用与非门组成的基本 RS 触发器

2. 工作原理

当输入信号 $\overline{R}$ 和 $\overline{S}$ 为不同的状态组合时，触发器的输出端会出现不同的状态。通常规定触发信号作用前的输出状态为触发器的原状态（现态），用 Q^n 表示；触发信号作用后的输出状态为触发器的新状态（次态），用 Q^{n+1} 表示。注意：现态和次态是相对于某一次状态转换而言的，不是固定不变的。

当 $\overline{R}=\overline{S}=1$ 时，假设触发器的现态为 0 态，即 $Q^n=0$，$\overline{Q^n}=1$。从图 4—2（a）中可以看出，G_2 的两个输入端均为 1，则有 $Q^{n+1}=0$；$Q^{n+1}=0$ 反馈到 G_1 的输入端，使得 $\overline{Q^{n+1}}=1$，触发器保持 0 态不变，即次态也为 0 态。同理若触发器的现态为 1 态，次态也为 1 态。

当 $\overline{R}=1$，$\overline{S}=0$ 时，无论触发器的现态为0态，还是1态，从图4—2（a）中可以看出，G_1 的一个输入端为0，由与非门的逻辑功能可知其输出为1，即 $Q^{n+1}=1$；$Q^{n+1}=1$ 反馈到 G_2 的输入端，使得 $\overline{Q^{n+1}}=0$，即次态为1态。

当 $\overline{R}=0$，$\overline{S}=1$ 时，无论触发器的现态为0态，还是1态，从图4—2（a）中可以看出，G_2 的一个输入端为0，由与非门的逻辑功能可知其输出为1，即 $\overline{Q^{n+1}}=1$；$\overline{Q^{n+1}}=1$ 反馈到 G_1 的输入端，使得 $Q^{n+1}=0$，即次态为0态。

当 $\overline{R}=\overline{S}=0$ 时，无论触发器的现态为0态，还是1态，从图4—2（a）中可以看出，G_2 和 G_1 都有一个输入端为0，由与非门的逻辑功能可知其输出为1，即有 $\overline{Q^{n+1}}=1$，$Q^{n+1}=1$。此状态不是正常的0态，也不是正常的1态，我们称之为不定态，用 1^* 表示。注意：之所以称之为不定态，是因为当 $\overline{R}$ 端和 $\overline{S}$ 端同时由0变成1时，两个与非门的平均传输延时不完全相同，导致触发器的输出状态不稳定，即不能确定次态是1态还是0态。

3. 逻辑功能描述

基本RS触发器的功能描述有特性表、特性方程和状态转换图三种方式。

（1）特性表。特性表是通过输入、输出的不同状态组合来描述触发器的逻辑功能的表格，也可以称为功能表。特性表类似于真值表，不同的地方是把现态 Q^n 当做输入变量，把次态 Q^{n+1} 当做输出变量。由工作原理的分析得到基本RS触发器的特性表，见表4—1。为了更直观地描述触发器的特性，可将表4—1简化为表4—2的形式。

表4—1　基本RS触发器的特性表

$\overline{R}$	$\overline{S}$	Q^n	Q^{n+1}
0	0	0	1^*
0	0	1	1^*
0	1	0	0
0	1	1	0
1	0	0	1
1	0	1	1
1	1	0	0
1	1	1	1

表4—2　基本RS触发器的简化特性表

$\overline{R}$	$\overline{S}$	Q^{n+1}	状态
0	0	1^*	不定
0	1	0	置0
1	0	1	置1
1	1	Q^n	保持

（2）特性方程。特性方程是表征触发器的输入、输出的函数关系式，在表4—1中 $\overline{R}$、$\overline{S}$、Q^n 是输入变量，Q^{n+1} 是输出变量，即表4—1就是一个三变量的真值表。利用第一章讲过的卡诺图化简方法（见图4—3），便可得到 Q^{n+1} 关于 $\overline{R}$、$\overline{S}$、Q^n 的最简与或式，即基本RS触发器的特性方程：

$$\begin{cases} Q^{n+1}=\overline{\overline{S}}+\overline{R}Q^n \\ \overline{R}+\overline{S}=1 \quad \text{（约束条件）} \end{cases} \tag{4—1}$$

（3）状态转换图。状态转换图是真值表的图形化，二者在本质上是一致的，只是表现形式不同而已。基本RS触发器的状态转换图，如图4—4所示。图中两个圆圈，其中写有0和1代表了基本RS触发器的两个稳态，状态的转换方向用箭头表示，状态转换的条件标明在箭头的旁边。

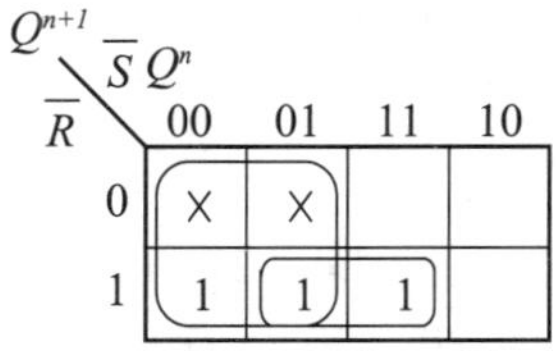

图 4—3　基本 RS 触发器的卡诺图

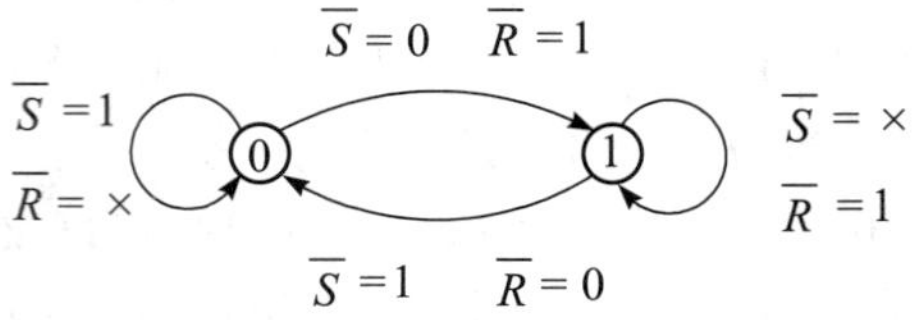

图 4—4　基本 RS 触发器的状态转换图

4. 动作特点

基本 RS 触发器的动作特点是：输入信号在全部作用时间里都可以直接影响触发器的输出状态。

例 4—1　画出基本 RS 触发器在给定输入信号 $\overline{R}$ 和 $\overline{S}$ 的作用下，Q 端和 $\overline{Q}$ 端的波形，其输入波形如图 4—5（a）所示。

分析　根据基本 RS 触发器的动作特点，$\overline{R}$ 和 $\overline{S}$ 在全部作用时间里都可以直接影响触发器的输出状态，因此解题时第一步要根据输入波形的变化情况分成若干段；第二步利用特性方程、特性表或状态转换图得出每一段所对应的 Q 端波形；第三步画出 $\overline{Q}$ 的波形。具体画法是：当 Q 为高电平时，$\overline{Q}$ 为低电平；Q 为低电平时，$\overline{Q}$ 为高电平。

解　第一步：根据 $\overline{R}$ 和 $\overline{S}$ 的波形变化情况，将其分成 6 段。第二步：第 1 段 $\overline{R}\,\overline{S}=01$，根据状态方程（或特性表、状态转换图）可得，$Q=0$；第 2 段 $\overline{R}\,\overline{S}=10$，$Q=1$（置 1）；第 3 段 $\overline{R}\,\overline{S}=11$，$Q=1$（保持）；以此类推，即可得 Q 端的波形。第三步：根据 Q 端的波形，即可画出 $\overline{Q}$ 的波形，如图 4—5（b）所示。

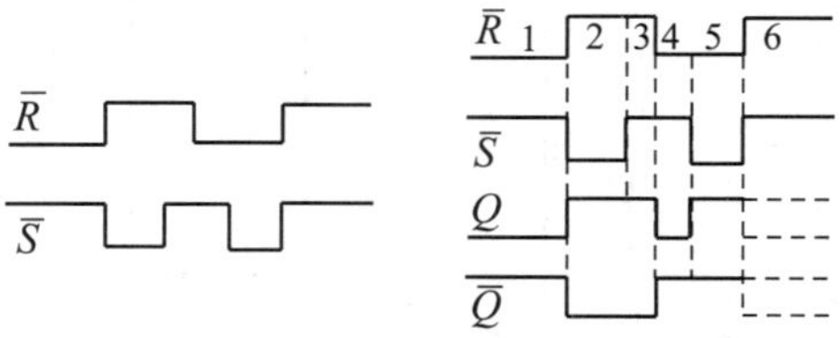

（a）　　　　（b）

图 4—5　例 4—1 的输入输出波形

注意：第 5 段出现了 $\overline{R}\,\overline{S}=00$（禁止状态），此时会使得 $Q=1$，$\overline{Q}=1$，若下一时刻 $\overline{R}\,\overline{S}=11$，就出现不定状态，如图 4—5（b）中的第 6 段所示。

5. 常用集成基本 RS 触发器

TTL 集成基本 RS 触发器 74LS279 的引脚排列图如图 4—6（a）所示。74LS279 内部集成了 4 个相互独立的由与非门构成的 RS 基本触发器，其中有 2 个触发器的 $\overline{S}$ 端为双输入端，两输入端的关系为与逻辑关系，即 $\overline{S}=\overline{S_A}\,\overline{S_B}$。

CMOS 集成基本 RS 触发器 CC4044 的引脚排列图如图 4— 6（b）所示。CC4044 内部也集成了 4 个相互独立的由与非门构成的基本 RS 触发器，并且采用了具有三态特点的传输门输出，当使能控制端信号 $EN=1$ 时传输门工作，$EN=0$ 时传输门被禁止，输出端 Q 为高阻态。

4.1.2　同步 RS 触发器

在一个由多个触发器构成的电路系统中，各个触发器会有所联系，一旦有一个触发器发生翻转，其他与之连接的触发器也陆续需要翻转，然而各触发器的翻转时间难以控制。为此希望系统中有一个统一的控制信号，以实现在一个时钟脉冲信号（CP）控制下翻转的触发

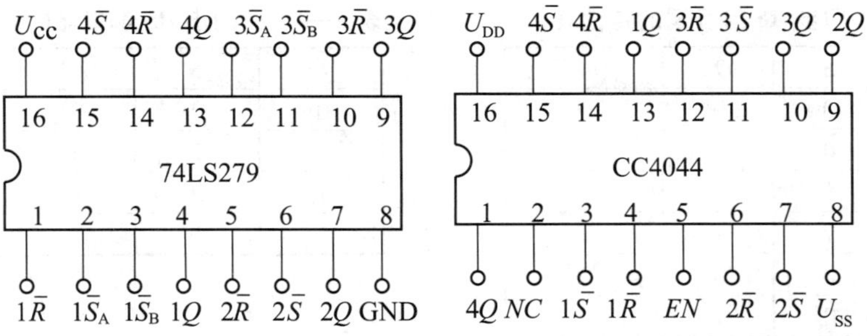

(a) 74LS279的引脚图　　(b) CC4044的引脚图

图 4—6　74LS279 和 CC4044 集成基本 RS 触发器的引脚图

器，没有 CP 就不翻转，CP 来到后才翻转，翻转后的状态则由触发器翻转前的数据输入端决定，我们把这种触发器称为时钟触发器或同步 RS 触发器。

因为基本 RS 触发器的输入信号在全部作用时间里都可以直接影响触发器的输出状态，也就是说，加在输入端的干扰信号也可以在全部作用时间里直接影响触发器的输出状态，从而导致触发器的抗干扰能力很差，而同步 RS 触发器的出现，在很大程度上增强了电路的抗干扰能力。

1. 电路组成和逻辑符号

最简单的同步 RS 触发器，如图 4—7 所示。为了引入 CP，在基本 RS 触发器的基础上又增加了两个与非门 G_3 和 G_4。G_3 和 G_4 各一个输入端接 CP，G_3 的另一个输入端接数据输入 S；G_4 的另一个输入端接数据输入 R；R 和 S 就不是直接置 0 端和直接置 1 端了，而是数据输入端，R 和 S 上面的反号也没有了，而是高电平有效，R 和 S 的高电平经 G_3 和 G_4 反相，变为低电平，才能对基本 RS 触发器置 0 或置 1 触发。

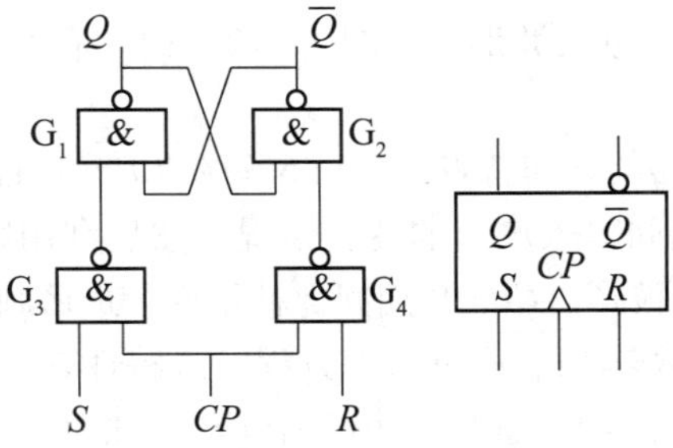

(a) 电路　　(b) 逻辑符号

图 4—7　同步 RS 触发器

2. 工作原理

当 $CP=0$ 时，G_3 和 G_4 被封锁，G_3 和 G_4 的输出均为 1，不会改变基本 RS 触发器的状态，即触发器不翻转。当 $CP=1$ 时，G_3 和 G_4 被打开，此时的同步 RS 触发器相当于一个基本 RS 触发器。

3. 逻辑功能描述

同步 RS 触发器的特性表见表 4—3，简化的特性表见表 4—4。

表 4—3　同步 RS 触发器的特性表

R	S	Q^n	Q^{n+1}
0	0	0	0
0	0	1	1
0	1	0	1
0	1	1	1
1	0	0	0
1	0	1	0
1	1	0	1^*
1	1	1	1^*

表 4—4　同步 RS 触发器的简化特性表

R	S	Q^{n+1}	状态
0	0	Q^n	保持
0	1	1	置 1
1	0	0	置 0
1	1	1^*	不定

利用卡诺图化简方法（见图 4—8），便可得到同步 RS 触发器的特性方程：

$$\begin{cases} Q^{n+1} = S + \overline{R}Q^n & (CP=1\text{ 有效}) \\ RS = 0 & (\text{约束条件}) \end{cases} \tag{4—2}$$

同步 RS 时钟触发器的状态转换图如图 4—9 所示。

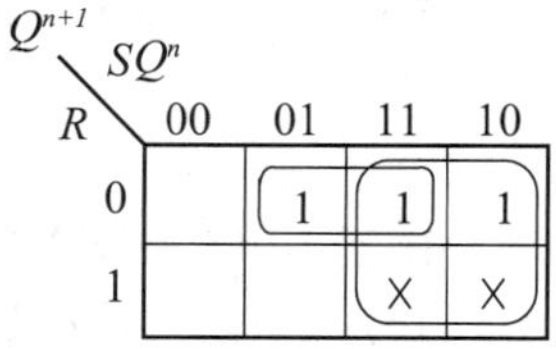

图 4—8　同步 RS 触发器的卡诺图

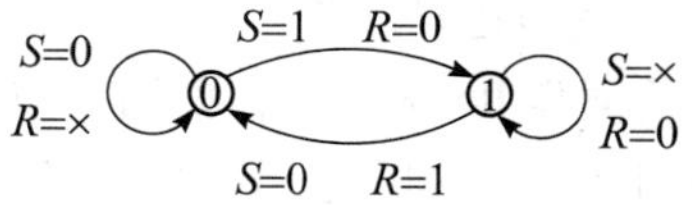

图 4—9　同步 RS 触发器的状态转换图

4. 动作特点

同步 RS 触发器的动作特点是在 $CP=1$ 期间，输入信号 R、S 才可以影响触发器的输出状态。

例 4—2　同步 RS 触发器的输入波形，如图 4—10（a）所示。设初始 $Q=0$，请画出 Q、$\overline{Q}$ 端的波形。

分析　根据同步 RS 触发器的动作特点，R 和 S 只在 $CP=1$ 期间影响触发器的输出状态。因此解题时首先观察 $CP=1$ 期间输入波形的变化情况，然后利用特性方程、特性表或状态转换图得出每一段所对应的 Q 端波形，$CP=0$ 期间保持不变，最后画出 $\overline{Q}$ 的波形。

解　第 1 个 $CP=1$ 期间，$RS=01$，根据状态方程（或特性表、状态转换图）可得，$Q=1$；第 2 个 $CP=1$ 期间，$RS=10$，$Q=0$（置 0）；第 3 个 $CP=1$ 期间，$RS=10$，$Q=0$（置 0）；第 4 个 $CP=1$ 期间，$RS=01$，$Q=1$（置 1）；第 5 个 $CP=1$ 期间，$RS=10$，$Q=0$（置 0）；第 6 个 $CP=1$ 期间，$RS=00$，$Q=0$（保持），即为 Q 的波形。根据 Q 端的波形，即可画出 $\overline{Q}$ 的波形，如图 4—10（b）所示。

5. 空翻现象

如图 4—11 所示，在 CP 高电平期间，由于输入信号 R、S 出现了多种组合，导致触发器的输出状态 Q 发生多次变化，像这样在一个有效时钟期间内，触发器多次翻转的现象称为空翻。空翻现象的出现使得外部干扰信号很容易进入触发器电路内部，导致触发器出现错误的输出状态，总之空翻现象的存在降低了触发器电路的抗干扰能力。

4.1.3　主从 RS 触发器

为了消除同步 RS 触发器的空翻现象，希望每来一个控制信号，触发器的状态最多翻转一

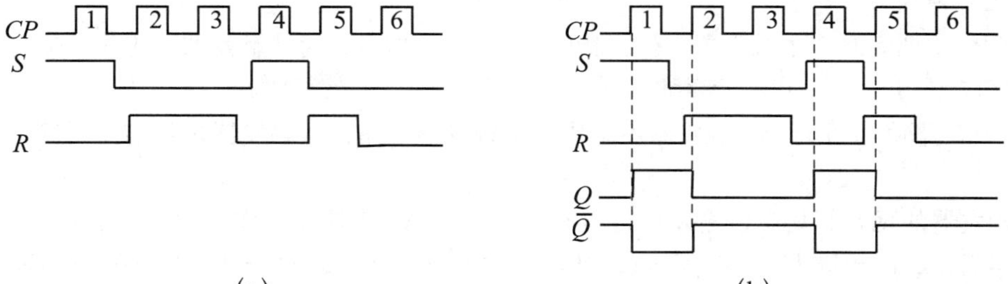

(a)　　(b)

图 4—10　例 4—2 的输入输出波形

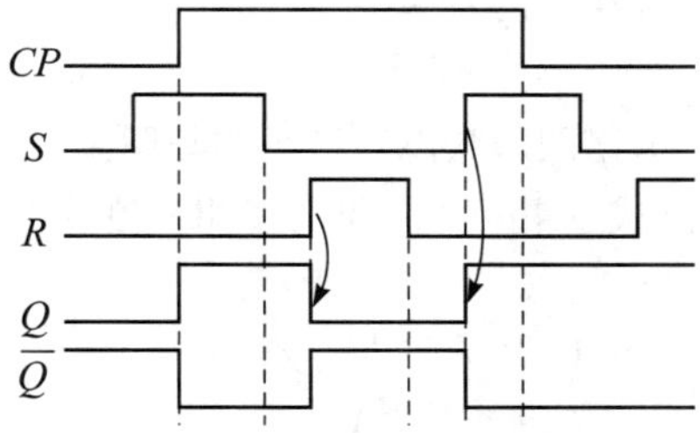

图 4—11　空翻波形

次，于是设计出了主从 RS 触发器。

1. 电路组成和逻辑符号

主从 RS 触发器的电路如图 4—12（a）所示，由两个结构相同的同步 RS 触发器组成，分别称为主触发器（$G_5 \sim G_8$）和从触发器（$G_1 \sim G_4$）。主触发器和从触发器分别由两个相位相反的时钟信号 *CP* 和 *CP'* 控制。图 4—12（b）是其逻辑符号，其中 *CP* 下面有一个“○”，它代表触发器在 *CP* 的下降沿（即 *CP* 由 1 变为 0 的时刻）触发。

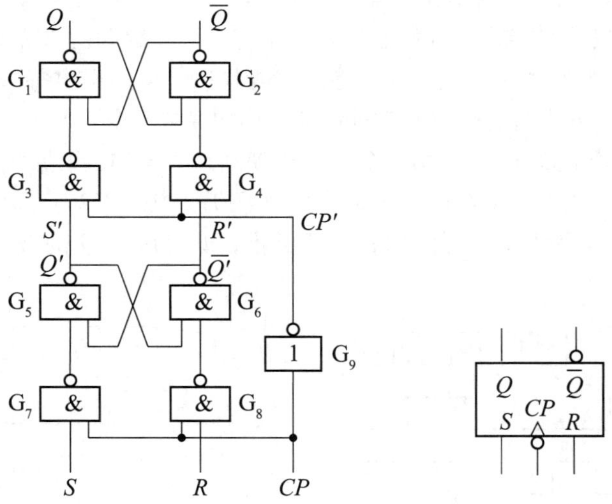

(a) 电路　　(b) 逻辑符号

图 4—12　主从 RS 触发器

2. 工作原理

在 $CP=1$ 期间时，主触发器工作，接收 R、S 输入信号，而从触发器不工作，输出 Q 的状态保持不变。

在 CP 的下降沿时刻，主触发器不工作，从触发器工作，从触发器接收前一时刻主触发器的状态。

若触发器的现态是 0 态，输入信号 $R=0$、$S=1$，则其具体工作过程如下：$CP=1$ 期间，主触发器工作，由于输入 $R=0$、$S=1$，其输出被置成 1 态，即 $Q'=1$，$\overline{Q}'=0$；在 CP 的下降沿时刻，主触发器不工作，保持其输出状态并传递给从触发器的输入端，即 $R'=0$、$S'=1$，此时从触发器工作接收其输入信号（也就是主触发器的输出状态）R'、S'，由于 $R'=0$、$S'=1$，所以从触发器被置成 1 态，即 $Q=1$，$\overline{Q}=0$。

3. 逻辑功能描述

主从 RS 触发器的特性表、卡诺图、状态转换图均与同步 RS 触发器相同，这里不再赘述。主从 RS 触发器的特性方程为公式（4—3），和同步 RS 触发器相比，只是触发的时刻不同而已。

$$\begin{cases} Q^{n+1} = S + \overline{R}Q^n & (CP\text{ 下降沿有效}) \\ RS = 0 & (\text{约束条件}) \end{cases} \tag{4—3}$$

4. 动作特点

主从 RS 触发器的翻转动作总体上分为两步：第一步，在 $CP=1$ 期间，主触发器接收输入信号 R、S；第二步，在 CP 下降沿时刻，从触发器接收主触发器的输出状态。

注意：在 CP 高电平期间，主触发器的状态可以多次翻转，但 CP 下降沿时刻从触发器只能接收主触发器最后的状态。

例 4—3 主从 RS 触发器输入信号的波形如图 4—13（a）所示。已知初始 $Q=0$，试画出 Q 的波形。

分析 根据主从 RS 触发器的动作特点，在 $CP=1$ 期间，主触发器接收输入信号 R、S，CP 下降沿时刻，从触发器只接收主触发器最后的状态。因此解题时首先观察 CP 下降沿时刻输入波形的变化情况，然后利用特性方程、特性表或状态转换图得出每一段所对应的 Q 端波形。$CP=0$ 期间、CP 上升沿时、$CP=1$ 期间 Q 端波形均保持不变。

解 根据题意，起始时刻 $Q=0$。第 1 个 $CP=1$ 期间，$RS=10$，根据状态方程（或特性表、状态转换图）可得，$Q=0$，所以第 1 个下降沿时刻 Q 仍为 0；第 2 个 $CP=1$ 期间，$RS=01$，$Q=1$（置 1），第 2 个下降沿时刻 Q 变为 1；以此类推，即可画出 Q 的波形，如图 4—13（b）所示。

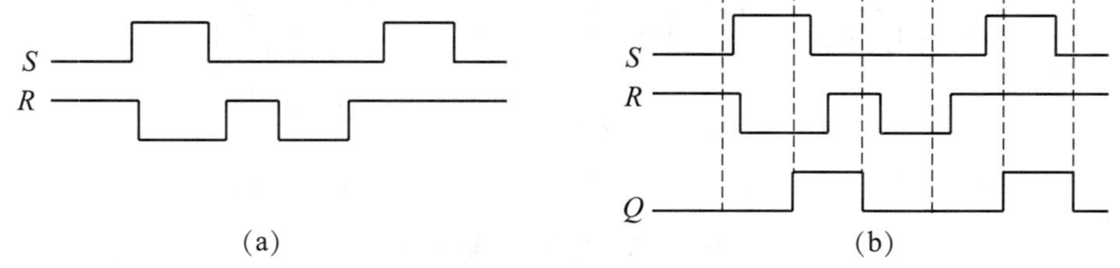

图 4—13 例 4—13 的波形图

4.2　D 触发器

D 触发器又称锁存器，按结构不同，分为同步 D 触发器和边沿 D 触发器。

4.2.1　同步 D 触发器

1. 电路组成和逻辑符号

在同步 RS 触发器中，R、S 之间存在相互约束问题，给应用带来了不便。为解决 RS 触发器的约束问题将同步 RS 触发器的结构改进，如图 4—14（a）所示，这种改进了的同步 RS 触发器称做 D 触发器。此外，同步 D 触发器也为单端输入信号的场合提供了便利。

同步 D 触发器有两个输入端，其中 D 是数据输入端，CP 是时钟输入端，图 4—14（b）是它的逻辑符号。

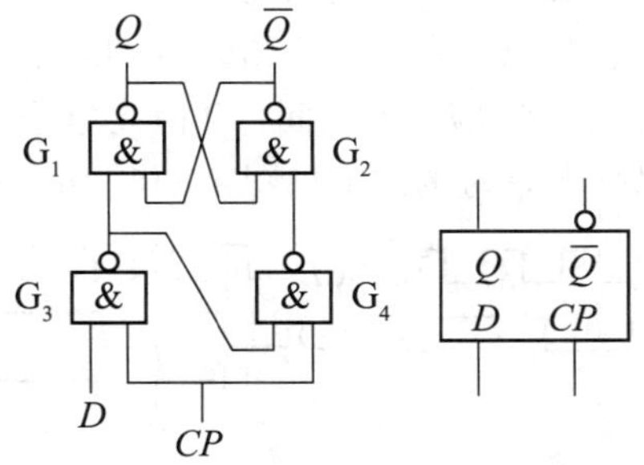

（a）电路　　（b）逻辑符号

图 4—14　同步 D 触发器

2. 工作原理

当 $CP=0$ 时，G_3 和 G_4 被封锁，触发器状态保持不变。

当 $CP=1$ 时，G_3 和 G_4 打开，触发器的输出状态取决于数据输入端 D，若 $D=0$，则 G_3 输出 1，G_4 输出 0，触发器被置成 0 态；若 $D=1$，则 G_3 输出 0，G_4 输出 1，触发器被置成 1 态。

由于同步 D 触发器只有一个输入信号，解决了 RS 触发器输入信号间相互约束的问题。

3. 逻辑功能描述

同步 D 触发器的特性表见表 4—5，由表可见同步 D 触发器只有置 0 和置 1 两个功能，简化的特性表见表 4—6。

表 4—5　同步 D 触发器的特性表

D	Q^n	Q^{n+1}
0	0	0
0	1	0
1	0	1
1	1	1

表 4—6　同步 D 触发器的简化特性表

D	Q^{n+1}	状态
0	0	置 0
1	1	置 1

利用简化特性表，便可得到同步 D 触发器的特性方程：

$$Q^{n+1}=D \qquad (CP=1\ 有效) \tag{4—4}$$

同步 D 触发器的状态转换图，如图 4—15 所示。

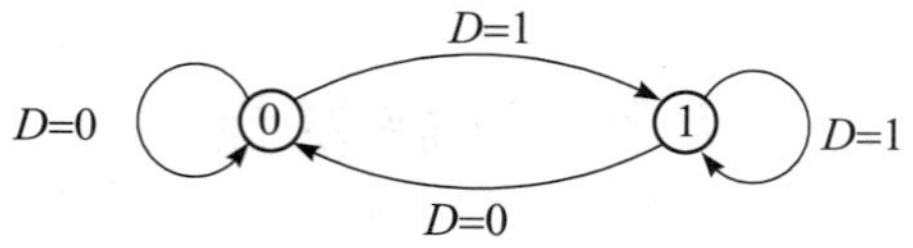

图 4—15　同步 D 触发器的状态转换图

4. 动作特点

只有在 $CP=1$ 期间，输入信号 D 才可以影响触发器的输出状态。同步 D 触发器同样存在空翻现象，原因请大家自己想一想。

例 4—4　已知同步 D 触发器的 CP 和输入波形如图 4—16（a）所示，请画出 Q 端的波形，假设其初始状态为 0。

分析　同步 D 触发器的动作特点是在 $CP=1$ 期间，输入信号 D 影响触发器的输出状态，$Q^{n+1}=D$；在 $CP=0$ 期间，输入信号 D 不影响触发器的输出状态，即 Q^{n+1} 保持不变。根据其动作特点在 $CP=1$ 期间逐一分析，即可画出 Q 的波形。

解　根据同步 D 触发器的动作特点，在第 1 个 $CP=1$ 期间，D 由低电平变为高电平，因此 Q 也由低电平变为高电平；在第 2 个 $CP=1$ 期间，D 由高电平变为低电平，因此 Q 也由高电平变为低电平，以此类推可以画出 Q 端的波形如图 4—16（b）所示。

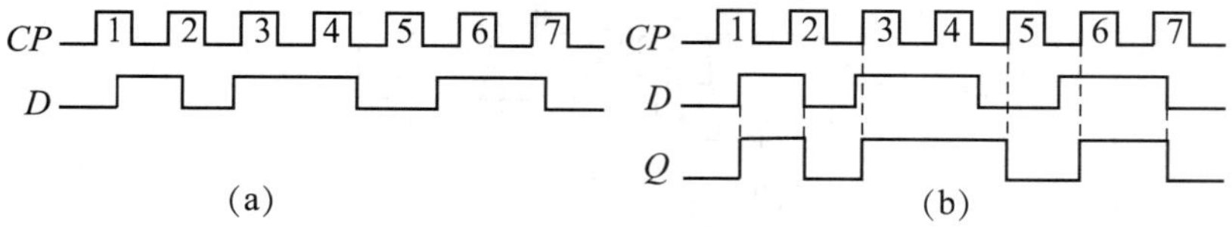

图 4—16　例 4—4 的波形图

5. 常用集成同步 D 触发器

TTL 集成同步 D 触发器 74LS375 的引脚图如图 4—17（a）所示，74LS375 内部集成了 4 个同步 D 触发器单元，其中 $1G$ 端是 1、2 单元的共用时钟 CP_1 和 CP_2 的输入端，$2G$ 端是 3、4 单元的共用时钟 CP_3 和 CP_4 的输入端。

CMOS 集成同步 D 触发器 CC4042 的引脚排列图，如图 4—17（b）所示，CC4042 内部也集成了 4 个同步 D 触发器单元，4 个单元共用一个时钟 CP。与 74LS375 不同的是，CC4042 增加了一个极性控制信号 POL：当 $POL=1$ 时，有效时钟条件是 $CP=1$，触发的内容是下降沿时刻 D 的值；而当 $POL=0$ 时，有效时钟条件是 $CP=0$，触发的内容 CP 是上升沿时刻 D 的值。

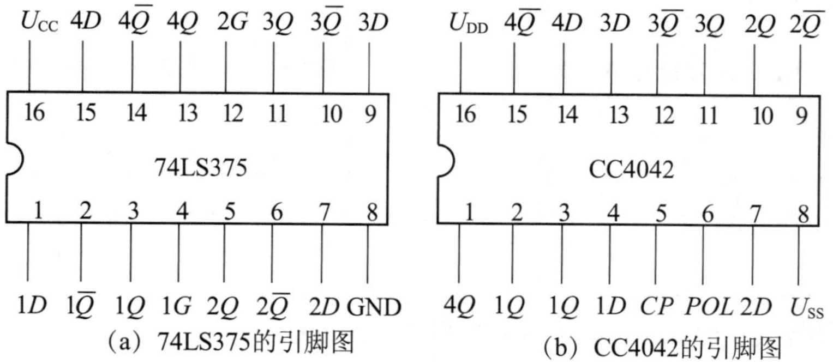

图 4—17　集成同步 D 触发器 74LS375 和 CC4042 的引脚图

4.2.2　边沿 D 触发器

1. 电路组成和逻辑符号

边沿 D 触发器的电路如图 4—18（a）所示，从电路的结构可以看出，它是在基本 RS 触发器的基础之上增加了 4 个逻辑门而构成的。G_4 的输出是基本 RS 触发器的置“0”通道，G_3 的输出是基本 RS 触发器的置“1”通道。G_3 和 G_4 可以在 CP 控制下，决定数据输入 D 是否能传输到基本 RS 触发器的输入端，G_6 将输入数据 D 以反变量的形式送到 G_4 门的输入端，还经过 G_5 将 D 以原变量形式送到 G_3 的输入端，使数据输入 D 等待时钟 CP 到来后，通过 G_4 和 G_3，以实现置“0”或置“1”。图 4—18（b）边沿 D 触发器的逻辑符号。

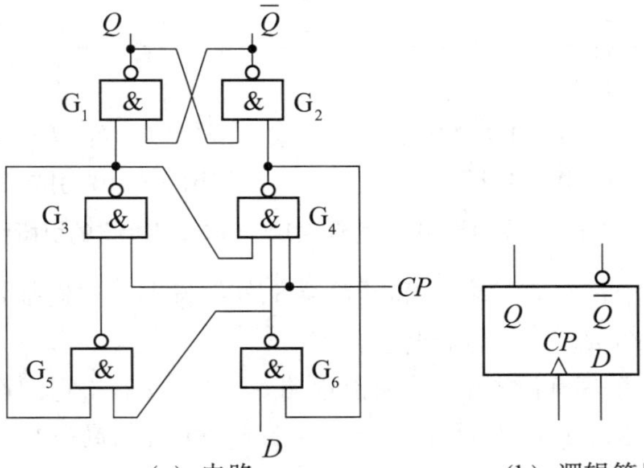

(a) 电路　　(b) 逻辑符号

图 4—18　边沿 D 触发器

2. 逻辑功能描述

边沿 D 触发器的特性表、卡诺图、状态转换图均与同步 D 触发器相同，这里不再赘述。

边沿 D 触发器的特性方程为：

$$Q^{n+1}=D \qquad (CP\text{ 上升沿有效}) \qquad (4—5)$$

3. 动作特点

在 $CP=0$、CP 下降沿、$CP=1$ 期间，输入信号都不起作用，只有在 CP 上升沿时刻，触发器才会按其特性方程改变状态。边沿 D 触发器通过缩短输入信号的作用时间，避免了空翻现象。

例 4—5　边沿 D 触发器的输入波形如图 4—19（a）所示，试画出 Q 端波形。

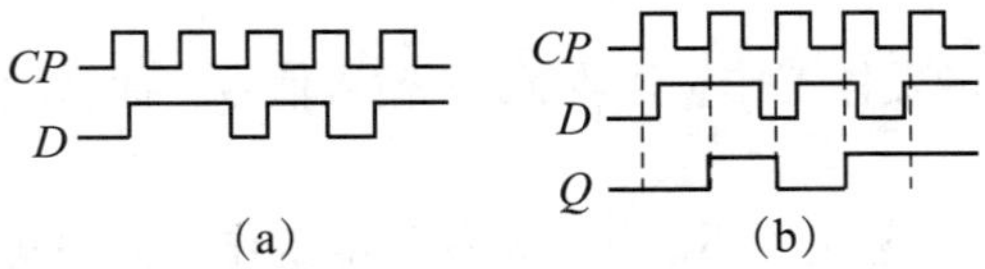

(a)　　(b)

图 4—19　例 4—5 的波形图

分析　根据边沿 D 触发器的动作特点：只有在 CP 上升沿时刻，输入信号 D 影响触发器的输出状态，使 $Q^{n+1}=D$，其他时刻输入信号 D 均不影响触发器的输出状态，即 Q^{n+1} 保持不变。根据其动作特点观察每一个 CP 上升沿时刻 D 的电平高低，即可画出 Q 端波形。

解　根据边沿 D 触发器的动作特点，在第 1 个 CP 上升沿时刻，D 为低电平，因此 Q 保持低电平；在第 2 个 CP 上升沿时刻，D 为高电平，因此 Q 也变为高电平，以此类推可以画出 Q

端的波形如图 4—19（b）所示。

4. 常用集成边沿 D 触发器

集成边沿 D 触发器 74LS74 的引脚图，如图 4—20（a）所示。CMOS 集成边沿 D 触发器 CC4013 的引脚图，如图 4—20（b）所示。

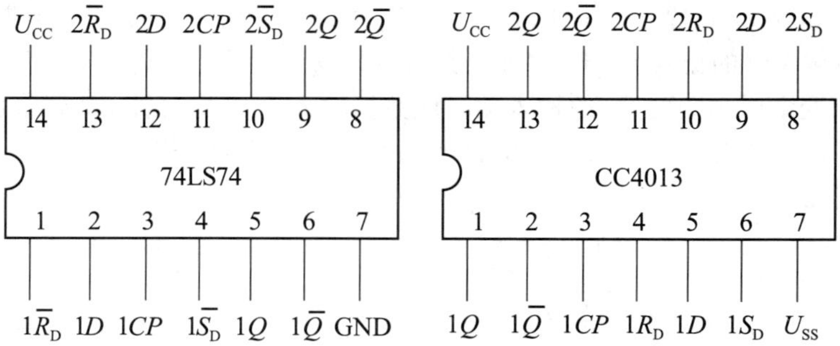

(a) 74LS74引脚图　　(b) CC4013引脚图

图 4—20　集成边沿 D 触发器 74LS74 和 CC4013 的引脚图

74LS74 内部包含 2 个带有清零端 $\overline{R}_D$和预置端 $\overline{S}_D$的触发器，它们都是 CP 上升沿触发的边沿 D 触发器，异步输入端 $\overline{R}_D$和 $\overline{S}_D$ 为低电平有效。

CC4013 内部包含 2 个带有清零端 R_D 和预置端 S_D 的触发器，它们都是 CP 上升沿触发的边沿 D 触发器，值得注意的是 CC4013 的异步输入端 R_D 和 S_D 为高电平有效。

4.3　JK 触发器

4.3.1　主从 JK 触发器

1. 电路组成和逻辑符号

主从 JK 触发器的电路如图 4—21（a）所示，由 2 个结构相同的同步 RS 触发器组成，分别称为主触发器（G_5～G_8）和从触发器（G_1～G_4）。主触发器和从触发器分别由 2 个相位相反的时钟信号 CP 和 CP'控制。另外为了解决 RS 触发器的约束问题，又引了两条反馈线，一条是从 Q 端引到 G_8 的输入端，另一条从 $\overline{Q}$ 端引到 G_7 的输入端。图 4—21（b）是主从 JK 触发器的逻辑符号，其中 CP 下面有一个“∘”，它代表触发器在 CP 的下降沿（即 CP 由 1 变为 0 的时刻）触发。

2. 工作原理

在 $CP=1$ 期间时，主触发器工作，接收 J、K 输入信号，而从触发器不工作，输出 Q 的状态保持不变。

在 CP 的下降沿时刻，主触发器不工作，从触发器工作，从触发器接收前一时刻主触发器的状态。

若触发器的现态是 0 态，输入信号 $J=1$、$K=0$，则其具体工作过程如下：$CP=1$ 期间，主触发器工作，由于 $Q=0$，G_8 的输出被封锁为 1，由于 $\overline{Q}=1$，$J=1$，$CP=1$，所以 G_7 输出为 0，而 G_5 和 G_6 构成基本 RS 触发器，其输出被置成 1 态，即 $Q'=1$，$\overline{Q}'=0$；在 CP 的下降沿时刻，主触发器不工作，保持其输出状态并传递给从触发器的输入端，即 $R'=0$、$S'=1$，此时从触发器工作接收其输入信号（也就是主触发器的输出状态）R'、S'，由于 $R'=0$、$S'=1$，所

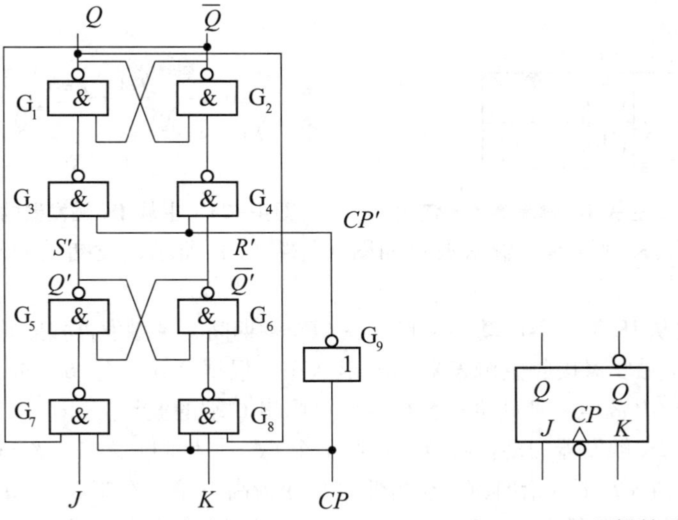

(a) 电路　　(b) 逻辑符号

图 4—21　主从 JK 触发器

以从触发器被置成 1 态，即 $Q=1$，$\overline{Q}=0$。

从输入组合角度分析触发器总共有 8 种情况，以上只分析了其中的 1 种情况，其他 7 种情况请读者自行分析。

3. 逻辑功能描述

主从 JK 触发器的特性表见表 4—7，简化的特性表见表 4—8。

利用卡诺图化简方法（见图 4—22），可得到主从 JK 触发器的特性方程：

$$Q^{n+1}=J\overline{Q^n}+\overline{K}Q^n \qquad (CP\text{ 下降沿有效}) \qquad (4—6)$$

表 4—7　主从 JK 触发器的特性表

J	K	Q^n	Q^{n+1}
0	0	0	0
0	0	1	1
0	1	0	0
0	1	1	0
1	0	0	1
1	0	1	1
1	1	0	1
1	1	1	0

表 4—8　主从 JK 触发器的简化特性表

J	K	Q^{n+1}	状态
0	0	Q^n	保持
0	1	0	置 0
1	0	1	置 1
1	1	$\overline{Q^n}$	翻转

主从 JK 触发器的状态转换图，如图 4—23 所示。

4. 动作特点

主从 JK 触发器的翻转动作总体上分为两步：第一步，在 $CP=1$ 期间，主触发器接收输入信号 J、K；第二步，在 CP 下降沿时刻，从触发器接收主触发器的输出状态。注意：在 CP 高电平期间，主触发器的状态可以多次翻转，但 CP 下降沿时刻从触发器只能接收主触发器最后的状态。

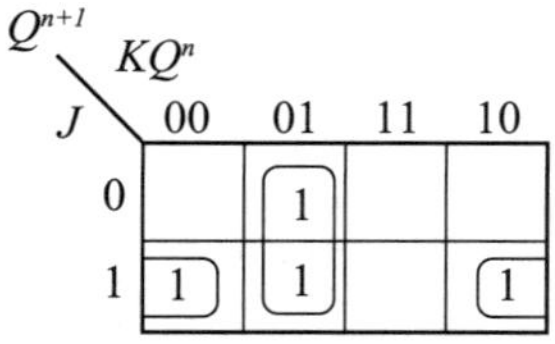

图 4—22　主从 JK 触发器的卡诺图

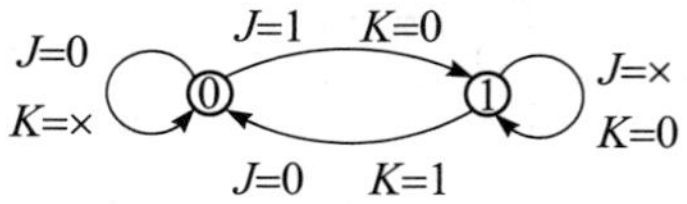

图 4—23　主从 JK 触发器的状态转换图

例 4—6　主从 JK 触发器的输入波形如图 4—24（a）所示，设初始 $Q=0$，画出 Q 端的波形。

分析　根据主从 JK 触发器的动作特点：在 $CP=1$ 期间，主触发器接收输入信号 J、K；在 CP 下降沿时刻，从触发器接收主触发器的输出状态，根据公式（4—6）或主从 JK 触发器的特性表，对每一个 CP 高电平期间进行分析，即可画出 Q 端的波形。

解　根据主从 JK 触发器的动作特点，在第 1 个 $CP=1$ 期间，$J=1$、$K=0$，由特性表可知触发器为置“1”；在 CP 下降沿时刻，Q 由低电平变为高电平；在第 2 个 $CP=1$ 期间，$J=0$、$K=1$，由特性表可知触发器为置“0”，在 CP 下降沿时刻，Q 由高电平变为低电平，以此类推可以画出 Q 端的波形，如图 4—24（b）所示。

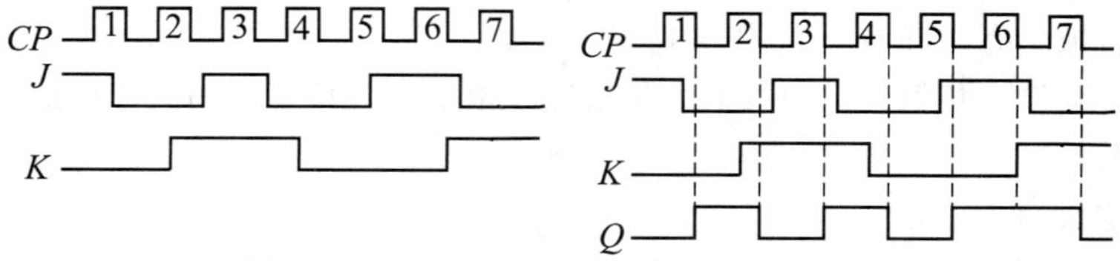

(a)　　(b)

图 4—24　例 4—6 的波形图

5. 常用集成主从 JK 触发器

TTL 集成主从 JK 触发器 74LS76 和 74LS72 的引脚图如图 4—25 所示。

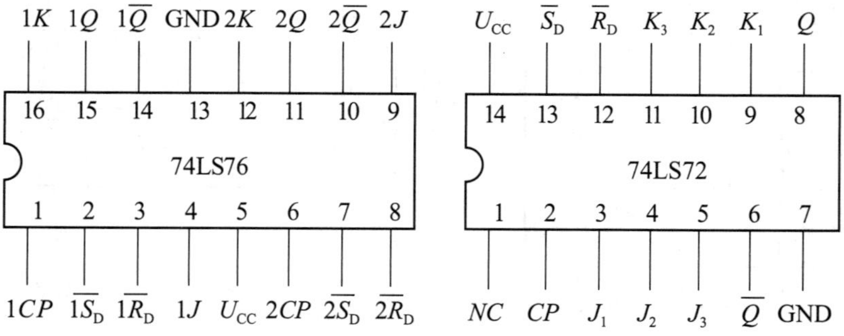

（a）74LS76的引脚图　　（b）74LS72的引脚图

图 4—25　TTL 集成主从 JK 触发器 74LS76 和 74LS72 的引脚图

74LS76 内部集成了 2 个带有清零端 $\overline{R}_D$ 和预置端 $\overline{S}_D$ 的触发器，它们都是 CP 下降沿触发的主从 JK 触发器，异步输入端 $\overline{R}_D$ 和 $\overline{S}_D$ 为低电平有效。

74LS72 是带有清零端 $\overline{R}_D$ 和预置端 $\overline{S}_D$ 的与输入集成主从触发器，它有 3 个 J 端，3 个 K 端，$J=J_1J_2J_3$，$K=K_1K_2K_3$，异步输入端 $\overline{R}_D$ 和 $\overline{S}_D$ 为低电平有效。

4.3.2　边沿 JK 触发器

1. 电路组成和逻辑符号

边沿 JK 触发器是利用门电路的传输延迟时间实现边沿触发的，电路结构如图 4—26（a）所示。电路中包含 1 个由与或非门 G_1 和 G_2 组成的基本 RS 触发器和 2 个输入控制 G_3 和 G_4。而且，G_3 和 G_4 的传输时间大于基本 RS 触发器的翻转时间。图 4—26（b）为边沿 JK 触发器的逻辑符号。

边沿 JK 触发器的工作原理不再赘述，读者可自己分析。

边沿 JK 触发器的特性表、卡诺图、状态转换图、状态方程等均与主从 JK 触发器相同。

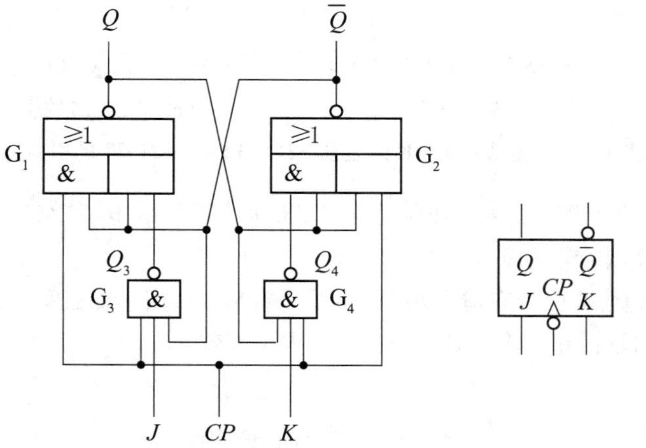

（a）电路　　（b）逻辑符号

图 4—26　边沿 JK 触发器

2. 动作特点

在 *CP* 下降沿时刻，输入信号 *J*、*K* 可以直接影响触发器的输出状态。注意：只有这一时刻输入信号才起作用。

例 4—7　下降沿触发的边沿 JK 触发器的输入波形如图 4—27（a）所示，试画出 *Q* 端的波形。

分析　根据边沿 JK 触发器的动作特点：在 *CP* 下降沿时刻，输入信号 *J*、*K* 可以直接影响触发器的输出状态。根据公式（4—6）或特性表，对每一个 *CP* 下降沿时刻进行分析，即可画出 *Q* 端的波形。

解　根据主从 JK 触发器的动作特点，在第 1 个 *CP* 下降沿时刻，$J=1$、$K=0$，由公式（4—6）或特性表可知，*Q* 由低电平变为高电平；在第 2 个 *CP* 下降沿时刻，$J=0$、$K=1$，*Q* 置 0，由高电平变为低电平，以此类推可以画出 *Q* 端的波形，如图 4—27（b）所示。

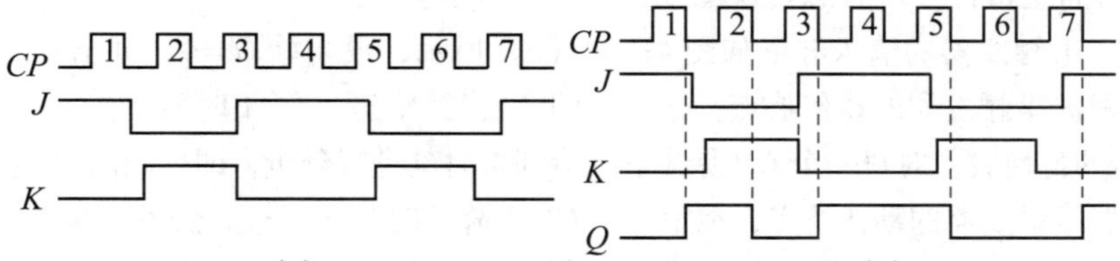

（a）　　（b）

图 4—27　例 4—7 的波形图

3. 常用集成边沿 JK 触发器

TTL 集成边沿 JK 触发器 74LS112 和 CMOS 集成边沿 JK 触发器 CC4027 的引脚图，如图 4—28 所示。

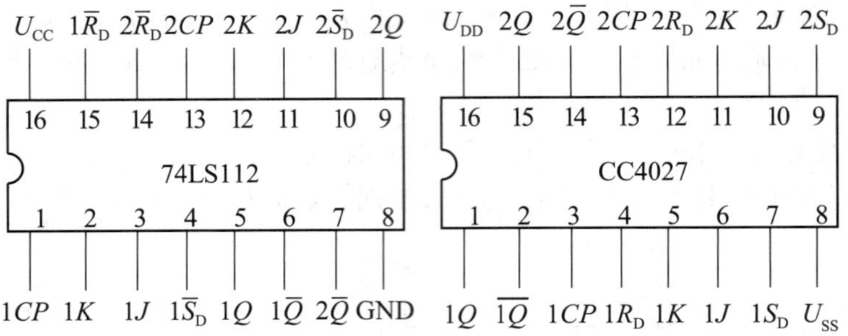

（a）74LS112的引脚图　　（b）CC4027的引脚图

图 4—28　集成边沿 JK 触发器 74LS112 和 CC4027 的引脚图

74LS112 内部集成了 2 个带有清零端 $\overline{R}_D$ 和预置端 $\overline{S}_D$ 的边沿 JK 触发器，它们都是 CP 下降沿触发，异步输入 $\overline{R}_D$ 和 $\overline{S}_D$ 为低电平有效。

CC4027 内部也包含 2 个带有清零端 R_D 和预置端 S_D 的边沿 JK 触发器，它们都是 CP 上升沿触发，值得注意的是：异步输入 R_D 和 S_D 为高电平有效。

4.4　T 触发器

在数字电路中，凡是在 CP 控制下，根据输入信号 T 取值的不同，具有保持和翻转功能的电路（即当 $T=0$ 时能保持状态不变，$T=1$ 时一定翻转）都称为 T 触发器。

T 触发器的特性表见表 4—9。

表 4—9　　T 触发器的特性表

T	Q^n	Q^{n+1}	功能
0	0	0	$Q^{n+1}=Q^n$ 保持
0	1	1	
1	0	1	$Q^{n+1}=\overline{Q^n}$ 翻转
1	1	0	

由特性表可得触发器的特性方程：

$$Q^{n+1}=T\overline{Q^n}+\overline{T}Q^n=T\oplus Q^n \quad (CP\text{ 下降沿有效}) \qquad (4—7)$$

T 触发器的逻辑符号和状态转换图如图 4—29 所示。

例 4—8　T 触发器的输入波形如图 4—30（a）所示，设初始 $Q=0$，画出 Q 端的波形。

分析　根据 T 触发器的动作特点：在 $T=0$ 时能保持状态，$T=1$ 时翻转。根据公式（4—7）或 JK 触发器的特性表，对每一个 CP 脉冲下降沿到来时刻进行分析，即可画出 Q 端的波形。

解　根据 T 触发器的动作特点，在第 1 个 CP 下降沿时刻，$T=1$，触发器翻转，Q 由低电平变为高电平；在第 2 个 CP 下降沿时刻，$T=0$，触发器保持；在第 3 个 CP 下降沿时刻，$T=1$，触发器翻转，Q 由高电平变为低电平，以此类推，可以画出 Q 端的波形如图 4—30（b）所示。

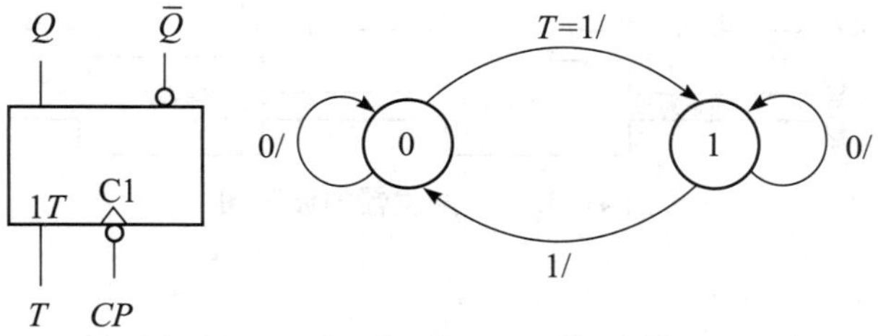

(a) 逻辑符号　　(b) 状态转换图

图 4—29　T 触发器的逻辑符号和状态图

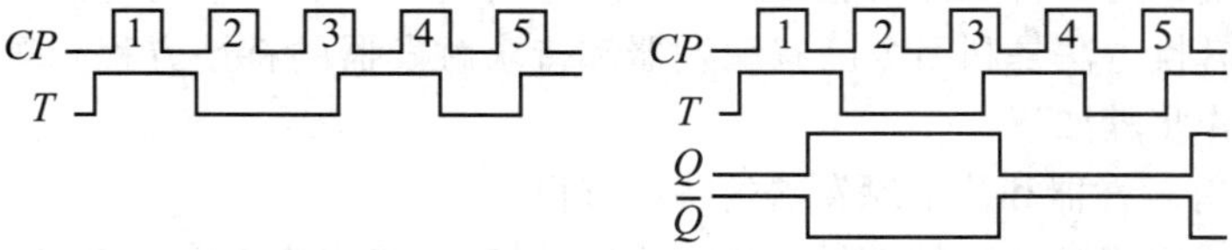

(a)　　(b)

图 4—30　例 4—8 的波形图

4.5　T′触发器

在数字电路中，每输入一次 *CP* 都翻转一次的触发器，称为 T′ 触发器。T′ 触发器的逻辑符号和状态转换图，如图 4—31 所示。

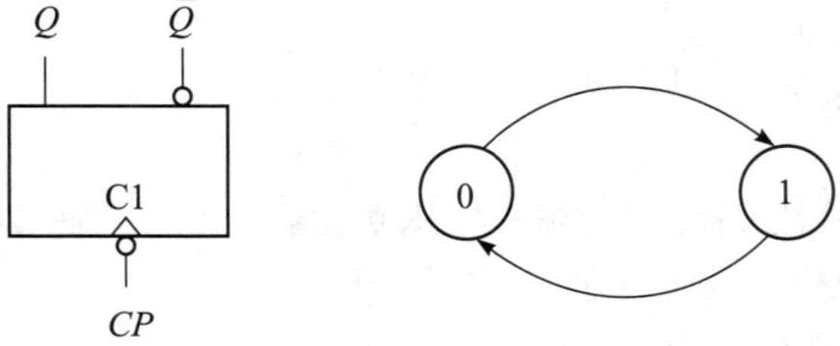

(a) 逻辑符号　　(b) 状态转换图

图 4—31　T′触发器的逻辑符号和状态图

T′ 触发器的特性表见表 4—10。

表 4—10　T′触发器的特性表

Q^n	Q^{n+1}	功能
0	1	翻转
1	0	

由特性表可得 T′触发器的特性方程：

$$Q^{n+1} = \overline{Q^n} \qquad (CP\ 下降沿有效) \qquad (4—8)$$

T′触发器各端的波形图，如图 4—32 所示。

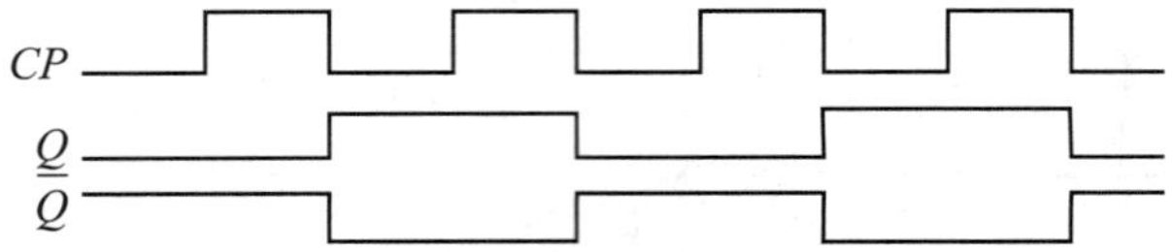

图 4—32　T′触发器的波形图

4.6　触发器逻辑功能的转换

根据实际需要，可以将某种功能的触发器经过改接或附加一些门电路后，转换为另一种功能的触发器。转换方法是利用令已有触发器和待求触发器的特性方程相等的原则，求出转换逻辑。具体操作步骤如下：

（1）写出已有触发器和待求触发器的特性方程。

（2）变换待求触发器的特性方程，使它的形式与已有触发器的特性方程一致。

（3）比较已有和待求触发器的特性方程，根据两个方程相等的原则求出转换逻辑。

（4）根据转换逻辑画出逻辑电路图。

由于实际生产的集成主从触发器和边沿触发器只有 JK 型和 D 型两种，所以这里只介绍如何把 JK 触发器和 D 触发器转换成其他类型的触发器，以及它们之间的相互转换。

4.6.1　将 JK 触发器转换成 RS、D、T 和 T′ 触发器

1. JK 触发器转换成 RS 触发器

JK 触发器的特性方程：

$$Q^{n+1} = J\overline{Q^n} + \overline{K}Q^n$$

RS 触发器的特性方程：

$$\begin{cases} Q^{n+1} = S + \overline{R}Q^n \\ RS = 0 \end{cases}$$

变换 RS 触发器的特性方程，使之形式与 JK 触发器的特性方程一致：

$$\begin{aligned} Q^{n+1} &= S + \overline{R}Q^n = S(\overline{Q}^n + Q^n) + \overline{R}Q^n \\ &= S\overline{Q}^n + SQ^n + \overline{R}Q^n \\ &= S\overline{Q}^n + \overline{R}Q^n + SQ^n(\overline{R} + R) \\ &= S\overline{Q}^n + \overline{R}Q^n + \overline{R}SQ^n + RSQ^n \end{aligned}$$

$\overline{R}SQ^n$ 可被 $\overline{R}Q^n$ 吸收，约束项 $RS = 0$，$RSQ^n = 0$，上式化简可得：

$$Q^{n+1} = S\overline{Q}^n + \overline{R}Q^n$$

与 JK 触发器的特性方程比较可得：

$$\begin{cases} J = S \\ K = R \end{cases}$$

根据比较结果画出电路图，如图 4—33 所示。

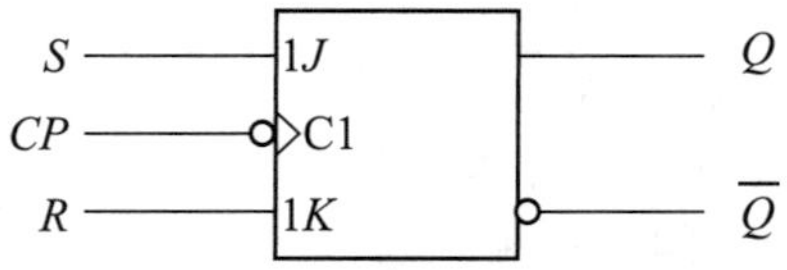

图 4—33　JK 触发器转换成 RS 触发器

2. JK 触发器转换成 D 触发器

D 触发器的特性方程：

$$Q^{n+1} = D$$

变换 D 触发器的特性方程，使之形式与 JK 触发器的特性方程一致：

$$Q^{n+1} = D = D(\overline{Q}^n + Q^n) = D\overline{Q}^n + DQ^n$$

与 JK 触发器的特性方程比较可得：

$$\begin{cases} J = D \\ K = \overline{D} \end{cases}$$

根据比较结果画出电路图，如图 4—34 所示。

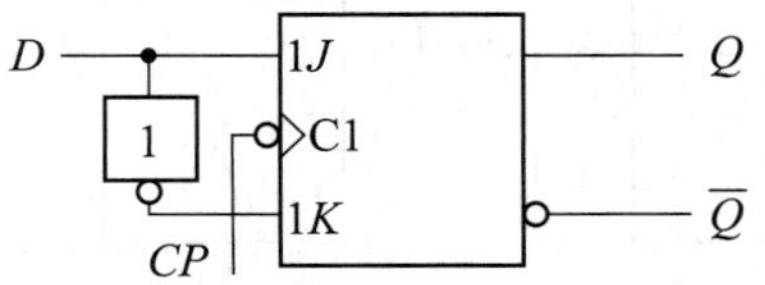

图 4—34　JK 触发器转换成 D 触发器

3. JK 触发器转换成 T 触发器

T 触发器的特性方程：

$$Q^{n+1} = T\overline{Q}^n + \overline{T}Q^n$$

与 JK 触发器的特性方程比较可得：

$$\begin{cases} J = T \\ K = T \end{cases}$$

根据比较结果，画出电路图，如图 4—35 所示。

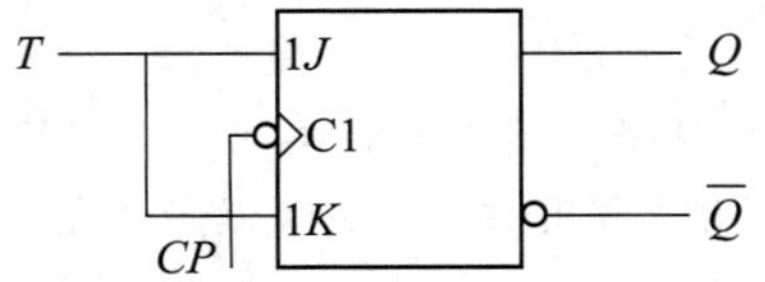

图 4—35　JK 触发器转换成 T 触发器

4. JK 触发器转换成 T′ 触发器

T′ 触发器的特性方程：

$$Q^{n+1} = \overline{Q^n}$$

变换 T′触发器的特性方程，使之形式与 JK 触发器的特性方程一致：

$$Q^{n+1} = \overline{Q}^n = 1 \cdot \overline{Q}^n + \overline{1} \cdot Q^n$$

与 JK 触发器的特性方程比较可得：

$$\begin{cases} J = 1 \\ K = 1 \end{cases}$$

根据比较结果画出电路图，如图 4—36 所示。

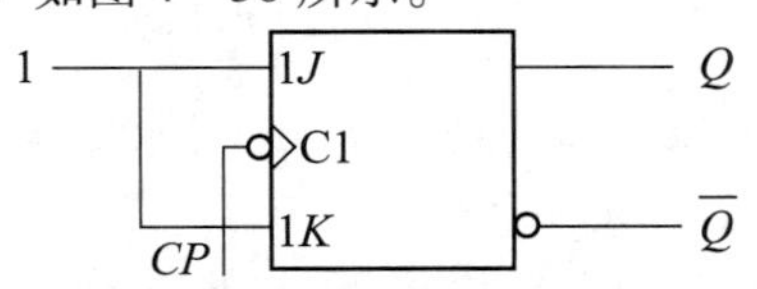

图 4—36　JK 触发器转换成 T′触发器

4.6.2 将 D 触发器转换成 JK、T、T′ 和 RS 触发器

D 触发器的特性方程：

$$Q^{n+1} = D$$

JK 触发器的特性方程：

$$Q^{n+1} = J\overline{Q^n} + \overline{K}Q^n$$

与 D 触发器的特性方程比较，得：

$$D = J\overline{Q}^n + \overline{K}Q^n$$

根据比较结果，画出电路图，如图 4—37 所示。

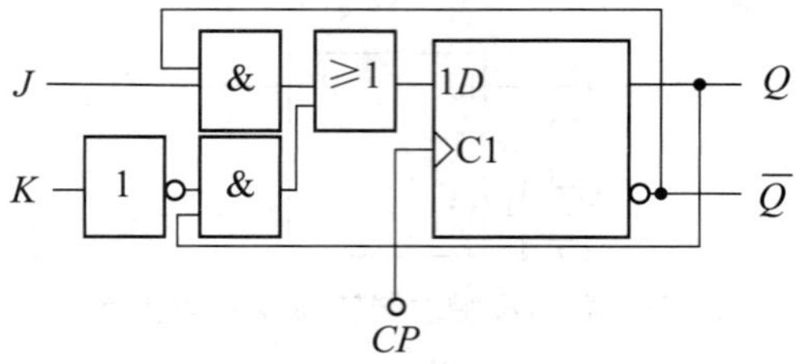

图 4—37 D 触发器转换成 JK 触发器

同理可得将 D 触发器转换成 T、T′ 和 RS 触发器，分别为：

T 触发器：　$D = T \oplus Q^n$

T′触发器：　$D = \overline{Q}^n$

RS 触发器：　$D = S + \overline{R}Q^n$

电路图读者可自己画出。

【总结提要】

1. 触发器是数字系统中极为重要的基本逻辑单元，按逻辑功能可分为 RS 触发器、JK 触发器、D 触发器、T 触发器和 T′触发器几种，其逻辑功能可用特性表、特性方程、状态转换图和波形图来描述。

RS 触发器的特性方程为：

$$\begin{cases} Q^{n+1} = S + \overline{R}Q^n \\ RS = 0\text{（约束条件）} \end{cases}$$

JK 触发器的特性方程为：

$$Q^{n+1} = J\overline{Q^n} + \overline{K}Q^n$$

D 触发器的特性方程为：

$$Q^{n+1} = D$$

T 触发器的特性方程为：

$$Q^{n+1} = T\overline{Q^n} + \overline{T}Q^n = T \oplus Q^n$$

T′触发器的特性方程为：

$$Q^{n+1} = \overline{Q^n}$$

2. 在使用触发器时，必须注意电路的功能及触发方式。触发器有高电平 $CP=1$、低电平 $CP=0$、CP 上升沿、CP 下降沿四种触发方式。

【概念复习】

触发器、RS 触发器、同步触发器、JK 触发器、主从触发器、D 触发器、边沿触发器、T 触发器、T′触发器。

【网站读物】

搜索关键词——D 触发器、JK 触发器参数、引脚图、典型应用。

【问题思考】

1. 什么是触发器？它与门电路有何区别？
2. 基本 RS 触发器的特点是什么？同步 RS、主从 RS 的特点是什么？
3. D 触发器的特性方程为 $Q^{n+1}=D$，是否意味着输出与输入波形相同？
4. 与 RS 触发器相比，JK 触发器有何优点？
5. 如何用 D 触发器实现其他触发器的功能？
6. 如何用 JK 触发器实现其他触发器的功能？

【习题练习】

1. 填空题

（1）触发器有____个稳态，存储 8 位二进制信息要______个触发器。

（2）一个基本 RS 触发器在正常工作时，它的约束条件是 $\overline{R}+\overline{S}=1$，则它不允许输入 $\overline{S}=$ ______且 $\overline{R}=$ ______的信号。

（3）触发器有两个互补的输出端 Q、$\overline{Q}$，定义触发器的“1”状态为________，“0”状态为________，可见触发器的状态指的是______端的状态。

（4）一个基本 RS 触发器在正常工作时，不允许输入 $R=S=1$ 的信号，因此它的约束条件是________。

2. 选择题

（1）在下列触发器中，有约束条件的是________。

A. 主从 JK 触发器　　B. 主从 D 触发器　　C. 同步 RS 触发器　　D. 边沿 D 触发器

（2）对于 JK 触发器，若 $J=K$，则可完成____触发器的逻辑功能。

A. RS　　B. D　　C. T　　D. T′

（3）为实现将 JK 触发器转换为 D 触发器，应使______。

A. $J=D$，$K=\overline{D}$　　B. $K=D$，$J=\overline{D}$　　C. $J=K=D$　　D. $J=K=\overline{D}$

3. 判断题

（1）D 触发器的特性方程为 $Q^{n+1}=$D，与 Q^n 无关，所以它没有记忆功能。（　）

（2）同步触发器存在空翻现象，而边沿触发器和主从触发器克服了空翻。（　）

（3）主从 JK 触发器、边沿 JK 触发器和同步 JK 触发器的逻辑功能完全相同。（　）

4. 画图题

（1）边沿 D 触发器的输入波形如图 4—38 所示。设初始 $Q=0$，试画出 Q 端的波形。

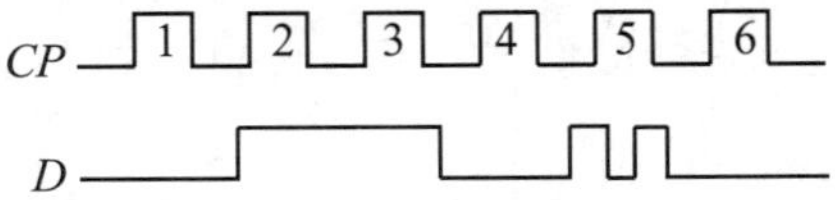

图 4—38

（2）主从 JK 触发器的输入波形如图 4—39 所示。设初始 $Q=0$，画出 Q 端的波形。

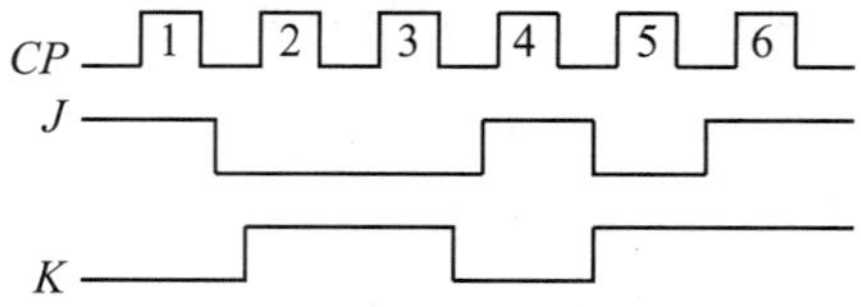

图 4—39

【书报文摘】

D 触发器的另类应用

D 触发器的知识和一类应用，大家通过学习已经掌握了。下面介绍 D 触发器的另一类的应用：实现对脉冲的调频调宽功能。

D 触发器的数据输入端是 D 端，在 CP 作用下将 D 端的数据（“0”或“1”）传送到输出端（Q），可以实现对数据的传输、寄存、计数等目的。但是，当 D 端被固定接地或接电源时，是否就意味着 Q 端被固定为“0”或“1”了呢？千万别这么一概而论。因为有一些 D 触发器（例如主从 D 触发器 ICIA4013）还有复位端（R）和置位端（S），可以改变 Q 端的状态，如图 4—40 所示。它就是一个利用 R、S 端的复位和置位作用，使 D 触发器得到另一类应用的例子。

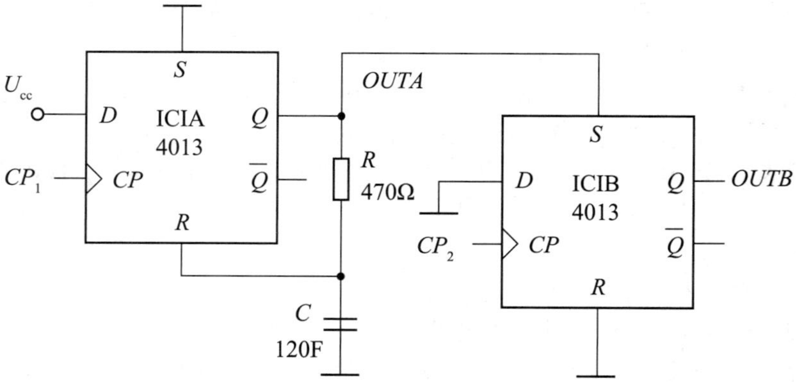

图 4—40

ICIA4013 的 D 端虽接到电源，但它和 R、C 却组成了一个单稳态电路。当 CP_1 信号上升沿来到时，因 D 端为“1”、Q 端输出高电平，但并不能维持太久，因为 Q 端经电阻 R 还与复位端（R）相连，且还接有电容 C；Q 端输出高电平经电阻 R 向 C 充电，C 充到复位阈值电压时，Q 端被复位到低电平，从而输出一脉冲（$OUTA$），脉冲宽度约为 $0.7RC$。

ICIB4013 的 D 端接地，当 CP_2 信号上升沿来到时，虽然其 Q 端因 D 接地被触发成低电平，但其 S 端还接有脉冲（$OUTA$），通过它可将 Q 端置位成高电平，这样 Q 端也就有高、低电平的变化，而输出完整的脉冲（$OUTB$）。它们的输入、输出波形如图 4—41 所示。

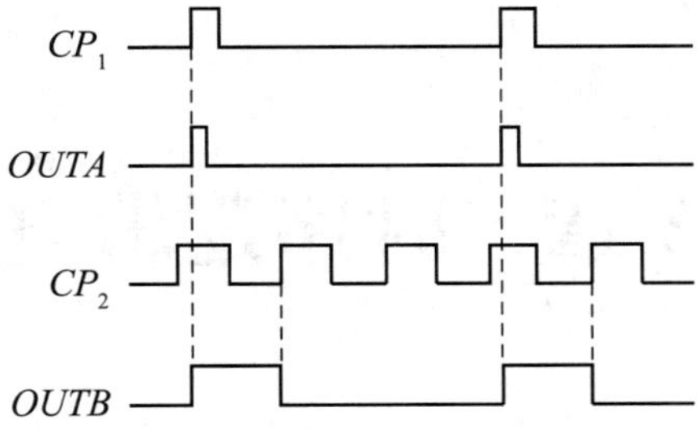

图 4—41

从图 4—41 可以看出，当改变 CP_2 信号的频率 f_2 时，可调节输出信号 *OUTB* 的宽度；而改变 CP_1 信号的频率 f_1 时，可变化输出信号 *OUTB* 的频率。因此，图 4—40 电路可实现对脉冲调频调宽的功能。当然，调节频率时应始终保持 $f_2 > f_1$。

资料来源：佚名：《D 触发器的另类应用》，载《电子报》，2005 - 01 - 22。

第 5 章　时序逻辑电路

【教学目标】

1. 掌握时序逻辑电路的特点和表示方法。
2. 掌握时序逻辑电路的分析和同步时序逻辑电路的设计方法。
3. 掌握二进制加法计数器构成任意进制计数器的方法。
4. 了解集成计数器和寄存器的电路结构、工作原理。

【典型应用电路】

数字钟电路

数字钟在我们生活中很常见，图 5—1 是一个用计数器芯片完成的数字钟电路，主要有变压器降压，桥式整流滤波电路，稳压电路 IC_{16}，分频电路 IC_{17}，D 触发器组成的二分频电路 IC_{18}，三极管 V 和发光二极管 VD1～VD4 组成的秒闪烁电路，IC_{7}、IC_{8} 组成的秒计数电路，IC_{1}、IC_{2} 组成的秒译码显示驱动电路，IC_{9}、IC_{10}组成的分计数电路，IC_{3}、IC_{4} 组成的分译码显示驱动电路 IC_{11}，IC_{12}组成的时计数电路，IC_{5}、IC_{6} 组成的时译码显示驱动电路和 IC_{13}、IC_{14}、IC_{15}组成的进位和校时电路。

5.1　时序逻辑电路的特点和分类

逻辑电路可分为组合逻辑电路和时序逻辑电路两大类。前面所讨论的组合逻辑电路，任一时刻的输出信号仅取决于当时的输入信号，这也是组合逻辑电路在逻辑功能上的共同特点。而本章要讨论的时序逻辑电路，在任一时刻的输出信号不仅取决于当时的输入信号，而且还取决于电路原来的状态，或者说还与以前的输入有关。从结构上看，组合逻辑电路仅由若干逻辑门组成，没有存储电路，因而没有记忆功能，而时序逻辑电路除包含组合电路外，还含有由触发器构成的存储元件，因而有记忆功能。

从时序逻辑电路的特点可知，时序电路具有记忆功能，即必须能够将电路的状态存储起来，所以时序逻辑电路一般由组合逻辑电路和存储电路组成，如图 5—2 所示。

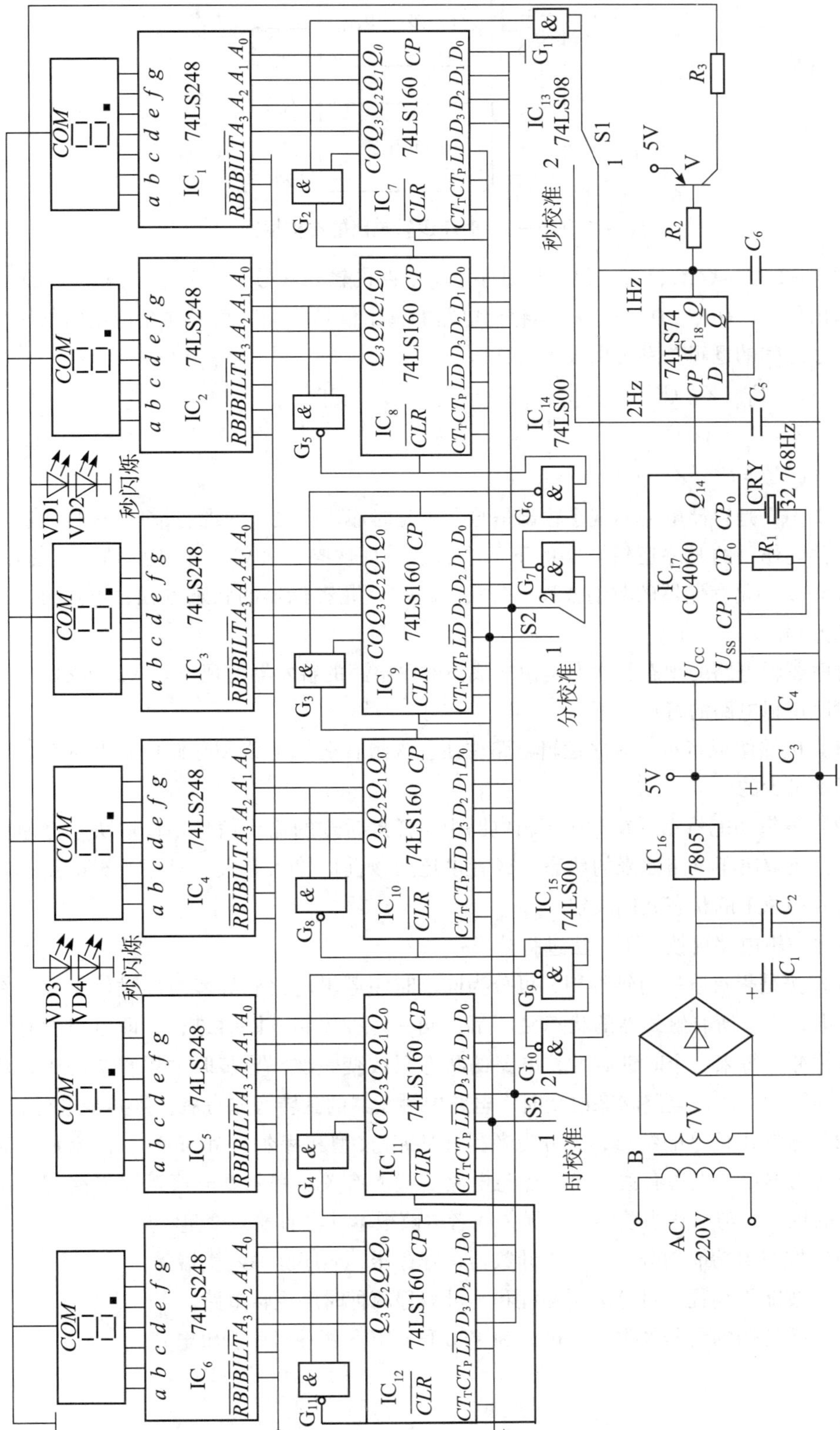
COM
a b c d e f g
IC1 74LS248
IC2 74LS248
IC3 74LS248
IC4 74LS248
IC5 74LS248
IC6 74LS248
IC7 74LS160
IC8 74LS160
IC9 74LS160
IC10 74LS160
IC11 74LS160
IC12 74LS160
IC13 74LS08
IC14 74LS00
IC15 74LS00
IC16 7805
IC17 CC4060
IC18 74LS74
VD1
VD2
VD3
VD4
秒闪烁
秒校准
分校准
时校准
S1
S2
S3
1Hz
2Hz
CRY 32 768Hz
R1
R2
R3
C1
C2
C3
C4
C5
C6
5V
AC 220V
7V
B

图5—1 数字钟电路

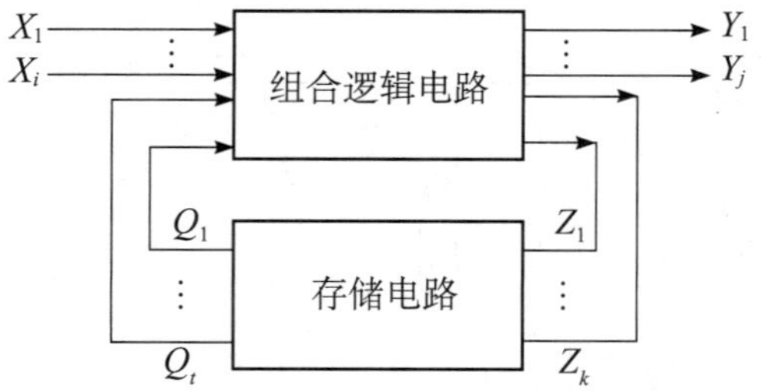

图 5—2　时序逻辑电路的结构框图

图 5—2 中，$X(X_1,X_2,\cdots,X_i)$是时序逻辑电路的输入信号，$Y(Y_1,Y_2,\cdots,Y_j)$是时序逻辑电路的输出信号，$Q(Q_1,Q_2,\cdots,Q_t)$是存储电路的输出信号（输入信号作用前电路的输出状态）。这些信号之间的逻辑关系可以表示为：

$$Y=F_1(X,\ Q^n) \quad (5—1)$$

$$Z=F_2(X,\ Q^n) \quad (5—2)$$

$$Q^{n+1}=F_3(Z,\ Q^n) \quad (5—3)$$

式中，Q^n 是存储电路的现在输出信号，也是时序逻辑电路的现态；Q^{n+1} 是由现态和外部输入信号共同作用的时序逻辑电路的下一个状态，即次态。公式（5—1）是电路的输出方程，公式（5—2）是存储器的驱动方程，公式（5—3）是存储器的状态方程，也是时序逻辑电路的状态方程。

时序逻辑电路的现态和次态是由构成该时序电路的触发器的现态和次态表示的。

时序逻辑电路的特点如下：

（1）电路组成特点。时序逻辑电路往往包含组合逻辑电路和存储电路两部分，而存储电路是必不可少的。

（2）逻辑功能特点。在时序逻辑电路中，任意时刻的输出信号不仅取决于当时的输入信号，而且还取决于电路原来的状态，或者说还与以前的输入有关。时序逻辑电路的输出由电路的输入和原来的状态共同决定。

时序逻辑电路可按以下方法进行分类：

（1）按是否有统一时钟控制，可分为同步时序逻辑电路和异步时序逻辑电路。在同步时序逻辑电路中，所有触发器的状态更新都在同一时钟控制下同时进行，即电路中有一个统一的时钟脉冲，每来一个时钟脉冲，电路的状态只改变一次。异步时序逻辑电路中，各个触发器的时钟脉冲不同，电路状态改变时，电路中触发器的翻转有先有后，是异步进行的。

（2）按输出信号的特点，可分为米利（Mealy）型和穆尔（Moore）型。米利型时序逻辑电路的输出不仅与现态有关，而且还与电路的输入有关。穆尔型时序逻辑电路的输出仅取决于电路的现态，与电路当前的输入无关或者电路根本就没有输入变量。

（3）按逻辑功能划分，可分为计数器、寄存器、顺序脉冲发生器等。

（4）按能否编程，可分为可编程和不可编程两种时序逻辑电路。

（5）按使用的元器件类型，可分为 TTL 和 CMOS 两种时序逻辑电路。

5.2　时序逻辑电路的分析与设计

5.2.1　时序逻辑电路的分析

1. 时序逻辑电路的表示方法

时序逻辑电路的逻辑功能可用逻辑图、逻辑表达式、状态表、卡诺图、状态图和时序图六种方式表示。状态表、状态图、时序图都是描述时序逻辑电路状态转换过程的方法，它们之间可以互相转换。

(1) 状态表。

将任意一组输入变量及电路现态（初态）的取值代入状态方程和输出方程，即可算出电路的次态和输出值，所得到的次态又成为新的现态，和这时的输入变量取值一起，再代入状态方程和输出方程计算，又可得到一组新的次态和输出值。依此类推，把这些计算结果列成真值表的形式，就得到了状态表。

(2) 状态图。

将状态表的形式表示为状态图，是以小圆圈表示电路的各个状态，圆圈中填入存储单元的状态值，圆圈之间用箭头表示状态转换的方向，在箭头旁注明输入变量取值和输出值，输入和输出用斜线分开，斜线左侧写输入值，右侧写输出值。

(3) 时序图。

在时钟脉冲作用下，存储电路的状态和输出状态随时间变化的波形，称为时序图或时间图。可以利用示波器对电路的输入、输出波形进行测试、观察，以判断电路的输入、输出是否满足给定的逻辑关系。

画时序图时要注意，横坐标是时间轴，纵坐标是变量取值。由于时间轴相同，变量取值又十分简单，只有 0（低）和 1（高）两种可能，所以在图中可不标出坐标轴。画时序图时，一定要将时间和变量对应起来画。

2. 时序逻辑电路的分析步骤

时序逻辑电路的种类繁多、功能各异，但其分析方法基本相同。分析某个给定时序逻辑电路就是要得出该时序逻辑电路的工作过程和具体功能，即找出电路的触发器状态和输出状态在输入变量和时钟脉冲作用下的变化规律。具体地说，给定的是时序逻辑电路，待求的是状态表、状态图、时序图。分析时序逻辑电路的一般步骤，如图 5—3 所示。

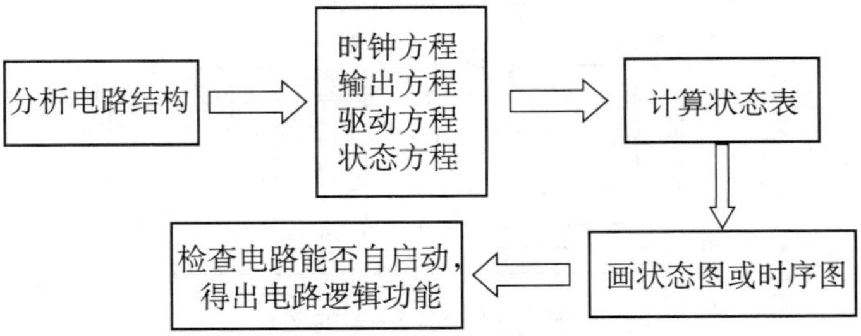

图 5—3　时序逻辑电路分析过程示意图

(1) 分析电路结构。

找出电路中组合逻辑电路和存储电路两个部分，再根据各个触发器是否使用同一时钟脉冲，确定是同步时序逻辑电路还是异步时序逻辑电路，并找出电路的输入信号和输出信号。

（2）写方程式。

1）时钟方程（如果是同步时序逻辑电路可以省略）。

2）输出方程：时序逻辑电路各输出信号的逻辑表达式。

3）驱动方程（激励方程）：各触发器输入信号的逻辑表达式。

4）状态方程：将驱动方程代入相应触发器的特性方程中，得出每个触发器的状态方程，从而得到由这些状态方程组成的整个时序逻辑电路的状态方程组。

注意：在同步时序逻辑电路中，由于所有触发器都由同一个时钟脉冲来触发，并且只控制触发器的翻转时刻，而对触发器翻转到何种状态并无影响，所以分析同步时序逻辑电路可以不必考虑时钟条件。而在分析异步时序逻辑电路时必须考虑时钟条件，需要写出时钟方程。

（3）计算状态表。

将电路现态的各种取值代入状态方程和输出方程进行计算，求出相应的次态和输出，从而列出状态表。如果现态的起始值已给定，则从给定值开始依次计算。若没有给定，则可从自己设定的起始值依次进行计算。

（4）画状态图或时序图。

为了以更加形象的方式直观地显示出时序电路的逻辑功能，可以进一步把状态表的内容表示成状态图的形式。状态图是电路由现态转换到次态的示意图。

为便于用实验观察的方法检查时序逻辑电路的逻辑功能，还可以将状态表的内容画成时序图来表示。画时序图时，只有当时钟脉冲触发沿到来时，相应的触发器才会更新状态。

（5）检查电路能否自启动，得出电路的逻辑功能或进行改进设计。

在时序逻辑电路中，凡是被利用了的状态都称为有效状态，有效状态形成的循环称为有效循环；反之，没有被利用的状态称为无效状态，如果无效状态形成了循环则称为无效循环。如果电路中存在无效状态并且形成了循环，即在时钟脉冲的作用下不能回到有效状态中，则称这样的电路不能自启动；若时序逻辑电路中虽然存在无效状态，但它们没有形成循环，在时钟脉冲的作用下能够回到有效状态中，则称电路能自启动。

3. 时序逻辑电路的分析举例

同步时序逻辑电路和异步时序逻辑电路的分析方法基本相同，但异步时序逻辑电路复杂一些，在分析电路状态翻转时，还需要注意各触发器是否有有效时钟脉冲。

（1）同步时序逻辑电路的分析。

例 5—1　试分析如图 5—4 所示的同步时序逻辑电路的逻辑功能。

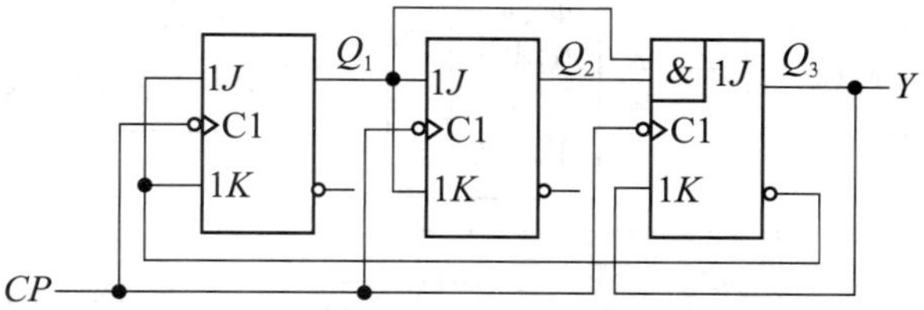

图 5—4　例 5—1 的图

解　（1）该电路由 3 个 JK 触发器组成，*CP* 同时加到各个触发器上，故为同步时序逻辑电路。

（2）写逻辑方程式。

触发器的驱动方程：

$J_1=\overline{Q_3^n}$　　　$K_1=\overline{Q^n}_3$

$J_2=Q_1^n$　　　$K_2=Q_1^n$

$J_3=Q_1^nQ_2^n$　　　$K_3=Q_3^n$

状态方程：将驱动方程代入触发器的特性方程 $Q^{n+1}=J\overline{Q^n}+\overline{K}Q^n$ 中得：

$Q_1^{n+1}=\overline{Q^n}_3\,\overline{Q^n}_1+Q_3^nQ_1^n=\overline{Q^n_3\oplus Q_1^n}$

$Q_2^{n+1}=Q_1^n\oplus Q_2^n$

$Q_3^{n+1}=Q_1^nQ_2^n\overline{Q_3^n}+\overline{Q_3^n}Q_3^n=Q_1^nQ_2^n\overline{Q_3^n}$

电路的输出方程：

$Y=Q_3^n$

（3）列出状态表。

设电路的初始状态 $Q_2^nQ_1^nQ_0^n=000$，将现态代入状态方程和输出方程，可得次态和新的输出值，而这个次态又作为下一个 CP 到来前的现态，这样以此类推，可得状态表，见表 5—1。

表 5—1　　　　**例 5—1 的状态表**

现态			次态			输出
Q_3^n	Q_2^n	Q_1^n	Q_3^{n+1}	Q_2^{n+1}	Q_1^{n+1}	Y
0	0	0	0	0	1	0
0	0	1	0	1	0	0
0	1	0	0	1	1	0
0	1	1	1	0	0	0
1	0	0	0	0	0	1
1	0	1	0	1	1	1
1	1	0	0	1	0	1
1	1	1	0	0	1	1

（4）画状态图和时序图。

由状态表可以画出电路的状态图和时序图，如图 5—5 和图 5—6 所示。

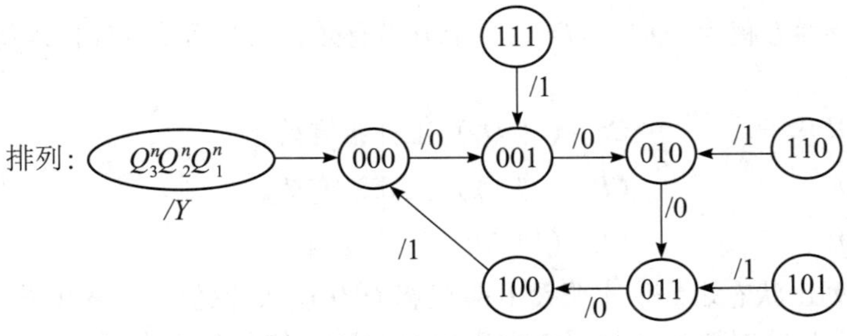

图 5—5　例 5—1 的状态图

（5）判断能否自启动，得出电路的逻辑功能。

由图 5—5 可知，无效状态 $Q_3Q_2Q_1=101$、110、111 均能经过 1 个 CP 作用后进入有效状态，即电路能够自启动。通过计算发现，当 $Q_3^n\,Q_2^n\,Q_1^n=100$ 时，其次态为 $Q_3^{n+1}Q_2^{n+1}Q_1^{n+1}=000$，返回到最初设定的状态，可见，电路在五个状态中循环，它有对时钟脉冲进行计数的功能，计数容量为 5，即 $N=5$，可称它为五进制加法计数器。

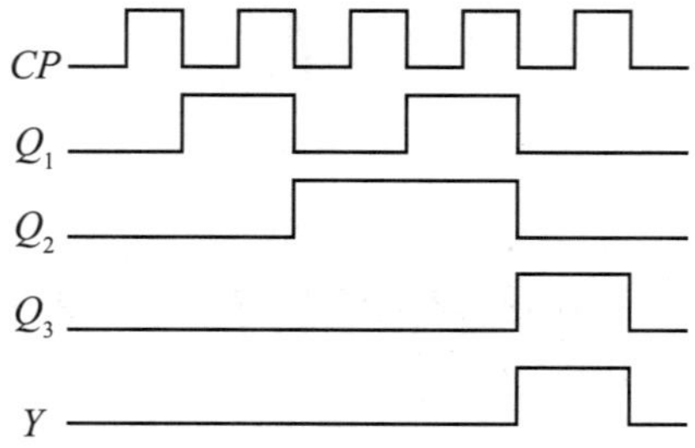

图 5—6　例 5—1 的时序图

（2）异步时序逻辑电路的分析。

在异步时序逻辑电路中，由于没有公共的时钟脉冲，分析各触发器状态转换时，除考虑驱动信号的情况外，还必须考虑该触发器的 *CP* 的情况，即触发器只有在加到其 *CP* 端的时钟脉冲有效时，才有可能改变状态，否则状态不变。因此，分析异步时序逻辑电路，应首先确定各 *CP* 端的逻辑表达式及触发方式。

例 5—2　试分析图 5—7 所示的异步时序逻辑电路的逻辑功能。

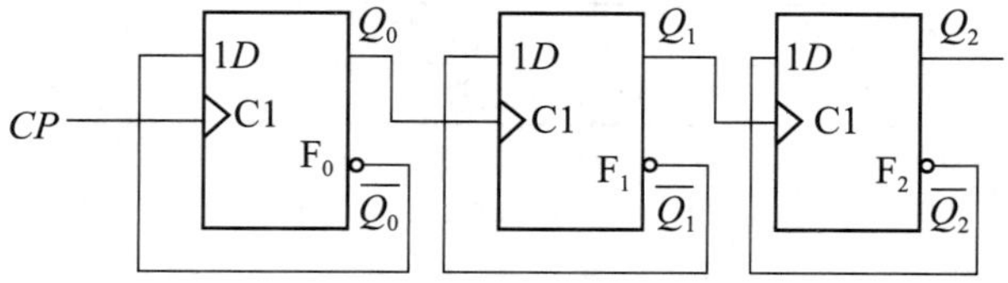

图 5—7　例 5—2 的电路图

解　（1）写方程式。

时钟方程：

$$CP_2 = Q_1\ ;\ CP_1 = Q_0\ ;\ CP_0 = CP$$

驱动方程：

$$D_2 = \overline{Q_2^n}\ ;\ D_1 = \overline{Q_1^n}\ ;\ D_0 = \overline{Q_0^n}$$

状态方程：

D 触发器的特性方程为：$Q^{n+1} = D$（*CP* 上升沿有效），将驱动方程代入特性方程，即得状态方程：

$Q_2^{n+1} = \overline{Q_2^n}$　　　　CP_2（即 Q_1）上升沿有效

$Q_1^{n+1} = \overline{Q_1^n}$　　　　CP_1（即 Q_0）上升沿有效

$Q_0^{n+1} = \overline{Q_0^n}$　　　　CP_0（即 CP）上升沿有效

（2）计算并列出状态表。依次假设电路现态 $Q_2^nQ_1^nQ_0^n$ 的取值，代入电路的状态方程计算，求出相应的次态。计算时要注意每一个方程的时钟脉冲信号是否有效，只有当时钟脉冲信号有效时，触发器才会按照方程式的规定更新状态，否则只会保持原来的状态不变。例如，当电路的现态为 $Q_2^nQ_1^nQ_0^n = 010$ 时，由状态方程计算出电路的次态为 $Q_2^{n+1}Q_1^{n+1}Q_0^{n+1} = 101$，如果 *CP* 出现一个上升沿，由时钟方程可知 CP_0 即为上升沿，CP_0 有效，触发器 F_0 翻转，即 Q_0 由 0 变 1。当 Q_0 由 0 变 1 时，CP_1 为上升沿，CP_1 有效，触发器 F_1 翻转，即 Q_1 由 1 变 0。当 Q_1 由 1 变 0 时，CP_2 为下降沿，CP_2 无效，所以触发器 F_2 保持原来的状态不变，即 Q_2 仍然为 0。所以电路的次态实际上是 $Q_2^{n+1}Q_1^{n+1}Q_0^{n+1} = 001$，而不是 101。计算结果见表 5—2。

表 5—2　　例 5—2 的状态表

Q_2^n	Q_1^n	Q_0^n	Q_2^{n+1}	Q_1^{n+1}	Q_0^{n+1}	有效时钟
0	0	0	1	1	1	CP_0　CP_1　CP_2
0	0	1	0	0	0	CP_0
0	1	0	0	0	1	CP_0　CP_1
0	1	1	0	1	0	CP_0
1	0	0	0	1	1	CP_0　CP_1　CP_2
1	0	1	1	0	0	CP_0
1	1	0	1	0	1	CP_0　CP_1
1	1	1	1	1	0	CP_0

（3）画状态图和时序图。例 5—2 的状态图和时序图如图 5—8 和图 5—9 所示。

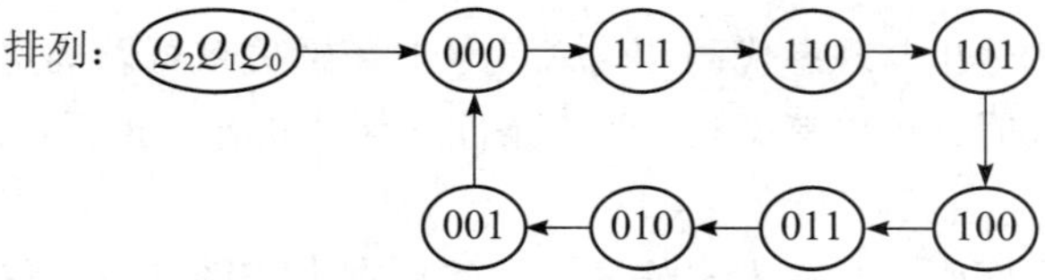

图 5—8　例 5—2 的状态图

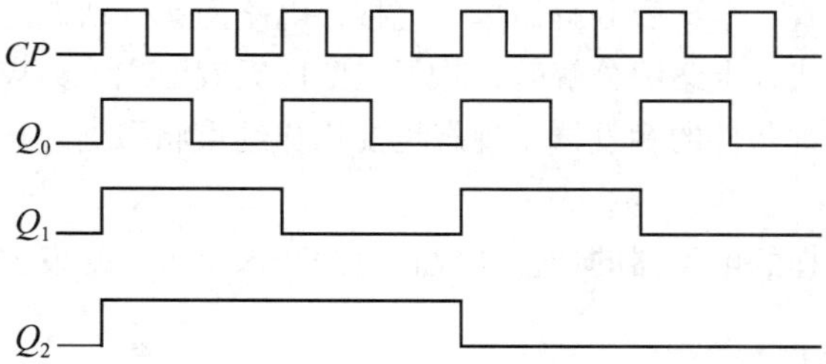

图 5—9　例 5—2 的时序图

（4）判断电路的逻辑功能。

由状态图 5—8 可知，在 CP 的作用下，电路的 8 个状态按递减规律循环变化，即电路具有递减功能，所以该电路是一个 3 位异步二进制减法计数器。

5.2.2　时序逻辑电路的设计

时序逻辑电路的设计是时序逻辑电路分析的逆过程，即根据所要实现的逻辑功能，设计出满足此功能的最简单的时序逻辑电路。时序逻辑电路的设计分为以下几个步骤。

1. 根据题目要求建立原始状态图

由给定条件或要求进行逻辑抽象，分析其状态数目及转换规律，并用 $S_0, S_1, \cdots, S_n$ 表示。如果存在等价状态，即当输入相同时，输出信号和次态都是相同的状态，要进行合并，成为一个状态，才能得到最简化的状态图。

2. 状态编码（或状态分配），并画出编码形式的状态图及状态表

在得到简化的状态图后，要对每一个状态指定 1 个二进制代码，这就是状态编码（或状态分配）。编码的方案不同，设计的电路也不同。选取编码的方案应该有利于所选触发器的驱动方程及电路输出方程的简化。一般选用的状态编码都遵循一定的规律，如用自然二进制码。

编码确定后，根据简化的状态图，画出此种编码形式的状态图及状态表。

如果设计要求中已经给出状态图，以上这一步可省略。

3. 选择触发器

一般选择 JK 触发器或 D 触发器，选择不同的触发器，将得到不同的逻辑电路图。

根据状态个数 M 及 $2^{n-1} \leqslant M \leqslant 2^n$，确定选择触发器的个数 n。

4. 确定方程式

（1）时钟方程。

若选择同步工作方式，情况很简单，触发器均选择一个公共的 CP 就可以了。

若选择异步工作方式，则需由状态图画出时序图，根据时序图给各个触发器分别选择一个符合翻转要求的合适的时钟脉冲 CP_i。

（2）输出方程。

由状态图中规定的输出与现态代码和输入信号的逻辑关系可以确定输出信号的最简逻辑表达式。求这一表达式时，可以考虑利用约束条件（无效状态）进行化简。

（3）状态方程。

首先由电路的状态图画出其次态卡诺图，再将次态卡诺图分解，得到各个触发器的次态卡诺图，从而求出对应的次态方程。

若选择同步工作方式，卡诺图分解简单、直接，电路的无效状态为约束状态。

若选择异步工作方式，卡诺图分解时，除了电路的无效状态为约束状态外，那些在 CP 有效沿到来时而不具备时钟条件的触发器的现态也要当成约束状态处理。

（4）驱动方程 。

将状态方程与所选择的触发器的特性方程相对照，求出各个触发器的驱动方程。

5. 画逻辑图

由时钟方法、输出方程、状态方程、驱动方程可以画出逻辑电路图。必要时，要检查电路是否存在无效循环以及能否自启动。若不能自启动，则要重新选择编码进行设计，或者采用置位措施，或者采用其他措施如割断无效循环，将其引入到有效状态等。

例 5—3 试设计一个同步六进制加法计数器。

解 （1）六进制计数器应当有 6 个有效状态，分别用 S_0、S_1、S_2、S_3、S_4、S_5 表示，而且 6 个状态一个也不能少，进位信号为逻辑变量 Y，规定有进位输出时 $Y=1$，无进位输出时为 $Y=0$。根据题目要求可画出电路最简的原始状态图，如图 5—10 所示。

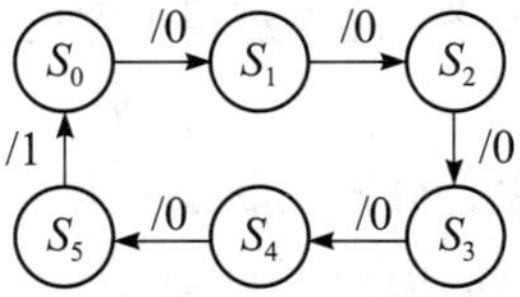

图 5—10 原始状态图

（2）由于对编码无特殊要求，所以取 000101 作为 $S_0S_1S_2S_3S_4S_5$ 的编码，得到二进制状态图（如图 5—11 所示）和状态表（见表 5—3）。

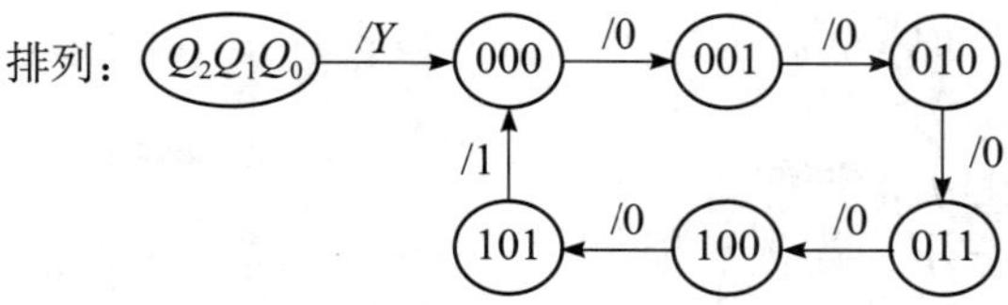

图 5—11　例 5—3 的二进制状态图

表 5—3

例 5—3 的状态表

等效十进制数	状态顺序	状态编码		输出
		初态	次态	Y
	S_i	$Q_2^nQ_1^nQ_0^n$	$Q_2^{n+1}Q_1^{n+1}Q_0^{n+1}$	
0	S_0	000	001	0
1	S_1	001	010	0
2	S_2	010	011	0
3	S_3	011	100	0
4	S_4	100	101	0
5	S_5	101	000	1

（3）确定触发器。

从给出的二进制状态图可知，六进制计数器的状态数 $M=6$，所以应选择 3 个触发器，现选用 3 个 CP 下降沿触发的 JK 触发器，分别记为 F_0、F_1、F_2 表示。

（4）确定方程式。

由于采用同步方式，故时钟方程为：$CP_0=CP_1=CP_2=CP$。

由于电路的进位输出 Y 和次态 $Q_2^{n+1}Q_1^{n+1}Q_0^{n+1}$ 唯一的取决于电路的现态 $Q_2^nQ_1^nQ_0^n$ 的取值，故可根据表 5—3 画出表示进位输出函数和次态逻辑函数的卡诺图，如图 5—12 所示。由于计数器正常工作时不会出现 110 和 111 这两个状态，所以可将 $Q_2^nQ_1^n\overline{Q_0^n}$和 $Q_2^nQ_1^nQ_0^n$ 这两个最小项作为随意项处理，在卡诺图中用“×”表示。

Q_2^n \ $Q_1^nQ_0^n$	00	01	11	10
0	0	0	0	0
1	0	1	×	×

（a）Y 的卡诺图

Q_2^n \ $Q_1^nQ_0^n$	00	01	11	10
0	1	0	0	1
1	1	0	×	×

（b）Q_0^{n+1} 的卡诺图

Q_2^n \ $Q_1^nQ_0^n$	00	01	11	10
0	0	1	0	1
1	0	0	×	×

（c）Q_1^{n+1} 的卡诺图

Q_2^n \ $Q_1^nQ_0^n$	00	01	11	10
0	0	0	1	0
1	1	0	×	×

（d）Q_2^{n+1} 的卡诺图

图 5—12　例 5—2 卡诺图

由图 5—12（a）得输出方程为：

$$Y=Q_2^nQ_0^n$$

由图 5—12（b）、（c）、（d）得状态方程为：

$$Q_0^{n+1}=\overline{Q^n}_0$$

$$Q_1^{n+1} = \overline{Q^n}_2\,\overline{Q^n}_1 Q_0^n + Q_1^n\,\overline{Q^n}_0$$

$$Q_2^{n+1} = Q_2^n\,\overline{Q^n}_0 + Q_1^n Q_0^n$$

JK 触发器的特性方程为：

$$Q^{n+1} = J\,\overline{Q^n} + \overline{K}\,Q^n$$

变换状态方程的形式，使之含有 $\overline{Q^n}$ 和 Q^n 的项：

$$Q_0^{n+1} = 1 \cdot \overline{Q^n}_0 + \overline{1} \cdot Q_0^n$$

$$Q_1^{n+1} = \overline{Q^n}_2 Q_0^n\,\overline{Q^n}_1 + \overline{Q^n}_0 Q_1^n$$

$$Q_2^{n+1} = Q_1^n Q_0^n\,(\overline{Q^n}_2 + Q_2^n) + \overline{Q^n}_0 Q_2^n$$

$$= Q_1^n Q_0^n\,\overline{Q^n}_2 + \overline{Q^n}_0 Q_2^n$$

上面在 Q_2^{n+1} 的状态方程变换中，由于 $Q_2^n Q_1^n Q_0^n$ 为随意项，故作为 0 删去了。

将变换后的状态方程与 JK 触发器的特性方程比较，得驱动方程为：

$J_0 = 1$　　　　$K_0 = 1$

$J_1 = \overline{Q^n}_2 Q_0^n$　　　　$K_1 = Q_0^n$

$J_2 = Q_1^n Q_0^n$　　　　$K_2 = Q_0^n$

（5）画逻辑电路图。

根据选用的触发器和求得的时钟方程、输出方程及驱动方程，即可画出同步六进制加法计数器的逻辑图，如图 5—13 所示。

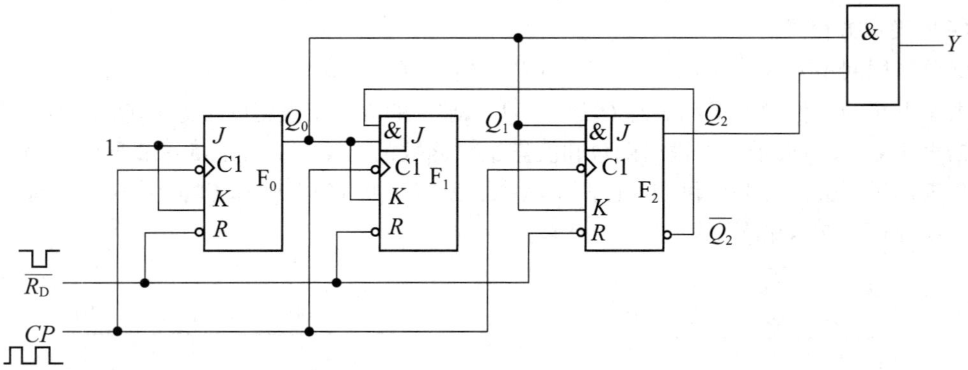

图 5—13　六进制加法计数器

（6）检查电路能否自启动。

将无效状态 110 和 111 代入输出方程和状态方程计算可知，电路能够从无效状态进入有效状态，能自启动。

5.3　计数器

人们在日常生活中，无论是工作、学习，还是生产及科研，都会遇到计数问题。在数字系统中，常需要对时钟脉冲的个数进行计数，以实现测量、运算和控制等功能。具有计数功能的电路，称为计数器。计数器是数字系统中应用场合最多的时序逻辑电路，它不仅具有计数功能，还可以用于定时、分频、产生序列脉冲等。计数器的种类繁多，特点各异。

5.3.1　计数器的分类

1. 按计数进制分类

（1）二进制计数器：按二进制数规律进行计数的电路称作二进制计数器。

（2）十进制计数器：按十进制数规律进行计数的电路称作十进制计数器。

（3）N 进制计数器：二进制和十进制计数器以外的其他进制计数器统称为 N 进制计数器，如六十进制计数器，七进制计数器等。计数器能够记忆输入脉冲的数目，也就是有效循环中的状态的个数，称为计数器的计数长度，也叫计数器的模。

2. 按计数增减分类

（1）加法计数器：随着计数脉冲的输入作递增计数的电路。

（2）减法计数器：随着计数脉冲的输入作递减计数的电路。

（3）加/减计数器：在加/减控制信号作用下，既可以进行递增计数，也可以进行递减计数的电路，又称可逆计数器。

3. 按计数器中触发器翻转是否同步分类

（1）同步计数器：各个时钟触发器的时钟信号都是输入计数脉冲，使应翻转的触发器同时翻转的计数器，称作同步计数器。

（2）异步计数器：计数脉冲只加到部分触发器的时钟输入端上，而其他触发器的触发信号则由电路内部提供，应翻转的触发器状态更新有先有后的计数器，称作异步计数器。

4. 按计数器中使用的开关元件分类

按计数器中使用的开关元件分类，可分为 TTL 计数器和 CMOS 计数器。

5.3.2　二进制计数器

1. 同步二进制计数器

同步二进制计数器中，时钟脉冲同时触发计数器中所有的触发器，各触发器的翻转与时钟脉冲同步，所以其工作速度较快，效率也高。

同步二进制计数器按计数增减变化规律可分为加法计数器、减法计数器。

（1）同步二进制加法计数器。

图 5—14 所示为由 JK 触发器组成的 4 位同步二进制加法计数器，由下降沿触发。下面分析它的工作原理。

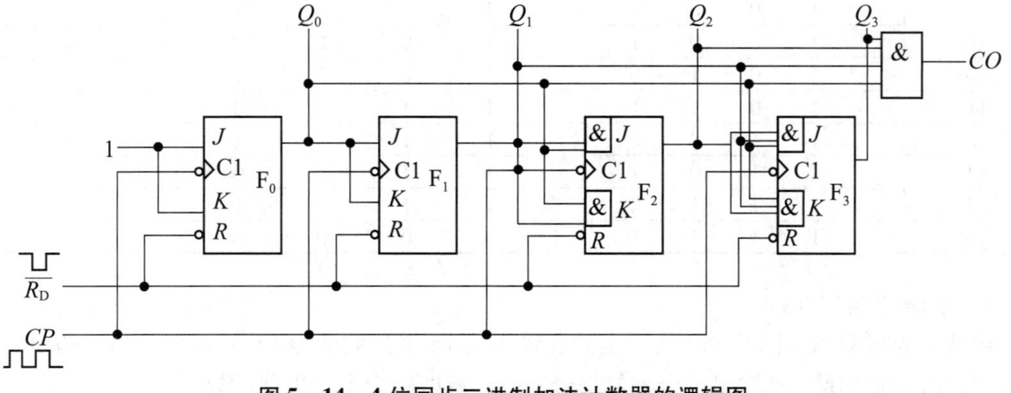

图 5—14　4 位同步二进制加法计数器的逻辑图

由图 5—14 可知，组成该计数器的是 4 个下降沿触发的 JK 触发器。由于各个触发器的时钟脉冲信号都连接在 CP 上，所以这是一个同步计数器。

1）写出有关方程式。

输出方程：

$$CO = Q_3^n Q_2^n Q_1^n Q_0^n$$

驱动方程：

$$J_0 = K_0 = 1$$

$$J_1 = K_1 = Q_0^n$$

$$J_2 = K_2 = Q_1^n Q_0^n$$

$$J_3 = K_3 = Q_2^n Q_1^n Q_0^n$$

将驱动方程代入 JK 触发器的特性方程 $Q^{n+1} = J\overline{Q^n} + \overline{K}Q^n$ 中，得到计数器的状态方程：

$$Q_0^{n+1} = \overline{Q_0^n}$$

$$Q_1^{n+1} = Q_0^n \overline{Q_1^n} + \overline{Q^n}_0 Q_1^n$$

$$Q_2^{n+1} = Q_1^n Q_0^n \overline{Q_2^n} + \overline{Q_1^n Q_0^n} Q_2^n$$

$$Q_3^{n+1} = Q_2^n Q_1^n Q_0^n \overline{Q_3^n} + \overline{Q_2^n Q_1^n Q_0^n} Q_3^n$$

2）列出状态表。

设计数器的现态 $Q_3^n Q_2^n Q_1^n Q_0^n = 0000$，代入到输出方程和状态方程中进行计算得 $CO = 0$，$Q_3^{n+1} Q_2^{n+1} Q_1^{n+1} Q_0^{n+1} = 0001$，这说明在输入的第一个计数脉冲 CP 的作用下，电路状态由 0000 翻转到 0001，然后再将 0001 作为现态代入式中进行计算，以此类推，可得状态表（见表 5—4）。

表 5—4　　4 位同步二进制加法计数器的状态表

CP	Q_3^n	Q_2^n	Q_1^n	Q_0^n	Q_3^{n+1}	Q_2^{n+1}	Q_1^{n+1}	Q_0^{n+1}	输出 CO
0	0	0	0	0	0	0	0	1	0
1	0	0	0	1	0	0	1	0	0
2	0	0	1	0	0	0	1	1	0
3	0	0	1	1	0	1	0	0	0
4	0	1	0	0	0	1	0	1	0
5	0	1	0	1	0	1	1	0	0
6	0	1	1	0	0	1	1	1	0
7	0	1	1	1	1	0	0	0	0
8	1	0	0	0	1	0	0	1	0
9	1	0	0	1	1	0	1	0	0
10	1	0	1	0	1	0	1	1	0
11	1	0	1	1	1	1	0	0	0
12	1	1	0	0	1	1	0	1	0
13	1	1	0	1	1	1	1	0	0
14	1	1	1	0	1	1	1	1	0
15	1	1	1	1	0	0	0	0	1

3）逻辑功能分析。

由状态表可看出，图 5—14 所示电路在输入第 16 个计数脉冲 CP 后返回到初始的 0000 状态，同时进位输出端 CO 输出一个进位信号，因此该电路为十六进制计数器。

（2）同步二进制减法计数器。

根据二进制减法计数状态转换的规律，必须在第一个计数脉冲到来时电路的状态由 0000

变为 1111。为此，只要将如图 5—14 所示的加法计数器中各触发器的输出由 Q 端改为 $\overline{Q}$ 端，便成为二进制减法计数器了。

2. 异步二进制计数器

异步计数器的计数脉冲没有加到所有触发器的 CP 端，而只作用于某些触发器的 CP 端。当计数脉冲到来时，各触发器的翻转时刻不同，所以在分析异步计数器时，要注意各触发器翻转所对应的有效时钟条件。

异步二进制计数器是计数器最基本、最简单的电路，它一般由计数型的触发器连接而成，计数脉冲加到最低位触发器的 CP 端，低位触发器的输出作为相邻高位触发器的时钟脉冲。

异步二进制计数器可分为异步加法计数器、异步减法计数器和异步二进制可逆计数器。

（1）异步二进制加法计数器。

如图 5—15 所示为 4 位异步二进制加法计数器的逻辑图。

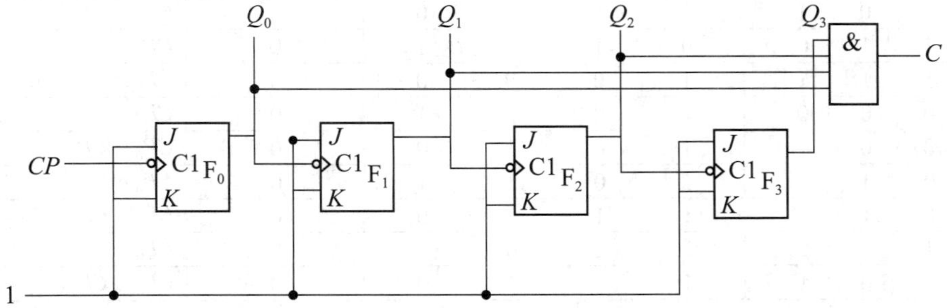

图 5—15　4 位异步二进制加法计数器

由图 5—15 可知，组成该计数器的是 4 个下降沿触发的 JK 触发器。由于各个触发器的脉冲信号不是统一地连接在一个 CP 上，所以这是一个异步计数器。

1）写出有关方程式。

时钟方程：

$CP_0 = CP$；$CP_1 = Q_0$；$CP_2 = Q_1$；$CP_3 = Q_2$

输出方程：

$$C = Q_3^n Q_2^n Q_1^n Q_0^n$$

驱动方程：

$$J_0 = K_0 = 1$$
$$J_1 = K_1 = 1$$
$$J_2 = K_2 = 1$$
$$J_3 = K_3 = 1$$

将各个触发器的驱动方程代入 JK 触发器的特性方程 $Q^{n+1} = J\overline{Q^n} + \overline{K}Q^n$ 中，可得电路的状态方程：

$Q_0^{n+1} = \overline{Q_0^n}$　　CP_0（即 CP）下降沿有效

$Q_1^{n+1} = \overline{Q_1^n}$　　CP_1（即 Q_0）下降沿有效

$Q_2^{n+1} = \overline{Q_2^n}$　　CP_2（即 Q_1）下降沿有效

$Q_3^{n+1} = \overline{Q_3^n}$　　CP_3（即 Q_2）下降沿有效

2）列状态表。

由图 5—15 可以看出，只有当 CP（CP_0）为下降沿（即由 1 到 0 ）时，触发器 F_0 才有可能改变状态，Q_0 才可能发生变化；只有当 Q_0（CP_1）为下降沿时，触发器 F_1 才有可能改变状态，Q_1 才可能变化；只有当 Q_1（CP_2）为下降沿时，触发器 F_2 才有可能改变状态，Q_2 才可能变化；只有当 Q_2（CP_3）为下降沿时，触发器 F_3 才有可能改变状态，Q_3 才可能变化。因此，越往后面，触发器状态变化经过的延时越长。

表 5—5 列出了该计数器的状态表，增加了电路在各种状态下的有效时钟。

表 5—5　　4 位异步二进制加法计数器状态表

Q_3^n	Q_2^n	Q_1^n	Q_0^n	Q_3^{n+1}	Q_2^{n+1}	Q_1^{n+1}	Q_0^{n+1}	输出 C	有效时钟
0	0	0	0	0	0	0	1	0	CP_0
0	0	0	1	0	0	1	0	0	CP_0 CP_1
0	0	1	0	0	0	1	1	0	CP_0
0	0	1	1	0	1	0	0	0	CP_0 CP_1 CP_2
0	1	0	0	0	1	0	1	0	CP_0
0	1	0	1	0	1	1	0	0	CP_0 CP_1
0	1	1	0	0	1	1	1	0	CP_0
0	1	1	1	1	0	0	0	0	CP_0 CP_1 CP_2 CP_3
1	0	0	0	1	0	0	1	0	CP_0
1	0	0	1	1	0	1	0	0	CP_0 CP_1
1	0	1	0	1	0	1	1	0	CP_0
1	0	1	1	1	1	0	0	0	CP_0 CP_1 CP_2
1	1	0	0	1	1	0	1	0	CP_0
1	1	0	1	1	1	1	0	0	CP_0 CP_1
1	1	1	0	1	1	1	1	0	CP_0
1	1	1	1	0	0	0	0	1	CP_0 CP_1 CP_2 CP_3

3）画状态图和时序图。

根据计数器的状态表画出计数器的状态图和时序图，如图 5—16 和图 5—17 所示。为了简单起见，在时序图中忽略了各个触发器状态变化的延时。

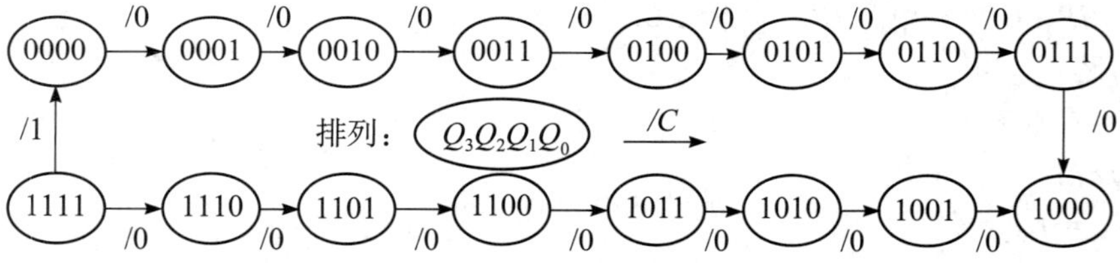

图 5—16　4 位异步二进制加法计数器的状态图

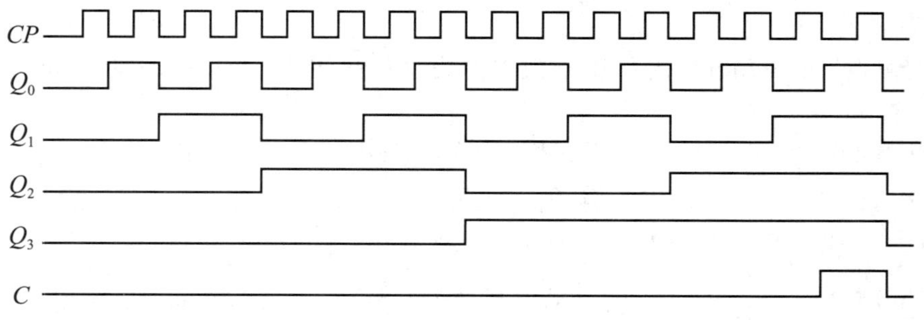

图 5—17　4 位异步二进制加法计数器的时序图

通过上面的分析可以知道，采用异步方式构成二进制加法计数器很容易，只要将计数器接成 T′触发器，外来时钟脉冲作为最低位触发器的时钟脉冲，而低位触发器的输出作为相邻高位触发器的时钟脉冲，使相邻两位之间符合逢二进一的加法计数规律即可。如果是下降沿触发的触发器构成计数器，则由低位 Q 端引出进位信号作为相邻高位的时钟脉冲；如果是上升沿触发的触发器，则由低位 $\overline{Q}$ 端引出进位信号作为相邻高位的时钟脉冲。

（2）异步二进制减法计数器。

图 5—18 为由 JK 触发器组成的 4 位异步二进制减法计数器的逻辑图，是由 4 个下降沿 T′触发器组成的。为了能实现向相邻高位触发器输出借位信号，要求低位触发器由 0 态变为 1 态时能使高位触发器的状态翻转，因此，低位触发器应从 $\overline{Q}$ 端输出借位信号。

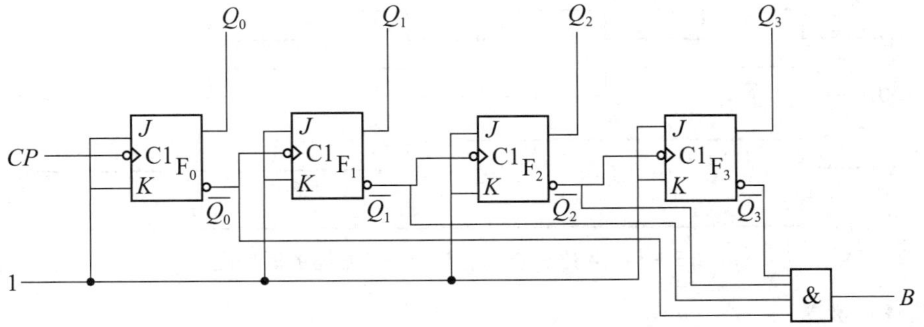

图 5—18　4 位异步二进制减法计数器

设电路初始状态为 $Q_3Q_2Q_1Q_0=0000$，当 CP 端输入第一个减法计数脉冲时，F_0 由 0 态翻转到 1 态，$\overline{Q_0}$ 输出一个下降沿的借位信号，使 F_1 由 0 态翻转到 1 态，$\overline{Q_1}$ 输出负跃变的借位信号，使 F_2 由 0 态翻转到 1 态。同理，F_3 也由 0 态翻转到 1 态，$\overline{Q_3}$ 输出一个下降沿的借位信号，使计数器翻转到 $Q_3Q_2Q_1Q_0=1111$。当 CP 端输入第二个减法计数脉冲时，计数器的状态为 $Q_3Q_2Q_1Q_0=1110$。当 CP 端连续输入减法计数脉冲时，电路的状态变化情况见表 5—6。根据状态表画出异步二进制减法计数器的时序图，如图 5—19 所示。

表 5—6　　4 位异步二进制减法计数器的状态表

Q_3^n	Q_2^n	Q_1^n	Q_0^n	Q_3^{n+1}	Q_2^{n+1}	Q_1^{n+1}	Q_0^{n+1}	输出 B	有效时钟
0	0	0	0	1	1	1	1	1	CP_0　CP_1　CP_2　CP_3
0	0	0	1	0	0	0	0	0	CP_0
0	0	1	0	0	0	0	1	0	CP_0　CP_1
0	0	1	1	0	0	1	0	0	CP_0
0	1	0	0	0	0	1	1	0	CP_0　CP_1　CP_2
0	1	0	1	0	1	0	0	0	CP_0
0	1	1	0	0	1	0	1	0	CP_0　CP_1
0	1	1	1	0	1	1	0	0	CP_0
1	0	0	0	0	1	1	1	0	CP_0　CP_1　CP_2　CP_3
1	0	0	1	1	0	0	0	0	CP_0
1	0	1	0	1	0	0	1	0	CP_0　CP_1
1	0	1	1	1	0	1	0	0	CP_0

续前表

Q_3^n	Q_2^n	Q_1^n	Q_0^n	Q_3^{n+1}	Q_2^{n+1}	Q_1^{n+1}	Q_0^{n+1}	输出 B	有效时钟
1	1	0	0	1	0	1	1	0	CP_0 CP_1 CP_2
1	1	0	1	1	1	0	0	0	CP_0
1	1	1	0	1	1	0	1	0	CP_0 CP_1
1	1	1	1	1	1	1	0	0	CP_0

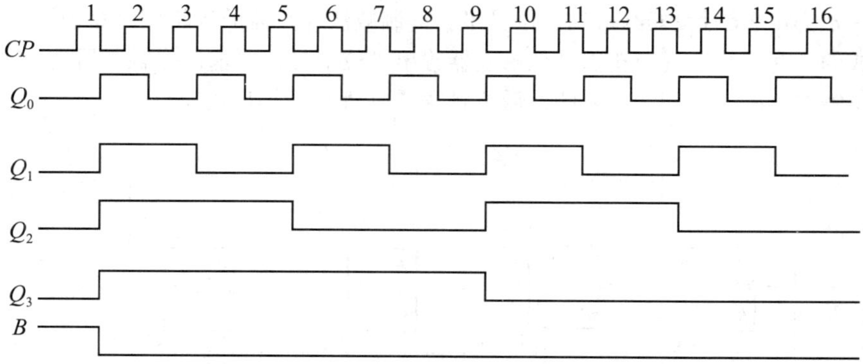

图 5—19　4 位异步二进制减法计数器的时序图

3. 集成计数器。

(1) 集成同步二进制计数器。

常用的集成同步二进制计数器有加法计数器和可逆计数器两种，为了使用和扩展功能方便，还增加了一些辅助功能。

集成 4 位同步二进制计数器 74LS161 的引脚图，如图 5—20 所示。

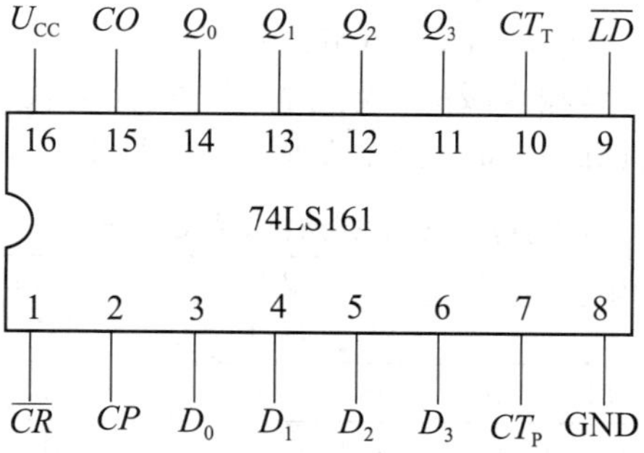

图 5—20　74LS161 的引脚图

74LS161 的真值表见表 5—7。

表 5—7　74LS161 的真值表

清零	置数	使能		时钟脉冲	输出
$\overline{CR}$	$\overline{LD}$	CT_T	CT_P	CP	$Q_3^{n+1}Q_2^{n+1}Q_1^{n+1}Q_0^{n+1}$
0	×	×	×	×	0 0 0 0（异步清零）
1	0	×	×	↑	$D_3\ D_2\ D_1 D_0$（同步置数）
1	1	1	1	↑	计　数
1	1	0	×	×	保　持
1	1	×	0	×	保　持

由表 5—7 可以看出，74LS161 集成四位同步二进制加法计数器具有下列功能：

1）异步清零。当$\overline{CR}=0$时，不管其他输入信号为何状态，计数器清零。

2）同步并行置数。当$\overline{CR}=1$、$\overline{LD}=0$时，在 CP 上升沿到达时，不管其他输入信号为何状态，并行输入数据 $D_3\sim D_0$ 进入计数器，使 $Q_3^{n+1}Q_2^{n+1}Q_1^{n+1}Q_0^{n+1}=D_3D_2D_1D_0$，即完成了并行置数功能。如果没有 CP 上升沿到达，即使$\overline{LD}=0$，也不能使预置数据进入计数器。

3）同步二进制加法计数。当$\overline{CR}=\overline{LD}=1$，时，若 $CT_T=CT_P=1$，计数器对 CP 信号按照自然二进制码循环计数。当计数状态达到 1111 时，$CO=1$，产生进位信号。

4）保持。当 $\overline{CR}=\overline{LD}=1$ 时，若 $CT_T\cdot CT_P=0$，则计数器将保持原来状态不变。进位输出信号有两种情况：若 $CT_T=0$，不管 CT_P状态如何，则进位输出 $CO=0$；若 $CT_T=1$，$CT_P=0$，则进位输出也保持不变，$CO=Q_3^nQ_2^nQ_1^nQ_0^n$。

集成 4 位同步二进制计数器 74LS163 的引脚排列和 74LS161 的完全相同，除了清零方式不同之外，两者的逻辑功能及计数工作原理也完全相同。74LS163 采用的是同步清零方式，即 $\overline{CR}=0$ 时，只有当 CP 上升沿到来时刻计数器才会清零。

（2）集成异步二进制计数器。

集成 4 位异步二进制计数器 74LS197 的引脚图，如图 5—21 所示，其中，$\overline{CR}$ 是异步清零端；$CT/\overline{LD}$ 是计数和置数控制端；CP_0 是触发器 F_0 的时钟输入；CP_1 是 F_1 的时钟输入；$D_0\sim D_3$ 是并行数据输入；$Q_0\sim Q_3$ 是计数器状态输出。

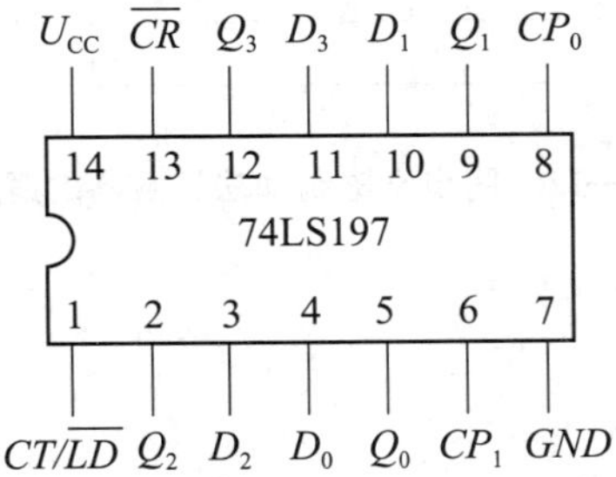

图 5—21　74LS197 的引脚图

74LS197 的真值表见表 5—8。

表 5—8　　74LS197 的真值表

输入				输出
$\overline{CR}$	$CT/\overline{LD}$	CP_0	CP_1	$Q_3^{n+1}Q_2^{n+1}Q_1^{n+1}Q_0^{n+1}$
0	×	×	×	0 0 0 0（异步清零）
1	0	×	×	$D_3D_2D_1D_0$（异步置数）
1	1	CP	×	二进制加法计数
1	1	×	CP	八进制加法计数
1	1	CP	Q_0	十六进制加法计数

由表 5—8 可知 74LS197 具有下列功能：

1）清零功能。当$\overline{CR}=0$时，计数器异步清零。

2）置数功能。当$\overline{CR}=1$、$CT/\overline{LD}=0$时，计数器异步置数。

3）4 位异步二进制加法计数器功能。当$\overline{CR}=1$、$CT/\overline{LD}=1$时，计数器异步加法计数。

①若将输入时钟脉冲 CP 加在 CP_0 端、把 Q_0 与 CP_1 连接起来，则构成 4 位二进制即十六进制异步加法计数器。

②若将 CP 加在 CP_1 端，则计数器中触发器 F_1、F_2、F_3 构成 3 位二进制即八进制计数器，F_0 不工作。

③若将 CP 加在 CP_0 端，CP_1 接 0 或 1，则只有触发器 F_0 工作，F_1、F_2、F_3 不工作，形成 1 位二进制即二进制计数器。因此，也把 74LS197 称为二—八—十六进制计数器。

5.3.3 十进制计数器

准确地说，十进制计数器应该叫 1 位十进制计数器。使用最多的十进制计数器是按照 8421BCD 码进行计数的电路。

1. 同步十进制加法计数器

由 JK 触发器组成的 8421BCD 码同步十进制加法计数器的逻辑图，如图 5—22 所示。下面我们来分析其工作原理。

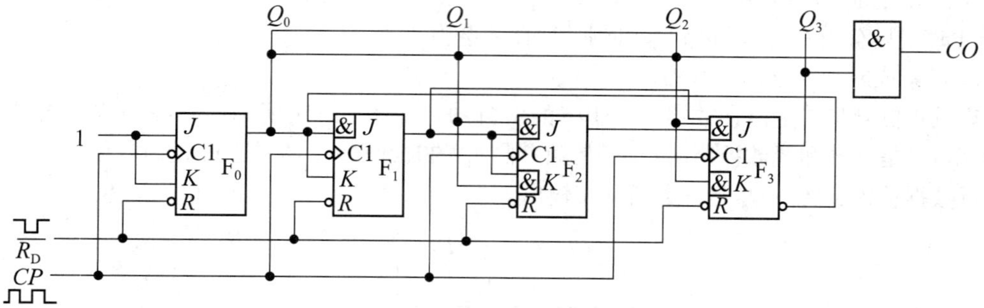

图 5—22　同步十进制加法计数器的逻辑图

输出方程为：

$$CO = Q_3^n Q_0^n$$

驱动方程为：

$$J_0 = K_0 = 1$$

$$J_1 = \overline{Q_3^n} Q_0^n \qquad K_1 = Q_0^n$$

$$J_2 = K_2 = Q_1^n Q_0^n$$

$$J_3 = Q_2^n Q_1^n Q_0^n \qquad K_3 = Q_0^n$$

将驱动方程代入 JK 触发器的特性方程 $Q^{n+1} = J\overline{Q^n} + \overline{K}Q^n$，得状态方程：

$$Q_0^{n+1} = \overline{Q_0^n}$$

$$Q_1^{n+1} = \overline{Q_3^n} Q_0^n \overline{Q_1^n} + \overline{Q_0^n} Q_1^n$$

$$Q_2^{n+1} = Q_1^n Q_0^n \overline{Q_2^n} + \overline{Q_1^n Q_0^n} Q_2^n$$

$$Q_3^{n+1} = Q_2^n Q_1^n Q_0^n \overline{Q_3^n} + \overline{Q_0^n} Q_3^n$$

根据以上状态方程计算，可以列出该计数器的状态表，见表 5—9。

表 5—9　　同步十进制加法计数器的状态表

CP	Q_3^n	Q_2^n	Q_1^n	Q_0^n	Q_3^{n+1}	Q_2^{n+1}	Q_1^{n+1}	Q_0^{n+1}	输出 CO
0	0	0	0	0	0	0	0	1	0
1	0	0	0	1	0	0	1	0	0
2	0	0	1	0	0	0	1	1	0

续前表

CP	Q_3^n	Q_2^n	Q_1^n	Q_0^n	Q_3^{n+1}	Q_2^{n+1}	Q_1^{n+1}	Q_0^{n+1}	输出 CO
3	0	0	1	1	0	1	0	0	0
4	0	1	0	0	0	1	0	1	0
5	0	1	0	1	0	1	1	0	0
6	0	1	1	0	0	1	1	1	0
7	0	1	1	1	1	0	0	0	0
8	1	0	0	0	1	0	0	1	0
9	1	0	0	1	0	0	0	0	1
10	1	0	1	0	1	0	1	1	0
11	1	0	1	1	0	1	0	0	1
12	1	1	0	0	1	1	0	1	0
13	1	1	0	1	0	1	0	0	1
14	1	1	1	0	1	1	1	1	0
15	1	1	1	1	0	0	0	0	1

根据状态表画出该计数器的状态图和时序图，如图 5—23 和图 5—24 所示。

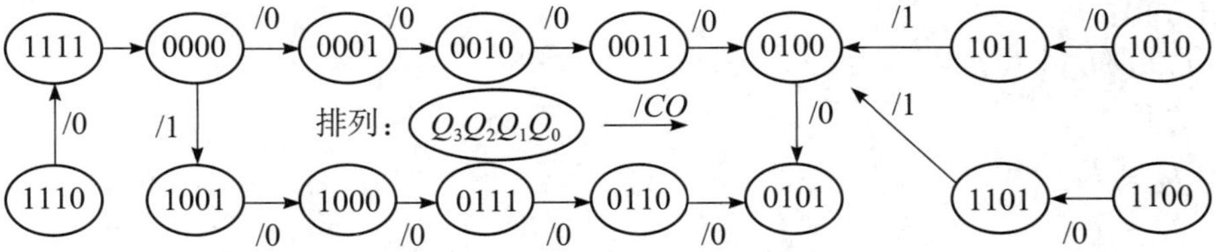

图 5—23　同步十进制加法计数器的状态图

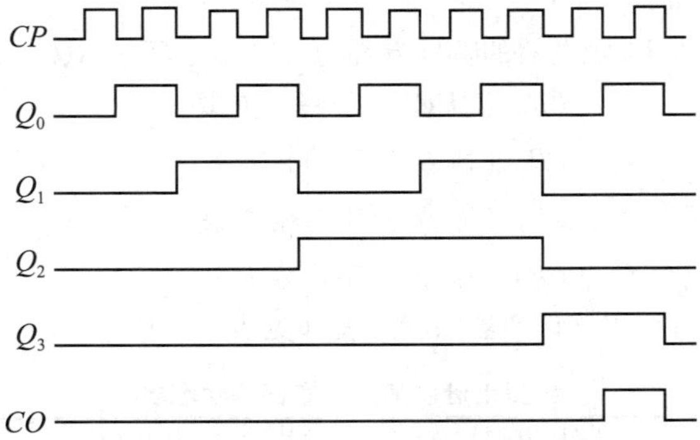

图 5—24　同步十进制加法计数器的时序图

从时序图和状态图可以看出，第 10 个计数器脉冲到来时，计数器的状态 $Q_3Q_2Q_1Q_0$ 由 1001 返回到 0000，且在第 9 个脉冲后进位信号 $CO=1$，为高位计数器进行加一运算提供了条件，这样第 10 个脉冲到来时，计数器复零的同时，高位计数器加一，符合逢十进一的规律，因此，该计数器为 8421BCD 码十进制计数器。从图中还可以看出，1010～1111 这 6 个状态为无效状态，并且从任意一个无效状态开始，都能回到有效状态，所以电路有自启动能力。

2. 异步十进制加法计数器

异步十进制加法计数器是在 4 位异步二进制加法计数器的基础上经过适当的修改获得的。它跳过了 1010～1111 这 6 个状态，利用自然二进制数的前 10 个状态 0000～1001 实现十进制计数。异步十进制加法计数器的电路图如图5—25所示。组成该计数器的是4个下降沿触发的JK触发器，由于各个触发器不是同一个CP控制，所以这是一个异步计数器。

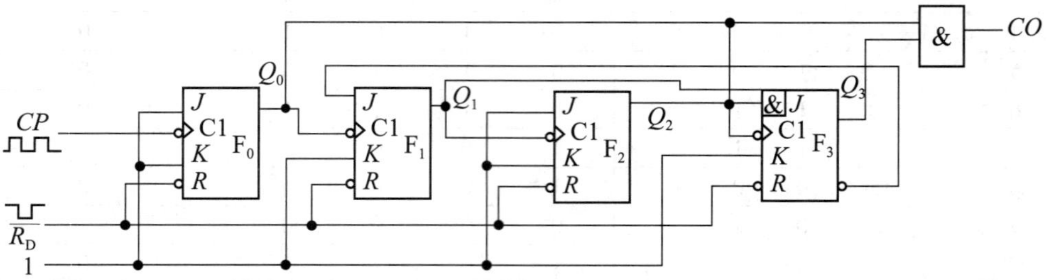

图5—25　异步十进制加法计数器的电路图

时钟方程：

$CP_0 = CP$

$CP_1 = Q_0$

$CP_2 = Q_1$

$CP_3 = Q_0$

输出方程：

$C = Q_3^n Q_0^n$

驱动方程：

$J_0 = K_0 = 1$

$J_1 = \overline{Q_3^n}$　　$K_1 = 1$

$J_2 = K_2 = 1$

$J_3 = Q_2^n Q_1^n$　　$K_3 = 1$

将以上驱动方程代入JK触发器的特性方程为$Q^{n+1} = J\overline{Q^n} + \overline{K}Q^n$，得状态方程：

$Q_0^{n+1} = \overline{Q_0^n}$　　CP_0（即CP）下降沿有效

$Q_0^{n+1} = \overline{Q_3^n}\ \overline{Q_1^n}$　　CP_1（即Q_0）下降沿有效

$Q_0^{n+1} = \overline{Q_2^n}$　　CP_2（即Q_1）下降沿有效

$Q_0^{n+1} = Q^n{}_2\, Q^n{}_1\, \overline{Q_3^n}$　　CP_3（即Q_0）下降沿有效

根据上述状态方程可列出该计数器的状态表（见表5—10）。

表5—10　　异步十进制加法计数器的状态表

Q_3^n	Q_2^n	Q_1^n	Q_0^n	Q_3^{n+1}	Q_2^{n+1}	Q_1^{n+1}	Q_0^{n+1}	输出CO	有效时钟
0	0	0	0	0	0	0	1	0	CP_0
0	0	0	1	0	0	1	0	0	CP_0　CP_1　CP_3
0	0	1	0	0	0	1	1	0	CP_0
0	0	1	1	0	1	0	0	0	CP_0　CP_1　CP_2　CP_3
0	1	0	0	0	1	0	1	0	CP_0
0	1	0	1	0	1	1	0	0	CP_0　CP_1　CP_3
0	1	1	0	0	1	1	1	0	CP_0
0	1	1	1	1	0	0	0	0	CP_0　CP_1　CP_2　CP_3
1	0	0	0	1	0	0	1	0	CP_0

续前表

Q_3^n	Q_2^n	Q_1^n	Q_0^n	Q_3^{n+1}	Q_2^{n+1}	Q_1^{n+1}	Q_0^{n+1}	输出 CO	有效时钟
1	0	0	1	0	0	0	0	1	CP_0　CP_1　CP_3
1	0	1	0	1	0	1	1	0	CP_0
1	0	1	1	0	1	0	0	1	CP_0　CP_1　CP_2　CP_3
1	1	0	0	1	1	0	1	0	CP_0
1	1	0	1	0	1	0	0	1	CP_0　CP_1　CP_3
1	1	1	0	1	1	1	1	0	CP_0
1	1	1	1	0	0	0	0	1	CP_0　CP_1　CP_2　CP_3

由状态表 5—10 可知，如果计数器从 $Q_3Q_2Q_1Q_0=0000$ 开始计数，那么在第 8 个计数脉冲以前，F_0、F_1、F_2 的 J 和 K 始终为 1，所以触发器工作在 T′状态，工作过程与二进制加法器相同。在此期间，每次 Q_0 下降沿到达时，$J_3=Q_1Q_2=0$，所以保持 0 态不变。

当第 8 个脉冲到达时，由于 $J_3=K_3=1$，当 F_0 由 1 翻转为 0 时，Q_0 使 F_3 的 CP_3 产生一下降沿触发，所以 F_3 由 0 变 1，F_2、F_1 也分别接受下降沿 CP_2、CP_1 影响而跳回为 0，$Q_3Q_2Q_1Q_0=1000$。

第 9 个脉冲输入后，Q_0 由 0 变 1，同时由于 $J_1=\overline{Q_3^n}=0$，Q_2、Q_1 保持不变，F_3 虽然处于 $J_3=0$、$K_3=1$，但因是正跳，所以 Q_3 也不变，即保持 1 态，$Q_3Q_2Q_1Q_0=1001$。

第 10 个脉冲输入后，F_0 翻回到 0 态，Q_1Q_2 仍保持不变，而 F_3 得到一个 $CP_3=Q_0$ 下降沿触发，所以 Q_3 变为 0，$Q_3Q_2Q_1Q_0=0000$。

上述工作过程说明，异步十进制计数器是由 4 位二进制的 16 个组合状态除去 1010～1111 这 6 个状态构成的，其时序图和状态图与同步十进制计数器类似，不再冗述。

3. 集成十进制计数器

（1）集成同步十进制计数器。

集成同步十进制加法计数器 74LS160、74LS162 的引脚图与 74LS161、74LS163 相同。74LS160 和 74LS162 区别是，74LS160 采用的是异步清零方式，而 74LS162 采用的是同步清零方式。

（2）集成异步十进制计数器。

74LS90 是一种典型的集成异步十进制计数器，其引脚排列如图 5—26 所示，真值表见表 5—11。

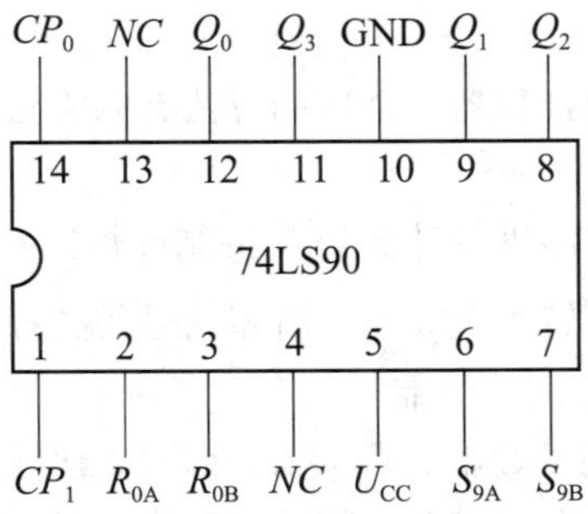

图 5—26　74LS90 的引脚图

表 5—11　　74LS90 的真值表

R_{0A}	R_{0B}	S_{9A}	S_{9B}	CP_0	CP_1	Q_3^{n+1}　Q_2^{n+1}　Q_1^{n+1}　Q_0^{n+1}
1	1	0	×	×	×	0　0　0　0（异步清零）
1	1	×	0	×	×	0　0　0　0（异步清零）
×	×	1	1	×	×	1　0　0　1（置9）
×	0	×	0	↓	0	二进制计数
×	0	0	×	0	↓	五进制计数器
0	×	×	0	↓	Q_0	8421 码十进制计数
0	×	0	×	Q_1	↓	5421 码十进制计数

由表 5—11 可知 74LS90 具有下列功能：

1）异步清零。当 $S_9 = S_{9A} \cdot S_{9B} = 0$ 时，若 $R_0 = R_{0A} \cdot R_{0B} = 1$，则计数器清零，与输入时钟脉冲 CP 无关，因此 74LS90 是异步清零。

2）异步置 9。当 $S_9 = S_{9A} \cdot S_{9B} = 1$ 时，计数器置 9，即输出 1001 状态，与 CP 无关，因而是异步置 9。

3）异步计数。当 $S_9 = S_{9A} \cdot S_{9B} = 0$，且 $R_0 = R_{0A} \cdot R_{0B} = 0$ 时，计数器进行异步计数。有以下四种情况：

①若将 CP 加在 CP_0 端，而 CP_1 接低电平，则计数器中只有触发器 F_0 工作，F_1、F_2、F_3 不工作，电路构成 1 位二进制计数器。

②如果只将 CP 加在 CP_1 端，CP_0 接低电平，则计数器中 F_0 不工作，F_1、F_2、F_3 工作，这时电路成为五进制计数器。

③若将 CP 加在 CP_0 端，且把 Q_0 与 CP_1 连接起来，则电路将对时钟脉冲 CP 按照 8421 码进行异步加法计数。

④如果将 CP 加在 CP_1 端，且把 Q_3 与 CP_0 连接起来，虽然电路仍然是十进制异步计数器，但计数规律不再是 8421 码，而是 5421 码。

5.3.4　用集成计数器构成 *N* 进制计数器

尽管集成计数器产品种类很多，但也不可能做到任意进制的计数器都有其相应的产品。实际应用中用一片或几片集成计数器经过适当连接，就可以构成任意进制的计数器。

若一片集成计数器为 M 进制，欲构成的计数器为 N 进制，则构成的原则是：当 $M > N$ 时，只需用一片集成计数器即可；当 $M < N$ 时，则需要多片 M 进制集成计数器才可以构成 N 进制的计数器。

用集成计数器构成任意进制计数器，常用的方法有归零法和级联法。

1. 归零法

采用归零法来构成按自然态序进行计数的 N 进制计数器，方法是让计数器跳过 S_N 以及后面的各个状态，直接从状态 S_{N-1} 转到全 0 态。清零信号的选择与芯片的清零方式有关。

（1）用同步归零法构成 N 进制计数器。

采用同步归零法构成 N 进制计数器，需要在状态 S_{N-1} 时给计数器的同步清零端或同步置数端发一个有效脉冲，使计数器在下一个计数脉冲到来时转到全 0 态而非 S_N 状态。由于采用归零法，所以在利用同步置数端归零时，计数器的置数必须为 0。

例 5—4　用集成计数器 74LS163 构成七进制计数器。

解　集成 4 位二进制加法计数器 74LS163 的逻辑功能示意图，如图 5—27 所示。图中 $\overline{LD}$ 为同步置数控制端，$\overline{CR}$ 为同步清零端，CT_P和 CT_T为计数控制端，$D_0\sim D_3$ 为并行数据输入端，$Q_0\sim Q_3$ 为输出端，CO 为进位输出端。

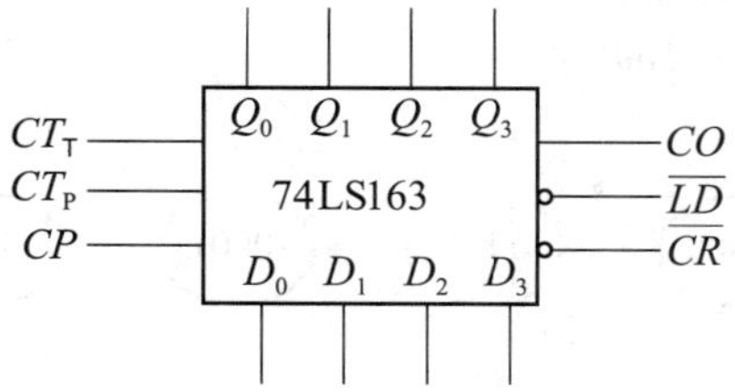

图 5—27　74LS163 的逻辑功能示意图

图 5—28 为分别用同步清零端和同步置数端归零的七进制计数器的示意图。需要说明的是，采用同步清零端归零的七进制计数器，其中 $D_0\sim D_3$ 可随意处理；而采用同步置数端归零构成的七进制计数器，其中的 $D_0\sim D_3$ 不能随意处理，必须都接 0。

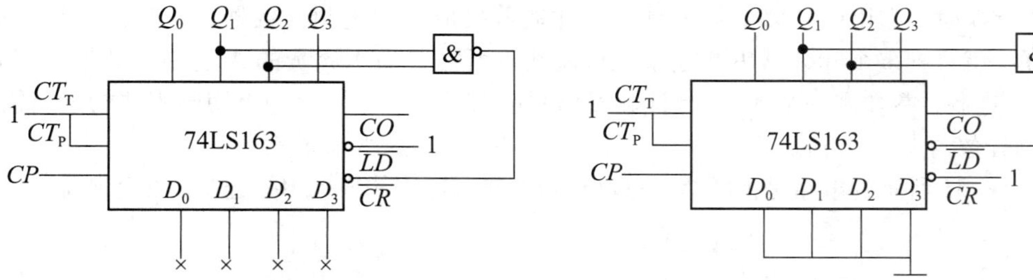

（a）用同步清零端归零　　（b）用同步置数端归零

图 5—28　分别用两种方法归零的七进制计算器的示意图

（2）用异步归零法构成 N 进制计数器。

采用异步归零法构成 N 进制计数器，需要在状态 S_N 时给计数器的异步清零端或异步置数端发一个有效时钟，此时计数器立即被清零或置数，状态 S_N 只会维持很短的时间，不是一个确定的状态。同样，由于是采用归零法，所以在利用异步置数端归零时，计数器的预置数必须为 0。

例 5—5　用 74LS161 构成九进制计数器。

解　九进制计数器有 9 个状态，74LS161 在计数过程中有 16 个状态，因此必须设法跳过 7 个状态。即计数器从 0000 开始计数，当计到 9 个状态后，利用下一个状态 1001，提供清零信号，迫使计数器回到 0000 状态，此后清零信号消失，计数器重新计数。根据题意可选用异步清零端归零，示意图如图 5—29 所示，状态图如图 5—30 所示。

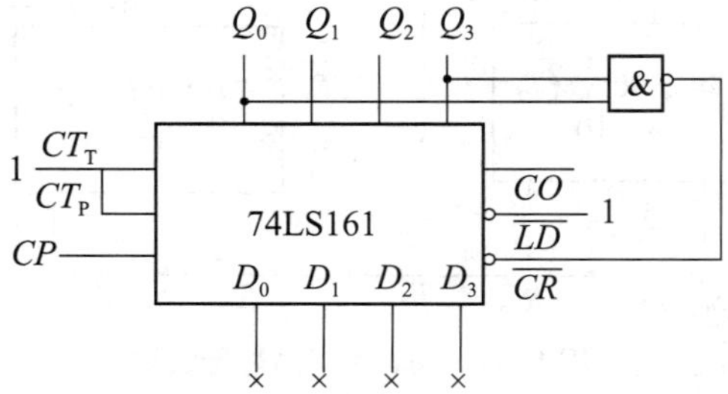

图 5—29　用异步清零端归零示意图

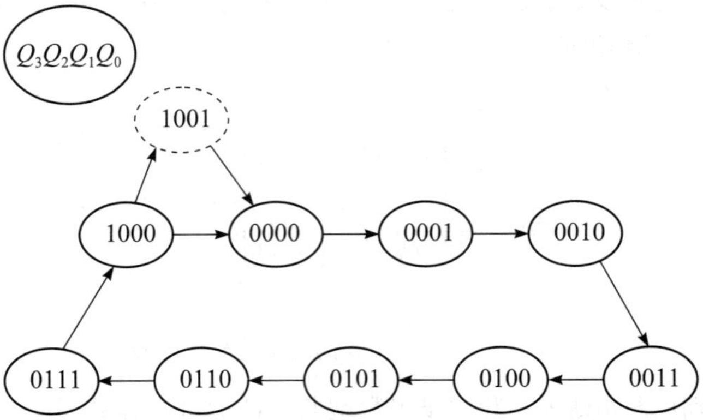

图 5—30　九进制计数器的状态图

2. 级联法

当 $M<N$ 时，需用两片以上集成计数器才能连接成任意进制计数器，这时需用级联法。所谓级联，就是把多个计数器串联起来，从而获得所需要的大容量的 N 进制计数器。例如，把一个 N_1 进制计数器和一个 N_2 进制计数器串联起来扩大容量之后，再用归零法构成所需要的 N 进制计数器。

如图 5—31 所示的电路是把两个十进制计数器级联起来构成的 100 进制加法计数器。

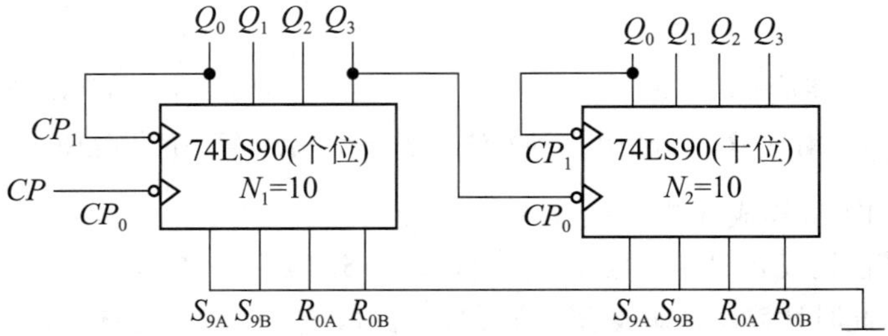

图 5—31　100 进制加法计数器

由两片 74LS90 级联起来构成 100 进制计数器后，再用归零法构成的按十进制数计数的 64 进制加法计数器，如图 5—32 所示。当十位计数器计数到 6，且个位计数器计数到 4 时，两个计数器同时进行异步清零，所以该计数器为 64 进制计数器。

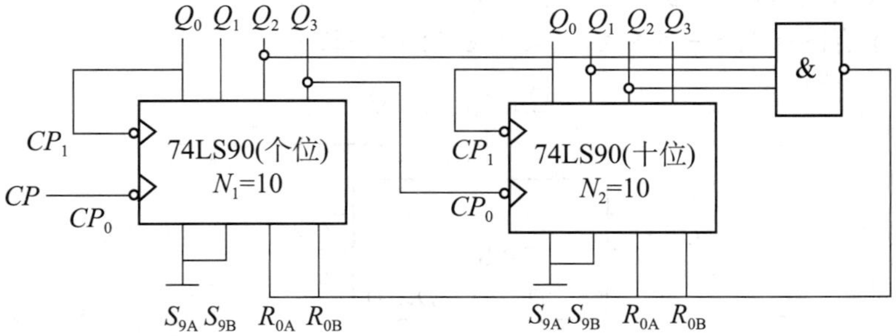

图 5—32　64 进制加法计数器

同步计数器级联的方式有两种。一种是级间采用串行进位方式，即异步方式，是将低位计数器的进位输出直接作为高位计数器的时钟脉冲，异步方式的速度较慢。用异步级联方式将两个十六进制计数器 74LS161 串联起来组成的 256 进制计数器，如图 5—33 所示。另一种级间采用并行进位方式，即同步方式，一般是把各计数器的 CP 端连在一起接统一的时钟脉冲，而低位计数器的进位输出送高位计数器的计数控制端。用同步级联方式将两个十六进制计数器 74LS161 串联起来组成的 256 进制计数器，如图 5—34 所示。

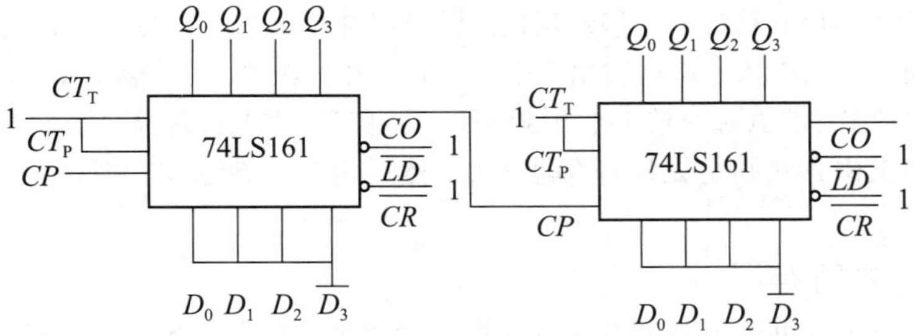

图 5—33　异步级联构成的 256 进制计数器

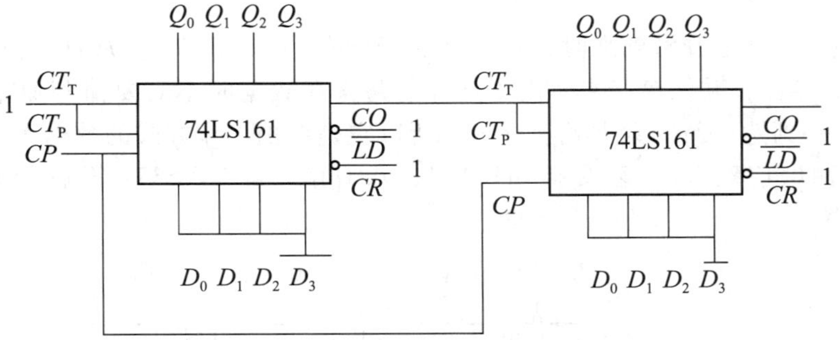

图 5—34　同步级联构成的 256 进制计数器

例 5—6　用两片 74LS161 构成 60 进制计数器，如图 5—35 所示。

解　将两个 74LS161 芯片采用同步方式构成 256 进制计数器，然后把 60 转换成二进制数 00111100 产生归零信号，送到 $\overline{CR}$ 端清零，构成 60 进制计数器。电路连接图如图 5—35 所示。

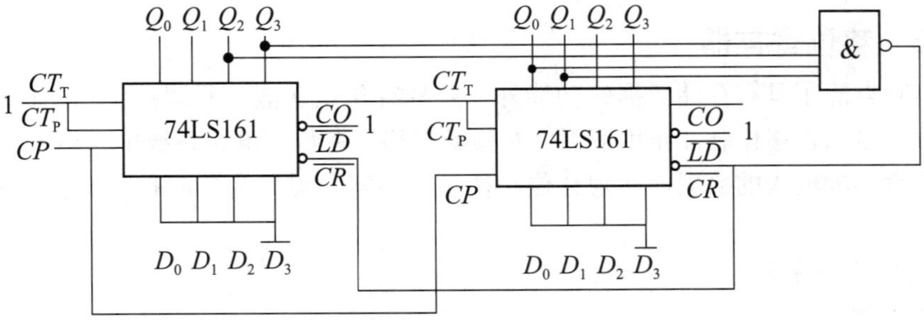

图 5—35　用异步清零端归零构成的 60 进制计数器

5.4　寄存器

在数字系统中，常常需要将一些数据暂时存放起来，这种暂时存放数据的逻辑部件称为寄存器。寄存器的基本功能是存储或传输用二进制数表示的数据，即完成代码的寄存。因为一个触发器能存储1位二进制数，所以要寄存 n 位二进制数就需要 n 个触发器。除此之外，寄存器还应具有由门电路组成的控制电路，以保证信号的接收和清除。

按照功能的不同，可将寄存器分为基本寄存器和移位寄存器两大类。基本寄存器又称为数码寄存器，其数据只能并行送入、需要时也只能并行输出。移位寄存器中的数据可以在意外脉冲作用下依次逐位右移或者左移，其数据既可以并行输入、并行输出，也可以串行输入、串行输出，还可以并行输入、串行输出，串行输入、并行输出，十分灵活，用途也很广泛。

寄存器有单拍工作方式和双拍工作方式两种。单拍工作方式就是时钟脉冲触发沿一到达就存入新数据；双拍工作方式则是先将寄存器置0，然后再存入新数据。现在大多采用单拍工作方式。

5.4.1 基本寄存器

如图5—36所示的电路用D触发器直接构成的单拍工作方式的4位数码寄存器，各触发器的 CP 输入端连在一起，作为寄存器的接收控制信号端。$D_3 \sim D_0$ 是数码输入端，$Q_3 \sim Q_0$ 是输出端。

当接收脉冲 CP 上升沿到来时，触发器更新状态，$Q_3Q_2Q_1Q_0 = D_3D_2D_1D_0$，即把输入数码接收进寄存器，并保存起来。由于这种电路寄存数据时不需要清除原来的数据，只要 CP 上升沿一到达，新的数据就会存入，所以它是单拍工作方式的数据寄存器。常用的四D触发器74LS175、六D触发器74LS174、八D触发器74LS374等触发器均可组成集成数码寄存器。

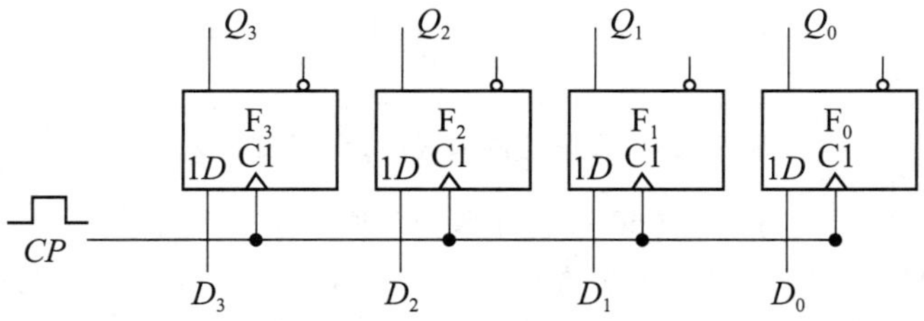

图5—36 单拍工作方式的数码寄存器

5.4.2 移位寄存器

移位寄存器除了具有存储数据的功能外，还具有移位功能。所谓移位功能，就是寄存器中所存数据，可以在移位脉冲作用下逐位左移或右移。在数字电路系统中，由于运算的需要，常常要求寄存器中输入的数据能实现移位功能。移位寄存器分为单向移位寄存器和双向移位寄存器两大类。

1. 单向移位寄存器

（1）电路组成。

用边沿D触发器构成的单向移位寄存器，如图5—37所示。从电路结构看，它有两个基本特征：一是由相同的存储单元组成，存储单元个数就是移位寄存器的位数；二是各个存储单元共用一个时钟脉冲——移位操作命令，电路工作是同步的，属于同步时序逻辑电路。

（2）工作原理。

假设各个触发器的起始状态均为0，即 $Q_0^nQ_1^nQ_2^nQ_3^n=0000$，可得状态表（见表5—12）。

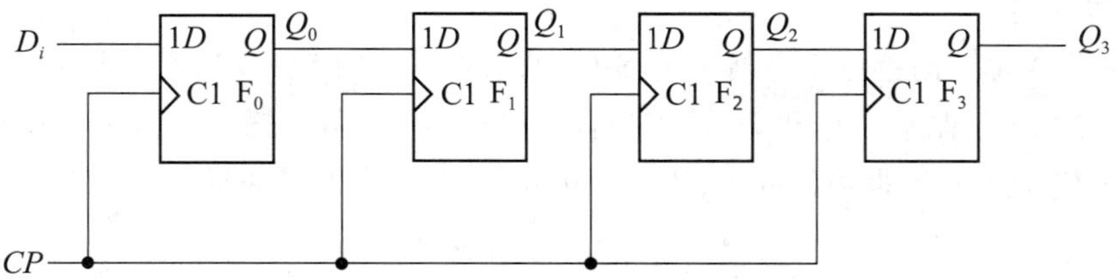

图 5—37　4 位右移移位寄存器

表 5—12　　4 位右移移位寄存器的状态表

输入		现态	次态	说明
D_i	CP	$Q_0^nQ_1^nQ_2^nQ_3^n$	$Q_0^{n+1}Q_1^{n+1}Q_2^{n+1}Q_3^{n+1}$	
1	↑	0 0 0 0	1 0 0 0	连续输入 4 个 1
1	↑	1 0 0 0	1 1 0 0	
1	↑	1 1 0 0	1 1 1 0	
1	↑	1 1 1 0	1 1 1 1	
0	↑	1 1 1 1	0 1 1 1	连续输入 4 个 0
0	↑	0 1 1 1	0 0 1 1	
0	↑	0 0 1 1	0 0 0 1	
0	↑	0 0 0 1	0 0 0 0	

由表 5—12 可知，当连续输入 4 个 1 时，D_i 经 F_0 在 CP 上升沿操作下，依次被移入寄存器中，经过 4 个 CP，寄存器就变成全 1 态。即 4 个 1 右移输入完毕。D_i 再连续输入 4 个 0，4 个 CP 之后，寄存器变成全 0 态。

而左移移位寄存器，其工作原理与右移移位寄存器并无本质区别，只是移位方向由右至左。4 位左移移位寄存器如图 5—38 所示。

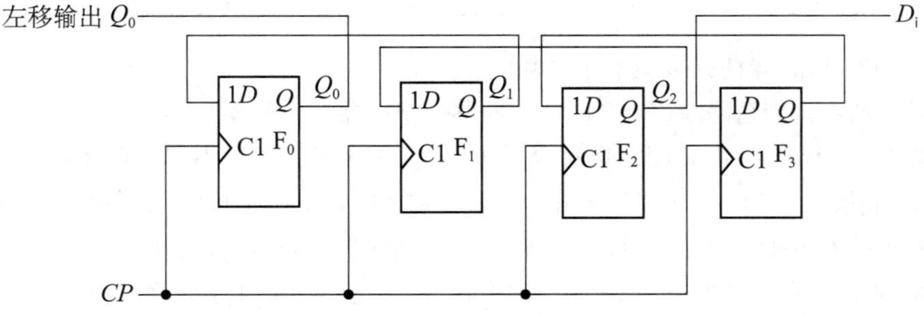

图 5—38　4 位左移移位寄存器

综上所述，单向移位寄存器具有以下几个特点：

第一，单向移位寄存器中的数，在 CP 操作下，可以依次右移或者左移。

第二，n 位单向移位寄存器可以寄存 n 位二进制数。n 个 CP 即可完成串行输入工作，此后，可从 $Q_0 \sim Q_{n-1}$ 端获得并行的 n 位二进制数，再用 n 个 CP 又可实现串行输出操作。

第三，若串行输入端状态为 0，则 n 个 CP 后，寄存器便清零。

2. 双向移位寄存器

把左移移位寄存器和右移移位寄存器组合起来，加上移位方向控制信号，便可方便地构成双向移位寄存器。

74LS194 为 4 位双向移位寄存器。74LS194 的引脚图如图 5—39 所示。其中$\overline{CR}$是清零端；M_1、M_0 为工作状态控制端；D_{SR}和 D_{SL}分别为右移和左移串行数据输入端；D_0~D_3 是并行数据输入端；Q_0～Q_3 是并行数据输出端；CP 是移位时钟脉冲。其真值表见表 5—13。

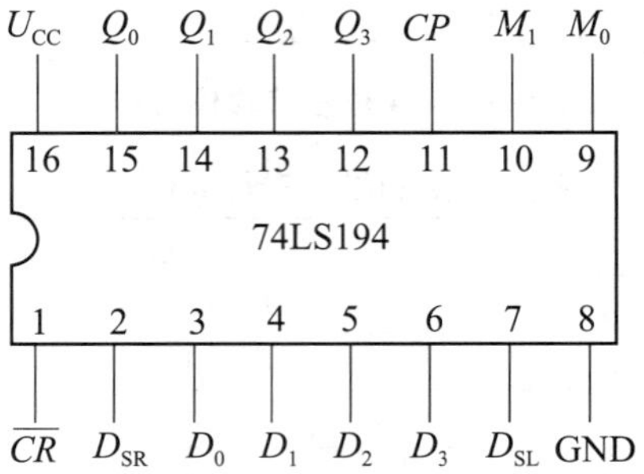

图 5—39 74LS194 的引脚图

表 5—13　　74LS194 的真值表

$\overline{CR}$	M_1	M_0	D_{SR}	D_{SL}	CP	Q_0^{n+1}	Q_1^{n+1}	Q_2^{n+1}	Q_3^{n+1}	说明
0	×	×	×	×	×	0	0	0	0	异步清零
1	×	×	×	×	0	Q_0^n	Q_1^n	Q_2^n	Q_3^n	保持
1	1	1	×	×	↑	D_0	D_1	D_2	D_3	并行输入
1	0	1	1	×	↑	1	Q_0^n	Q_1^n	Q_2^n	右移输入 1
1	0	1	0	×	↑	0	Q_0^n	Q_1^n	Q_2^n	右移输入 0
1	1	0	×	1	↑	Q_1^n	Q_2^n	Q_3^n	1	左移输入 1
1	1	0	×	0	↑	Q_1^n	Q_2^n	Q_3^n	0	左移输入 0
1	0	0	×	×	×	Q_0^n	Q_1^n	Q_2^n	Q_3^n	保持

由表 5—13 可知，74LS194 具有下列功能：

（1）异步清零。当清除端$\overline{CR}=0$ 时，双向移位寄存器异步清零。

（2）保持。当$\overline{CR}=1$ 时，$CP=0$ 或 $M_0=M_1=0$，双向移位寄存器原数据保持不变。

（3）并行输入。当 $\overline{CR}=1$、$M_0=M_1=1$ 时，在 CP 上升沿作用下，并行数据 D_0～D_3 被送到相应的输出端 Q_0^n～Q_3^n，此时左移和右移串行输入数据 D_{SL}和 D_{SR}被禁止。

（4）右移串行输入。当$\overline{CR}=1$、$M_1=0$、$M_0=1$ 时，在 CP 上升沿作用下进行右移操作，数据由 D_{SR}输入。

（5）左移串行输入。当$\overline{CR}=1$、$M_1=1$、$M_0=0$ 时，在 CP 上升沿作用下进行左移操作，数据由 D_{SL}输入。

3. 移位寄存器在远距离通信中的应用

在我国，一般是通过电话线或专用单线线路来实现计算机网络远距离通信的，但是这种方式有一个十分突出的问题：必须将并行数据转换成串行数据。计算机内部数据传送都是采用并行方式，为了降低远距离通信线路的价格，往往采用单线路串行传送方式。发送方需将并行数据转换成串行数据，才能通过传输线送到接收方，接收方接到串行数据后要将其转换成并行数据供计算机快速处理。移位寄存器可将串行数据转换成并行数据或将并行数据转换成串行数据。

图 5—40 是 7 位并行变串行的数码变换器，构成数码变换器主要器件是 74LS194，由于有 7 位数据，要用两片 74LS194 组成移位寄存器。变换器的功能是把 7 位数据 $D_0D_1D_2D_3D_4D_5D_6$ 并行输入移位寄存器后，串行逐拍地由 Q_3 端输出。

启动时，在 G_1 输入端加入启动负脉冲，使两片 74LS194 处于并行输入状态（$M_1=M_0=1$），在 CP 作用下将数据并行输入寄存器。启动信号撤除之后，由于 74LS194（1）的 $D_0=0$，所以 74LS194（1）的输出 $Q_0=0$，所以 G_2 的输出变为 1。因而 $M_1M_0=01$，寄存器自动转换成右移工作方式。在以后的工作中，因为 G_2 的输入端总有一个为 0，所以 $M_1M_0=01$ 的状态不变，因此，所存数据在移位脉冲 CP 的作用下逐位右移，并由 Q_3 端依次输出。直到第 7 拍到达时，G_2 全部输入均等于 1，使 G_1 输出为 0，M_1M_0 变为 11，寄存器又自动转变成并行输入工作方式，并行输入新数据，开始下一个移位循环过程。

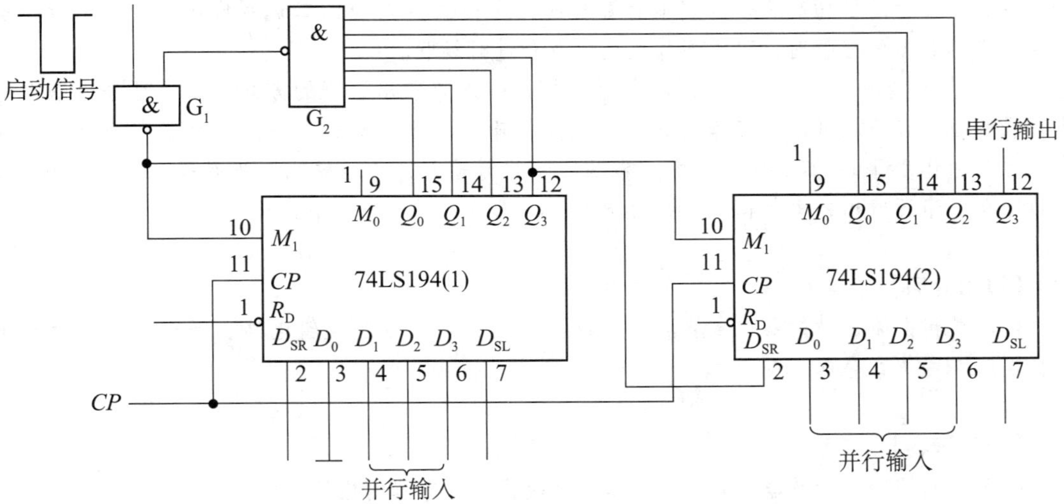

图 5—40　7 位并行变串行的数码变换器

【**总结提要**】

1. 时序逻辑电路的特点是：在任何时刻的输出不仅和输入有关，而且还决定于电路原来的状态。为了记忆电路的状态，时序电路必须包含有存储电路。存储电路通常以触发器为基本单元构成电路。时序逻辑电路可分为同步时序逻辑电路和异步时序逻辑电路两类。它们的主要区别是，前者的所有触发器受同一时钟脉冲控制，而后者的各触发器则受不同的脉冲源控制。

2. 时序逻辑电路的逻辑功能可用逻辑图、状态图、驱动方程、输出方程、状态表、时序图等方法来描述。时序逻辑电路分析的关键是求出状态方程和状态表，由此可分析出时序逻辑电路的功能。根据状态表可画出状态图和时序图。

3. 分析时序逻辑电路的 5 个步骤为：第一步分析电路结构，第二步写出相关方程式（时钟方程、输出方程、驱动方程和状态方程），第三步计算状态转换表，第四步画出状态图和时序图，第五步检查电路能否自启动。对于异步时序逻辑电路，在计算的时候，要根据各个触发器的时钟方程来确定触发器的时钟脉冲信号是否有效。如果时钟脉冲信号有效，则按照状态方程计算触发器的次态。如果时钟脉冲信号无效，则触发器的状态保持不变。

4. 设计时序逻辑电路的大致过程为：首先建立原始状态图并化简，然后进行状态分配、选择触发器、确定方程式（时钟方程、输出方程、状态方程、驱动方程），最后画逻辑图、检查电路能否自启动。在求输出方程和状态方程时，无效状态所对应的最小项可作为随意项处理。

5. 计数器是一种应用十分广泛的时序逻辑电路，按计数进制分为二进制计数器、十进制计数器和任意进制计数器。按计数增减可分为加法计数器、减法计数器和加/减计数器。按触发器翻转是否同步分为同步计数器和异步计数器。

6. 中规模集成计数器功能完善，使用方便灵活。用中规模集成计数器可方便地构成 N 进制（任意进制）计数器。主要方法有两种：使用同步清零和异步清零的方法可以很方便地实现 N 进制计数器。用同步清零功能获得 N 进制计数器时，应根据 $N-1$ 对应的二进制代码写清零信号。用异步清零功能获得 N 进制计数器时，应根据 N 对应的二进制代码写清零信号。当需要扩大计数器的容量时，可用多片集成计数器进行级联。

7. 寄存器是用来暂存数据的逻辑部件。根据存入或取出数据的方式不同，可分为基本寄存器和移位寄存器。基本寄存器的数据只能并行输入、并行输出。移位寄存器中的数据可以在移位脉冲作用下逐位右移或左移，数据可以并行输入、并行输出，串行输入、串行输出，并行输入、串行输出，串行输入、并行输出。

【概念复习】

时序逻辑电路、计数器、自启动、计数器的模、同步时序逻辑电路、寄存器、异步时序逻辑电路、移位寄存器。

【网站读物】

搜索关键词——计数器、寄存器、集成计数器、寄存器的应用。

【问题思考】

1. 什么叫时序逻辑电路？有什么特点？
2. 简述时序逻辑电路的分析方法。
3. 异步时序逻辑电路和同步时序逻辑电路的分析有什么不同？
4. 简述计数器的分类情况。
5. 异步计数器和同步计数器如何划分？
6. 异步二进制计数器级间连接有什么规律？
7. 为什么一般异步计数器比同步计数器的工作速度慢？
8. 什么叫计数器的自启动？
9. 74LS160 和 74LS161 功能有什么不同？
10. 构成 N 进制计数器有哪些方法？
11. 计数容量的扩展有哪两种方法？
12. 计数器主要有哪些用途？
13. 移位寄存器和基本寄存器有什么区别？
14. 寄存器一般由哪些部件组成？主要有什么用途？

【习题练习】

1. 填空题

(1) 数字电路按照是否有记忆功能通常可分为__________和__________逻辑电路。

(2) 输出状态不仅取决于该时刻的输入状态，还与电路原先状态有关的逻辑电路，称为__________；输出状态仅取决于该时刻输入状态的逻辑电路，称为__________。

(3) 时序逻辑电路自启动是指电路在 *CP* 作用下能从__________状态自动转换为__________状态。

(4) 分析异步计数器时，应特别注意各触发器的时钟条件是否__________。

(5) 同步计数器中所有触发器的时钟端应__________。

(6) n 个触发器最大可构成__________进制计数器。

(7) 要组成模 15 计数器，至少需要采用__________个触发器。

(8) 二进制计数器利用归零法组成 N 进制计数器时，异步清零时，计数器至__________清零；同步置零时，计数器至__________清零。

(9) 计数器容量的扩展有__________和__________法两种。

(10) 寄存器按照功能不同可分为__________寄存器和__________寄存器。

(11) 移位寄存器除具有数码寄存功能外，还能使寄存数码__________。

(12) 移位寄存器按数据移位方向，可分为__________移和__________移移位寄存器；按照数据变换，可分为__________并出型和__________串出型。

(13) 一个 4 位移位寄存器输入 4 位串行数码，经过__________时钟脉冲后，4 位串行数码全部存入寄存器；再经过__________个时钟脉冲后，串行输出全部 4 位数码。

2. 选择题

(1) 下列电路中，不属于组合逻辑电路的是______。

A. 编码器　　B. 译码器　　C. 数据选择器　　D. 计数器

(2) 常用于数据串并行互换电路的是______。

A. 加法器　　B. 数值比较器　　C. 计数器　　D. 移位寄存器

(3) 某移位寄存器的时钟频率为 100kHz，欲将存放在该寄存器中的二进制数码左移 8 位，完成该操作需要______。

A. 10μs　　B. 80μs　　C. 100μs　　D. 800μs

(4) 存储 8 位二进制信息至少要______个触发器。

A. 1　　B. 2　　C. 4　　D. 8

(5) 8 位移位寄存器，串行输入时，须经______个脉冲后，8 位数码全部移入寄存器中。

A. 1　　B. 2　　C. 4　　D. 8

(6) 下列逻辑电路中为时序逻辑电路的是______。

A. 数码寄存器　　B. 数据选择器　　C. 变量译码器　　D. 加法器

(7) 同步计数器和异步计数器比较，同步计数器的显著特点是______。

A. 工作速度高　　B. 触发器利用率高　　C. 电路简单　　D. 不受时钟 *CP* 控制

(8) 把一个 5 进制计数器和一个 4 进制计数器串联可得到______进制计数器。

A. 4　　B. 5　　C. 9　　D. 20

(9) n 个触发器可以构成最大计数长度为______的计数器。

A. n　　B. $2n$　　C. n^2　　D. 2^n

(10) 用二进制异步计数器从0起做加法计数，最少需要______个触发器才能计数到100。

A. 6　　B. 7　　C. 8　　D. 10　　E. 100

3. 计算题

(1) 分析如5—41所示的时序逻辑电路，写出电路的驱动方程、状态方程和输出方程，画出电路的状态图，并说明电路能否自启动。

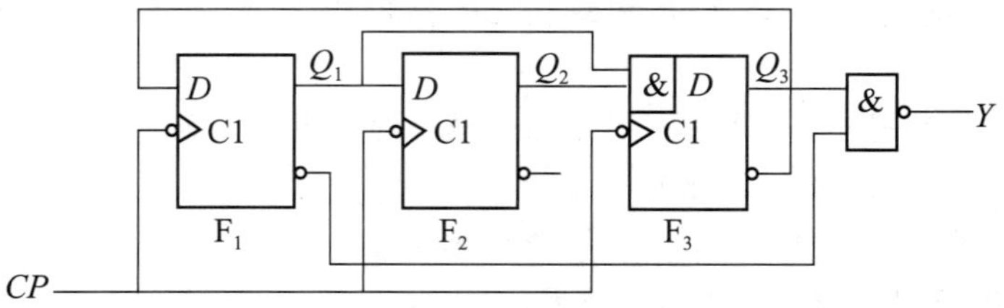

图 5—41

(2) 分析如图5—42所示的同步计数器电路的逻辑功能。

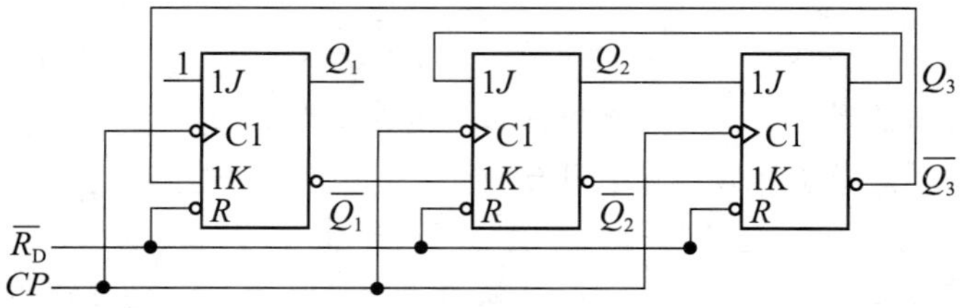

图 5—42

(3) 试用边沿JK触发器设计一个同步五进制加法计数器，并检查能否自启动。

(4) 分析如图5—43所示的时序逻辑电路，写出电路的驱动方程、状态方程和输出方程，画出电路的状态图，说明电路实现的功能，A为输入变量。

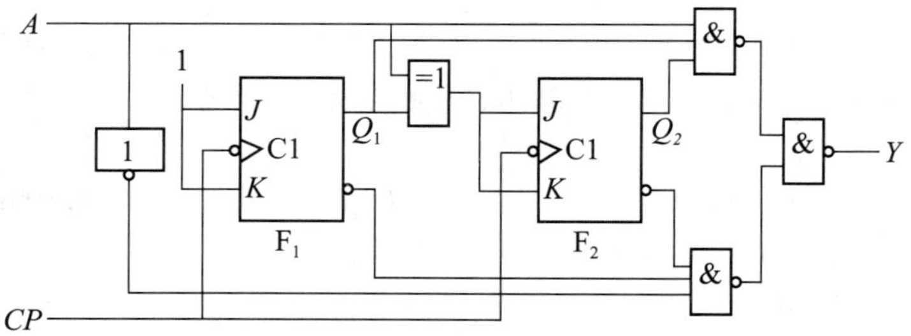

图 5—43

(5) 试分析如图5—44所示的电路为几进制计数器。

(6) 试分析如图5—45所示的计数器在$M=1$和$M=0$时各为几进制。

(7) 图5—46是可变进制计数器，试分析当控制变量A分别为1和0时电路各为几进制计数器。

(8) 图5—47是由两片同步十进制计数器74LS160组成的计数器，试分析这是几进制计数器。

(9) 请用上升沿触发的D触发器构成一个异步3位二进制加法计数器，并对应CP画出

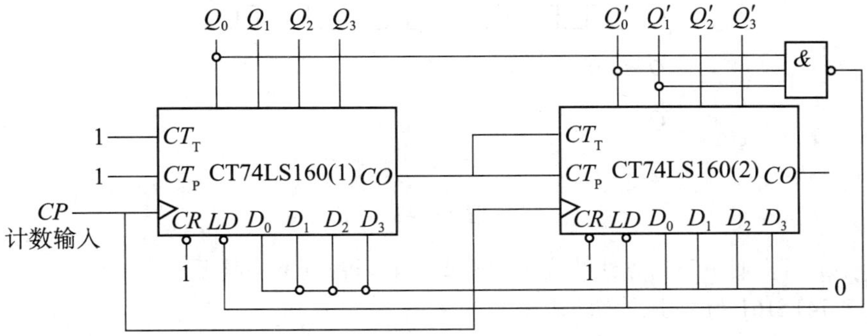

图 5—44

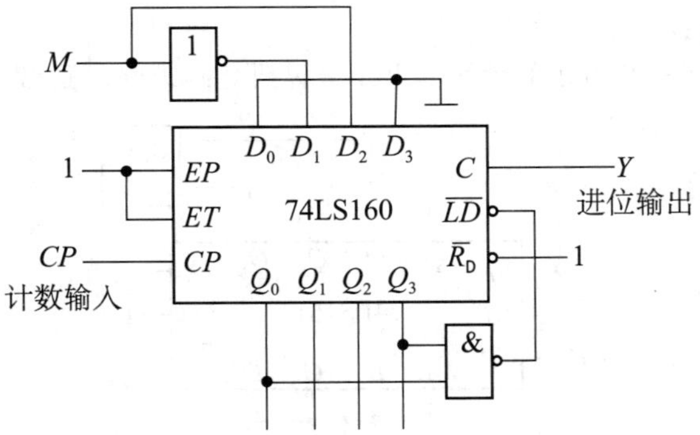

图 5—45

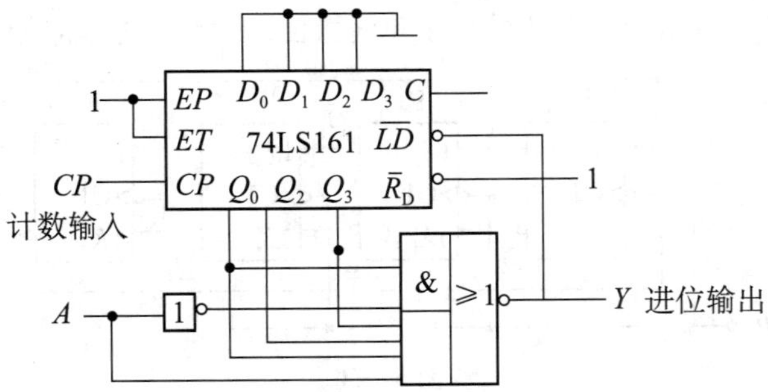

图 5—46

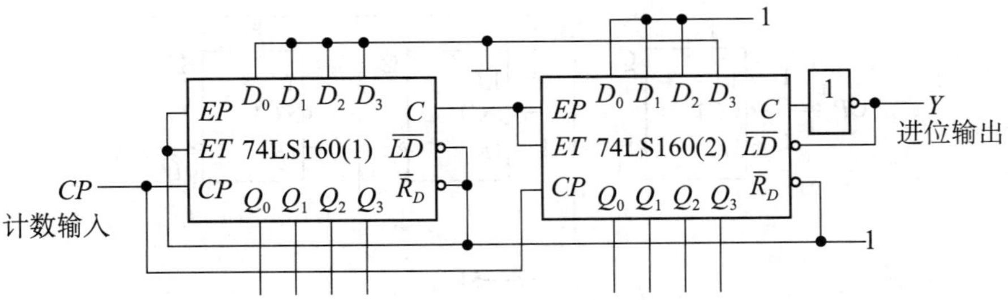

图 5—47

Q_1、Q_2、Q_3 的波形，如图 5—48 所示。

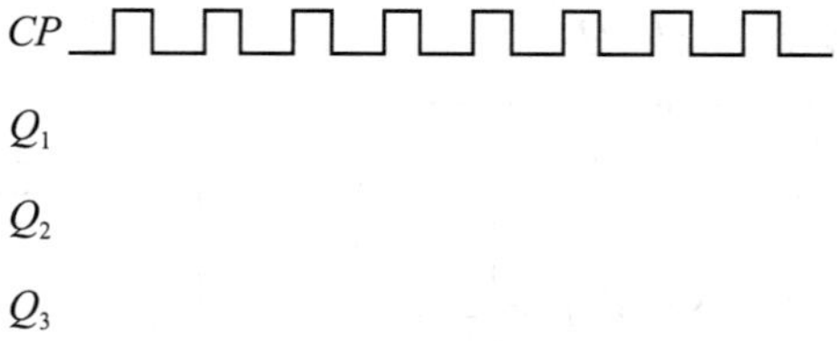

图 5—48

（10）分别画出利用下列方法构成的六进制计数器的电路连接图。

1）利用 74LS161 的异步清零功能。

2）利用 74LS163 的同步清零功能。

3）利用 74LS161 或 74LS163 的同步置数功能。

4）利用 74LS90 的异步清零功能。

（11）试分析如图 5—49 所示的计数器电路，说明是几进制，画出计数器状态图。

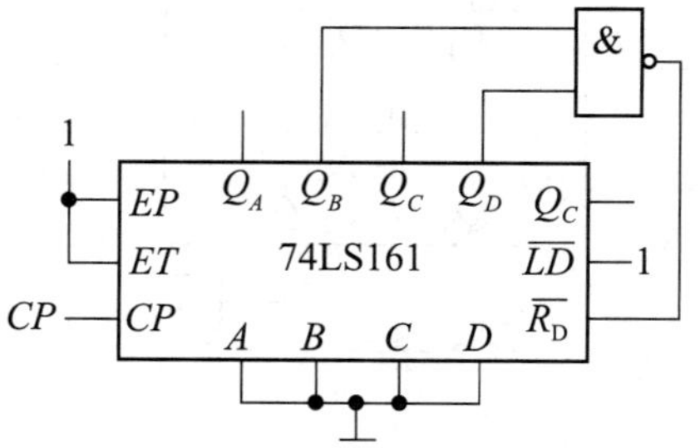

图 5—49

（12）画出如图 5—50 所示电路的时序图和状态图，起始状态 $Q_0Q_1Q_2Q_3=0001$。

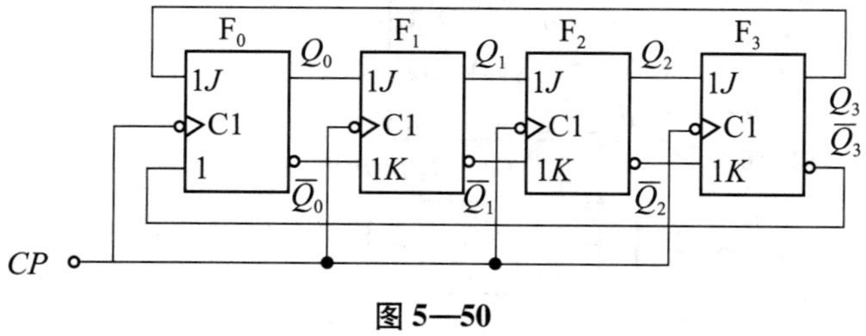

图 5—50

（13）画出如图 5—51 所示电路的状态图和时序图。

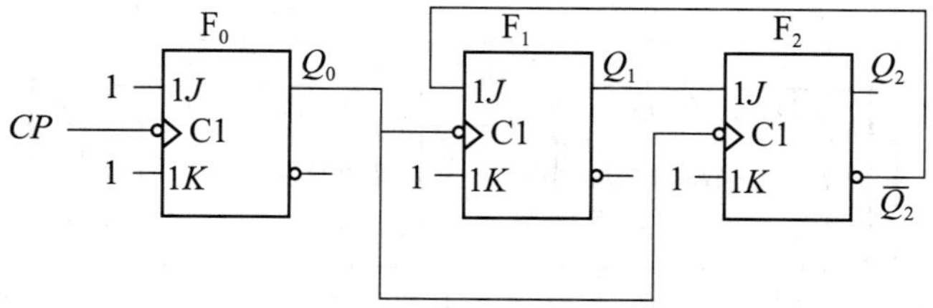

图 5—51

（14）图 5—52 中，F_0 为下降沿触发的 JK 触发器，F_1 为上升沿触发的 D 触发器，试对应给定的 $\overline{R}_D$、CP、J、K 的波形，画出 Q_0、Q_1 的波形。

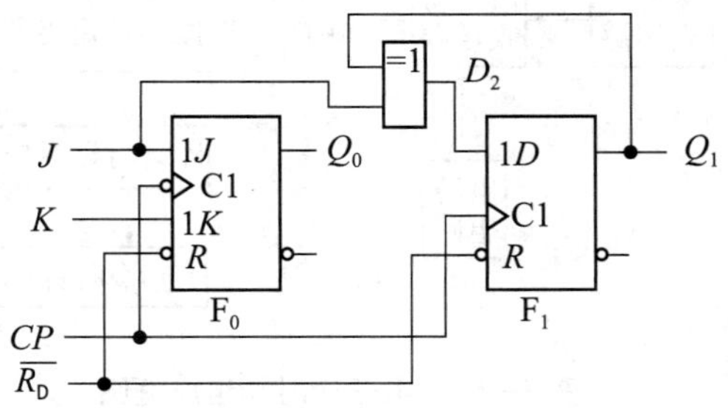

(a)

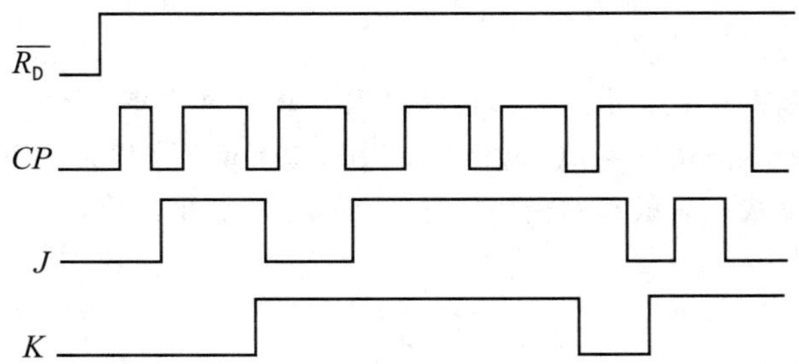

(b)

图 5—52

（15）试分别画出用 74LLS161 的异步清零和同步置数功能构成的下列计数器的连线图。

1）10 进制计数器。

2）60 进制计数器。

3）100 进制计数器。

4）180 进制计数器。

【书报文摘】

田径比赛电子计时器

田径比赛中，传统的计时方法是由多名计时员看到发令枪的烟雾后“同时”开始计时，运动员冲过终点时停止计时，由于不同人的反应时间不一样，这就给计时带来了较大的误差。在课外设计实践中，笔者辅导学生设计和制作了一款适合学校使用的田径比赛电子计时器，它可同时记录 10 条线路的成绩，且计时精度和公平性与传统的计时方法相比有很大的提高。通过测试和我校 2008 年春季学校运动会的实际使用，发现电子计时器效果很好。

一、电子计时器的电路组成

图 5—53 是电子计时器的组成框图。电子计时器由激光发射电路、激光接收电路、计数电路、控制锁定电路、计时与显示电路、100Hz 时钟电路及电源电路等几部分组成。

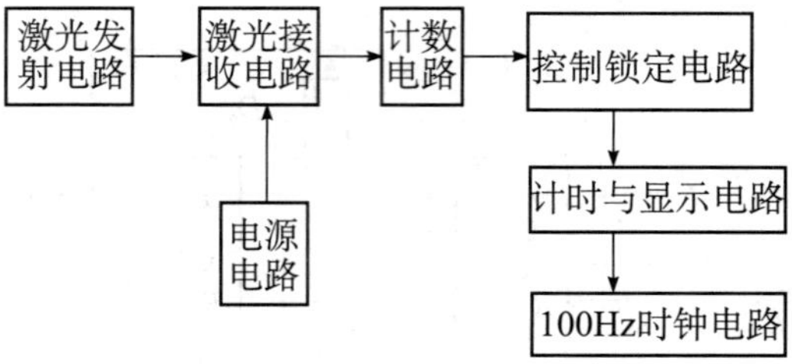

图 5—53　电子计时器组成框图

二、电路工作原理

1. 激光发射电路

激光发射电路很简单，就是由激光二极管（取自玩具激光笔）和三极管等组成的简单驱动电路，如图 5—54 所示。调节 47kΩ 电位器使激光二极管正常发光，激光二极管发出的红色激光经透镜聚焦后，变成一束极细的光线，它就相当于冲刺用细绳。

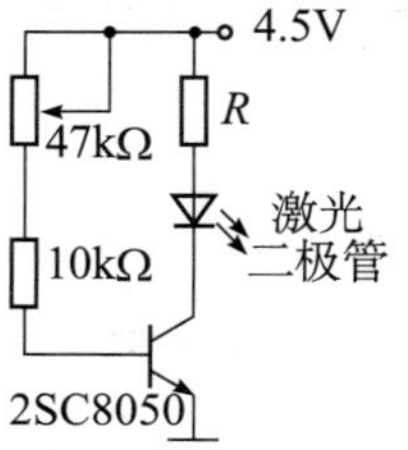

图 5—54　激光发射电路

2. 计时电路

计时电路（见图 5—55）是整个电路的核心，其计时部分采用计时、译码、驱动、LED 数码显示于一体的 CL102 集成电路。接通电源开关 S 后，电路自动清零，包括 CD4017，各路均显示 0000. 00（共 10 路），同时由 NE555 等组成的时钟电路，产生 100Hz 的计时脉冲信号，计时电路处于计时等待状态。当看到发令枪发出的烟雾后，迅速将 S1 拨到 1、2 挡，因为此时 CD4017 只有 Y_0 输出高电平，其他各路均输出低电平，与 CD4017 各计数输出端相连的可控硅均处于截止状态，故各计时单元中的 CL102 的 *LE* 端均处于低电平，所以加到各 CL102 *CP* 端的时钟信号有效，此时 100Hz 的时钟信号同时加到各计时单元开始计时。当第一个运动员冲过终点因身体挡住激光束时，光敏二极管呈高阻抗，BG1 截止，其集电极输出一个高电平脉冲，该脉冲信号加到 CD4017 的计数输入端，Y_1 输出高电平，与其相连的可控硅导通并一直保持，其阴极上的电阻两端产生 5V 左右的高电平。该 5V 电平加到第一个计时单元的 *LE* 端上，于是第一个计时单元停止计时并锁定这路成绩，其他计时单元继续计时。当第二个运动员冲过终点时，同样有一个高电平脉冲加到 CD4017 的 *CP* 端上，CD4017 的 Y_2 输出高电平，与之相连的可控硅导通并保持，其阴极上的电阻两端产生 5V 左右的高电平，该 5V 电平加到第二个计时单元的 LE_2 端上，于是第二个计时单元停止计时并锁定这路成绩，其他计时单元继续计时……当第十个运动员冲过终点时，CD4017 得到第十个计数脉冲，其进位端输出一个进位脉冲，用这个进位脉冲控制第十个计时单元，同理第十路停止计时并锁定该路成绩。由于该电子计时器的所有计时单元都是同时开始计时的，各路计时的终止是由电路自动完成的，消除了人为因素的影响，这样就提高了计时的准确性和公正性。要进行下一次计时，只要将时钟信号断开即将 S1 拨到 2、3 挡，同时将电源断开一次，再次接通电源时，电路自动消除上一次成绩而再次处于计时等待状态。

如果是环形封闭跑道进行多圈赛跑，则在运动员进行最后一圈冲刺之前，将 S2 向上拨，使 CD4017 的 *EN* 端处于高电平，则冲刺前加到 CD4017 *CP* 端的计数脉冲无效，不影响计时电路的继续计时。当所有运动员均进入最后一圈时，将 S2 向下拨，准备依次终止各路计时的等待状态。

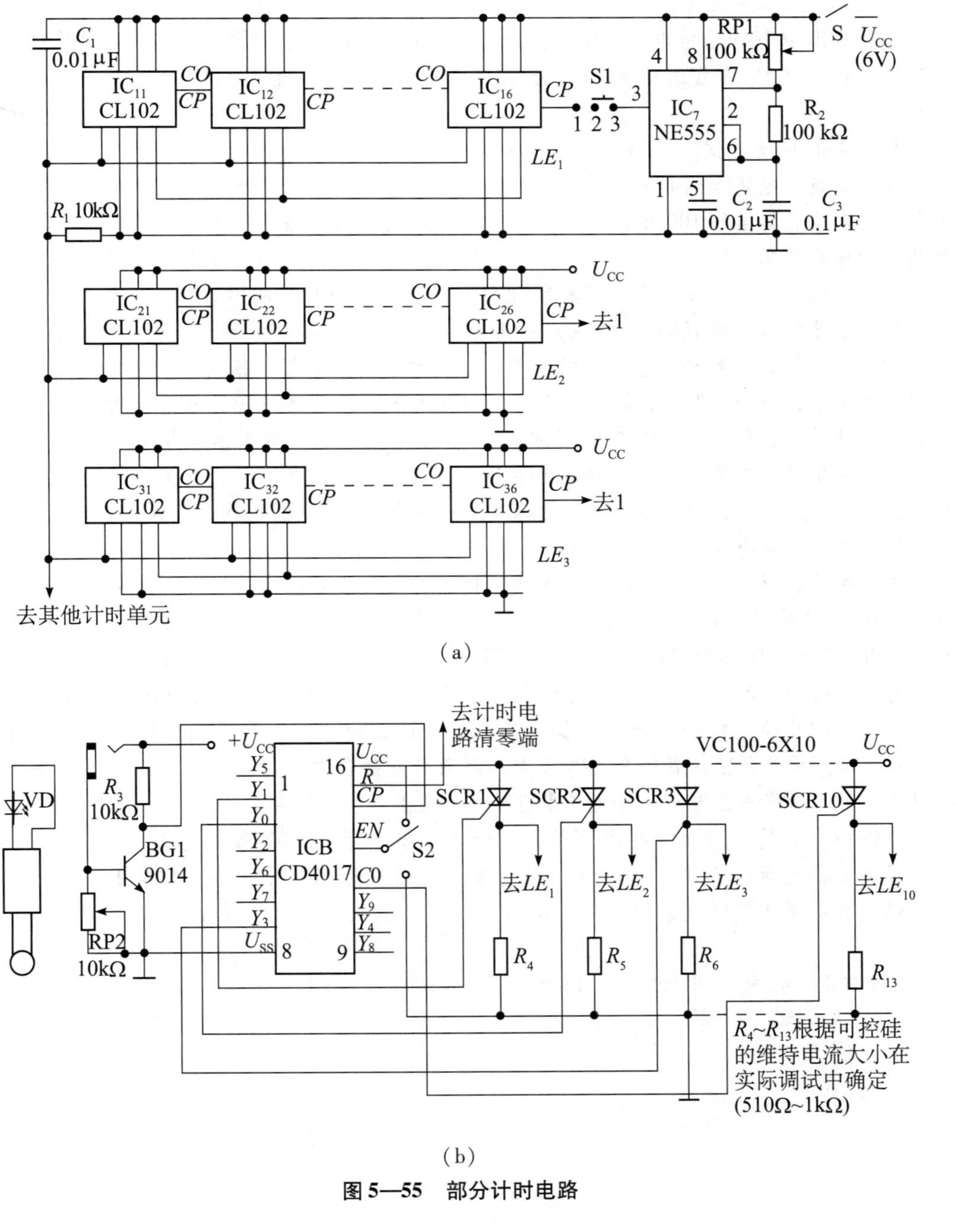

(b)

图 5—55　部分计时电路

三、制作与调试

计时器的电路制作很简单，按要求将所有元器件焊好即可。下面具体谈谈有关调试问题。

1. 激光接收电路的调试

它主要是调整BG1（β为100左右）的下偏置电位器RP2，保证光敏二极管在有激光照射时BG1饱和导通，无激光照射时截止即可。

2. 可控硅锁定控制电路的调试

调整SCR的阴极上的电阻，使可控硅导通后的电流略大于其维持电流，同时保证可控硅导通时阴极上有5V左右的直流电压。为减少电源消耗，应尽量选用维持电流小的小功率单向可控硅。

3. 时钟电路的调试

这也是整个电路调试的关键，它将直接影响到计时器的计时准确性，这就是如何保证让时钟电路产生较标准的100Hz脉冲信号。方法一：用示波器显示一个完整的50Hz市电波形，再将时钟电路的脉冲信号加到示波器上，调整时钟电路中的电位器RP1，使其刚好显示两个周期的矩形脉冲，则时钟信号的频率为100Hz。方法二：用标准频率计测其频率，调整时钟电路中的电位器使其显示100Hz。方法三：使用标准信号发生器和示波器，让标准信号发生器输出100Hz矩形波，调整时钟电路中的电位器，使两者周期即频率相同。方法四：在没有任何仪器的情况下，用秒表调整，具体步骤为：打开电子计时器的电源，然后同时按一下秒表和计时器的开关，当秒表走600s时，同时终止计时，看计时器是否显示0600.00。若不是，则根据其快慢调整时钟电路中的电位器后再重复上述步骤。反复几次后，只要误差不是很大就可以了，因为用它计时，即使不准确，但标准是一样的，仍不失计时的公正性。

四、使用注意事项

电路组装、调试好以后，即可投入实际使用。在使用中，应当将激光发射电路部分封装在一个质量相对较大的盒子中，该盒子再固定在坚实的铝质三脚架上，三脚架的高度为50～100cm可调，即激光发射器发出的水平激光束离地面50～100cm，保证所有运动员经过激光线时，对激光只产生一次遮挡。光敏电阻封装在内径10mm左右，长100mm的黑色细长圆筒底部，用细长导线和插头与计时器主机相连，该圆筒同样固定在三脚架上，高度在50～100cm可调。反复调整两者的高度和方向，使激光发射器发出的激光束，能刚好落在光敏二极管上，并且激光束应与终点冲刺线平行，一旦调整好就不能再动了。

值得指出的是，该计时电路为了力求简单而使用了CL102集成电路，故无法实现时、分、秒的分别显示，只能以秒为单位进行显示。同样为了简化电路，便于PCB板的设计，控制锁定部分采用了可控硅，耗电会略有增加，故电源应采用5节1号镍氢电池或铅蓄电瓶供电。

资料来源：杨金耿：《田径比赛电子计时器》，载《电子报》，2008－11－09。

第 6 章　脉冲波形的产生与整形电路

【教学目标】

1. 理解 555 定时器的工作原理及逻辑功能。
2. 掌握由 555 定时器构成单稳态触发器、多谐振荡器和施密特触发器的方法。
3. 了解集成单稳态触发器和施密特电路的原理及应用。

【典型应用电路】

电热毯温控器

电热毯一般有高温、低温两挡。使用时，拨在高温挡，入睡后总被热醒；拨在低温挡，有时醒来会觉得温度不够。下面介绍一种电热毯温控器，它可以把电热毯的温度控制在一个合适的范围。电热毯温控器电路图如图 6—1 所示。

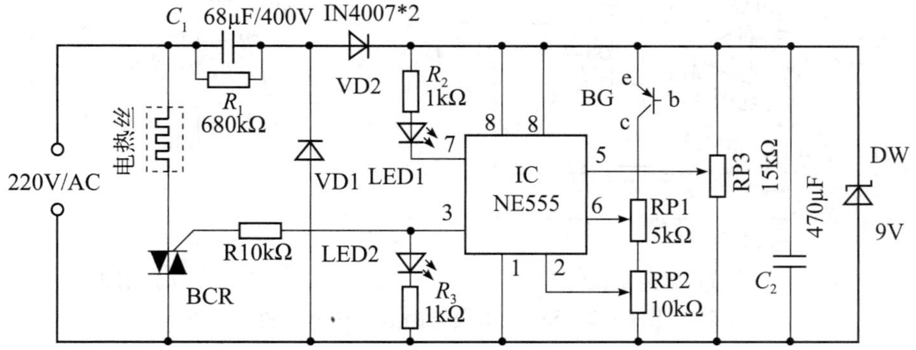

图 6—1　电热毯温控器电路图

图中 IC 为 NE555 时基电路。RP3 为温控调节电位器，其滑动臂电位决定 IC 的触发电位 U_2 和阈值电压 U_f，且 $U_5 = U_f = 2U_Z$。220V 交流电压经 C_1、R_1 限流降压，VD1、VD2 整流、C_2 滤波，DW 稳压后，获得 9V 左右的电压供 IC 用。室温下接通电源，因已调 U_2、U_Z，$U_6 \geqslant U_f$ 时，IC 翻转，3 脚变为低电平，BCR 截止，电热丝停止发热，温度开始逐渐下降，BG 的 I_{CEB} 随之逐渐减小，U_2、U_6 降低。当 $U_6 < U_f$，$U_2 \leqslant U_Z$ 时，脚回到高电位，BCR 又被触发导通，电热丝、又开始发热。

元件选择：BG 可选用 3AX、3AG 等 PNP 型锗管；BCR 用 400V 以上的小型双向可控硅，其他元件按图标选用。

在数字系统中，常常需要各种脉冲波形，如时钟脉冲、控制过程的定时信号等。这些脉冲波形的获取，通常有两种方法：一种是利用脉冲振荡电路产生；另一种是对已有的信号进行波形变换，使之满足系统要求。本章主要分析这些脉冲波形的产生和变换电路。

6.1 555 定时器

555 定时器是一种广泛使用的中规模集成电路，在工业控制等诸多方面有很广泛的应用。555 定时器只要在外部配上适当的阻容元件，可以构成多种实际功能的电路，广泛应用于产生多种波形的脉冲振荡器、检测电路、自动控制电路、家用电器以及通信产品等电子设备中。

555 定时器将模拟与逻辑功能组合在一起，具有结构简单、使用电压范围宽、工作速度快、驱动能力强等优点。它的工作电压范围宽（4.5～18V），驱动电流大（100～200mA），并提供与 TTL、CMOS 电路相容的逻辑电平值。下面介绍 555 定时器的电路组成和工作原理。

6.1.1 555 定时器的电路组成

555 定时器电路组成和引脚图如图 6—2 所示。555 定时器包括：三个阻值为 5kΩ 的电阻组成的电阻分压器、两个电压比较器 C_1 和 C_2、基本 RS 触发器、放电管 V 以及缓冲器等。

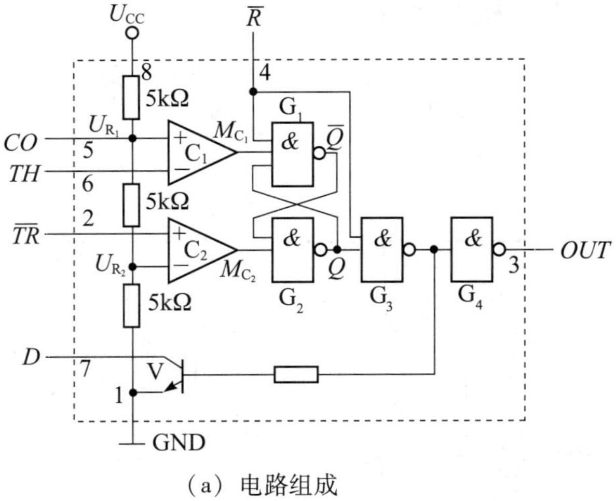

（a）电路组成

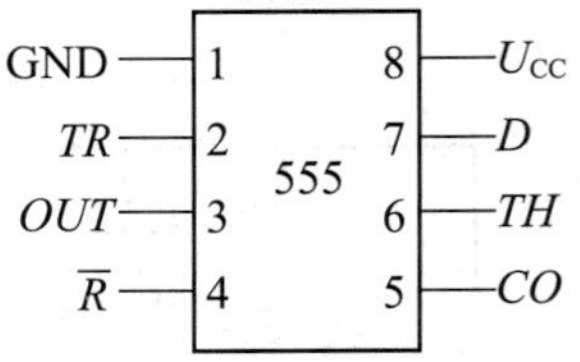

（b）引脚图

图 6—2　555 定时器电路组成和引脚图

1. 电阻分压器

电阻分压器由三个 5kΩ 的电阻组成，为电压比较器 C_1 和 C_2 提供基准电压。

2. 电压比较器

当控制电压输入端 *CO* 悬空时，C_1 和 C_2 的基准电压分别为 $\frac{2}{3}U_{CC}$ 和 $\frac{1}{3}U_{CC}$。C_1 的反相输入端 *TH* 称为 555 定时器的高触发端，C_2 的同相输入端 $\overline{TR}$ 称为 555 定时器的低触发端。

3. 基本 RS 触发器

基本 RS 触发器是由两个与非门 G_1 和 G_2 组成成的。比较器 C_1 的输出作为置 0 输入端，若 C_1 输出为 0，则 $Q=0$；比较器 C_2 的输出作为置 1 输入端，若 C_2 输出为 0，则 $Q=1$。

$\overline{R}$ 是定时器的复位输入端，当 $\overline{R}=0$，定时器的输出端 *OUT* 为 0，因此正常工作时，必须使 $\overline{R}$ 处于高电平。

4. 放电管 V

V 是集电极开路的三极管，V 的集电极作为定时器的引出端 D。

5. 缓冲器

缓冲器由 G_3 和 G_4 组成，用于提高电路的负载能力。

6.1.2　555 定时器的工作原理

555 定时器的工作原理比较简单，$\overline{R}$ 为置 0 输入端，当 $\overline{R}=0$ 时，定时器的输出 OUT 为 0；当 $\overline{R}=1$ 时，555 定时器具有以下功能：

（1）当高触发端 $TH>\frac{2}{3}U_{CC}$，且低触发端 $\overline{TR}>\frac{1}{3}U_{CC}$ 时，比较器 C_1 输出为低电平；C_1 输出的低电平将 RS 触发器置为 0 态，即 $Q=0$，使得定时器的输出 OUT 为 0，同时放电管 V 导通。

（2）当低触发端 $\overline{TR}<\frac{1}{3}U_{CC}$，且高触发端 $TH<\frac{2}{3}U_{CC}$ 时，比较器 C_2 输出为低电平；C_2 输出的低电平将 RS 触发器置为 1 态，即 $Q=1$，使得定时器的输出 OUT 为 1，同时放电管 V 截止。

（3）当高触发端 $TH<\frac{2}{3}U_{CC}$，且低触发端 $\overline{TR}>\frac{1}{3}U_{CC}$ 时，定时器的输出 OUT 和放电管 V 的状态保持不变。

根据以上分析，可以得出定时器的功能表（见表 6—1）。

表 6—1　　定时器的功能表

输入			输出	
TH	$\overline{TR}$	$\overline{R}$	OUT	V 的状态
×	×	0	0	导通
$>\frac{2}{3}U_{CC}$	$>\frac{1}{3}U_{CC}$	1	0	导通
$<\frac{2}{3}U_{CC}$	$>\frac{1}{3}U_{CC}$	1	不变	不变
$<\frac{2}{3}U_{CC}$	$<\frac{1}{3}U_{CC}$	1	1	截止

6.2　单稳态触发器

单稳态触发器在数字电路中一般用于定时（产生一定宽度的矩形波）、整形（把不规则的波形转换成宽度、幅度都相等的波形）以及延时（把输入信号延迟一定时间后输出）等。

单稳态触发器具有以下特点：

（1）电路有稳态和暂稳态两个不同的工作状态。

（2）在外加脉冲作用下，触发器能从稳态翻转到暂稳态，在暂稳态维持一段时间后，将自动翻回稳态。

（3）暂稳态维持时间的长短取决于电路本身的参数，与外加触发器信号无关。

用555定时器构成的单稳态触发器电路及工作波形，如图6—3所示。

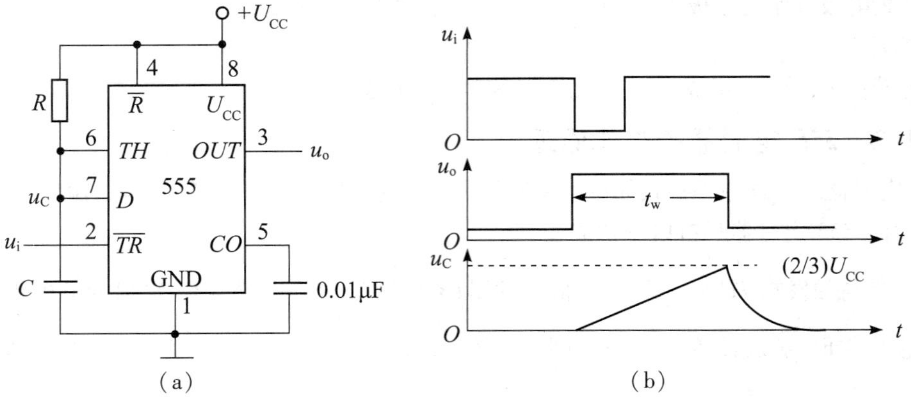

图6—3　用555定时器构成的单稳态触发器电路及工作波形

555定时器构成的单稳态触发器的工作原理如下：

接通电源 U_{CC}后瞬间，电路有一个稳定的过程，即电源 U_{CC}通过电阻 R 对电容 C 充电，当 u_C 上升到$\frac{2}{3}U_{CC}$时，比较器 C_1的输出为0，将基本RS触发器置0，电路输出 $u_o=0$。这时基本RS触发器的 $\overline{Q}=1$，使放电管V导通，电容 C 通过V放电，电路进入稳定状态。

当触发信号 u_i 到来时，因为 u_i 的幅度低于$\frac{1}{3}U_{CC}$，比较器 C_2 的输出为0，将基本RS触发器置1，u_o 由0变为1，电路进入暂稳态。由于此时基本RS触发器的 $\overline{Q}=0$，放电管V截止，U_{CC}经电阻 R 对电容 C 充电。虽然此时触发脉冲已消失，比较器 C_2的输出变为1，但充电继续进行，直到 u_C 上升到$\frac{2}{3}U_{CC}$时，比较器 C_1 的输出为0，将基本RS触发器置0，电路 $u_o=0$，V导通，电容 C 放电，电路恢复到稳定状态。

忽略放电管V的饱和压降，则 u_C 从0充电上升到$\frac{2}{3}U_{CC}$所需的时间，即为 u_o 的输出脉冲的宽度 t_p，即：

$$t_p \approx 1.1RC$$

单稳态触发器的应用很广，主要用于脉冲延时、脉冲定时和波形整形。

6.2.1　脉冲延时

如果需要延迟脉冲的触发时间，可利用单稳态电路来实现。单稳态电路的延长波形图如图6—4所示，从波形图可以看出，用输出脉冲 u_o 的下降沿去触发其他电路，u_o 的下降沿比输入信号 u_i 的下降沿延迟了 t_w。

6.2.2　脉冲定时

单稳态触发器能够产生一定宽度 t_w 的矩形脉冲，利用这个脉冲去控制某一电路，则可使它在 t_w 时间内动作（或者不动作）。例如，利用宽度为 t_w 的正矩形脉冲作为与门的一个输入控制信号，使得只有在矩形脉冲为高电平的 t_w 期间，输入信号 u_i 才能通过。脉冲定时的原理框图及工作波形如图6—5所示。

6.2.3　波形整形

单稳态触发器能够把不规则的输入信号 u_i，整形成为幅度和宽度都相同的标准矩形脉冲

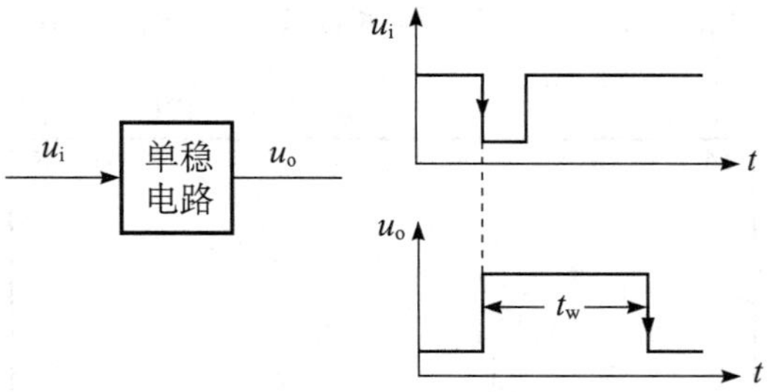

图 6—4　单稳态延时作用

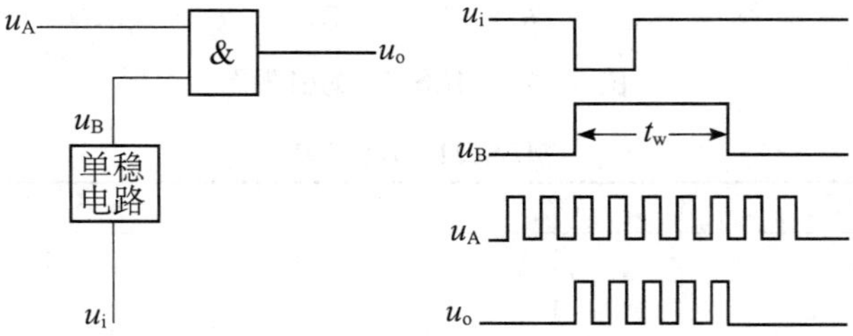

(a) 原理框图　　(b) 波形图

图 6—5　脉冲定时

u_o，u_o 的幅度取决于单稳态电路输出的高、低电平，宽度决定于暂稳态时间 t_w。图 6—6 是单稳态触发器用于波形整形的一个简单例子。

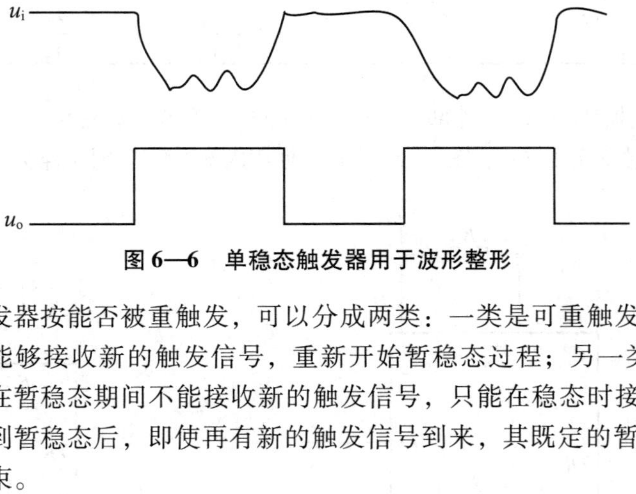

图 6—6　单稳态触发器用于波形整形

集成单稳态触发器按能否被重触发，可以分成两类：一类是可重触发的，这类单稳态触发器在暂稳态期间能够接收新的触发信号，重新开始暂稳态过程；另一类是不能重触发的，这类单稳态触发器在暂稳态期间不能接收新的触发信号，只能在稳态时接收触发信号，一旦被触发由稳态翻转到暂稳态后，即使再有新的触发信号到来，其既定的暂稳态过程也会照样进行下去，直到结束。

74LS121 是典型的 TTL 不可重复触发的集成单稳态触发器，其引脚图如图 6—7 所示。

TR_{-A}、TR_{-B}是两个下降沿有效的触发信号输入端，TR_+是上升沿有效的触发信号输入端。Q 和 $\overline{Q}$ 是两个状态互补的输出端。R_{ext}/C_{ext}、C_{ext}是外接定时电阻和电容的连接端，外接定时电阻 R（1.4kΩ～40kΩ）接在 U_{CC}和 R_{ext}/C_{ext}之间，外接定时电容 C（10pF～10μF）接在 C_{ext}和 R_{ext}/C_{ext}之间。74LS121 内部设置了一个 2kΩ 的定时电阻，R_{in}是其引出端，使用时只需将 R_{in}与 U_{CC}连接起来即可，不用时则应断开。

74LS121 的功能表见表 6—2。

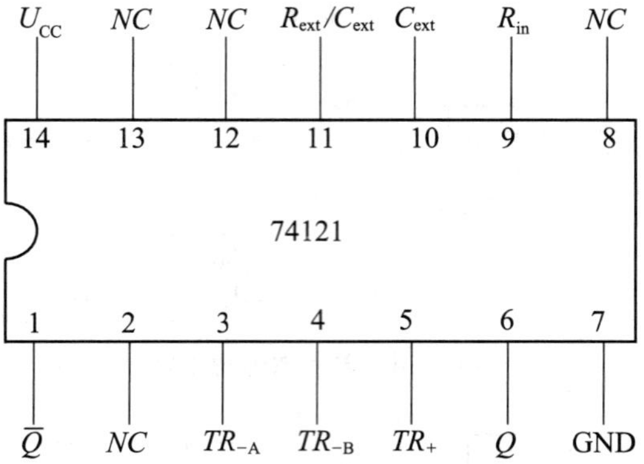

图 6—7　74LS121 的引脚图

表 6—2　　74LS121 的功能表

TR_{-A}	TR_{-B}	TR_{+}	Q	$\overline{Q}$	工作特征
0	×	1	0	1	保持状态
×	0	1	0	1	
×	×	0	0	1	
1	1	×	0	1	
1	↓	1	正脉冲	负脉冲	下降沿触发
↓	1	1	正脉冲	负脉冲	
↓	↓	1	正脉冲	负脉冲	
0	×	↑	正脉冲	负脉冲	上升沿触发
×	0	↑	正脉冲	负脉冲	

集成单稳态触发器 74LS121 的外部元件连接图如图 6—8 所示。图 6—8（a）是使用外部电阻 R_{ext} 且电路为下降沿触发连接方式，图 6—8（b）是使用内部电阻 R_{in} 且电路为上升沿触发连接方式。

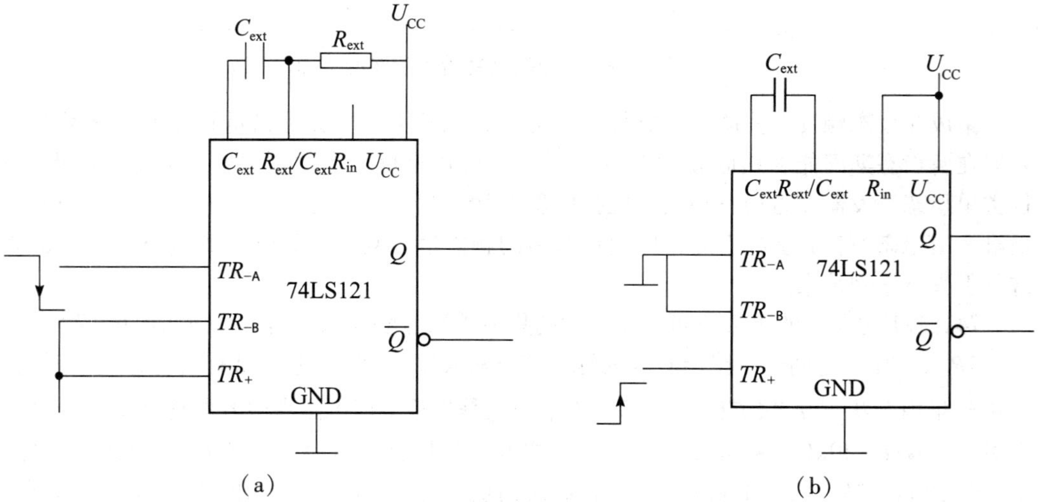

图 6—8　集成单稳态触发器 74121 的外部元件连接图

6.3　多谐振荡器

多谐振荡器是一种自激振荡电路，它没有稳定状态，也不需要外加触发脉冲。当电路接好之后，只要接通电源，在其输出端便可获得矩形脉冲。由于矩形脉冲中除基波外还含有丰富的高次谐波，故称为多谐振荡器。由于多谐振荡器没有稳定状态，故又称为无稳态触发器。

6.3.1　用 555 定时器构成的多谐振荡器

1. 电路组成

用 555 定时器构成的多谐振荡器，如图 6—9 所示。图中 R_1、R_2、C 是外接定时元件，定时器 TH（6）、$\overline{TR}$（2）端连接起来接电容 C，放电晶体管（7）接到 R_1、R_2 的连接点上。

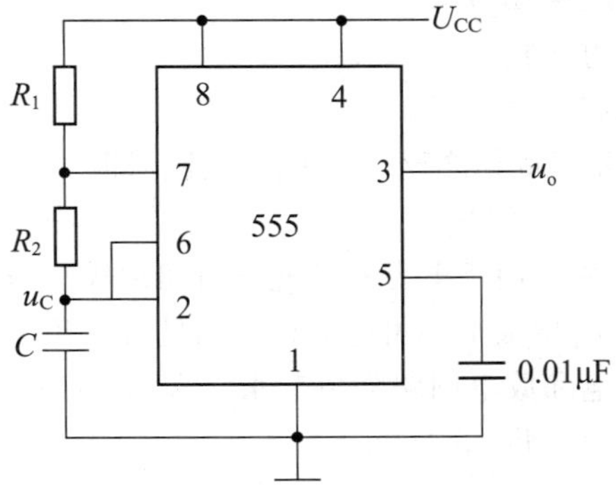

图 6—9　用 555 定时器构成的多谐振荡器

2. 工作原理

接通电源后，电源 U_{CC}经电阻 R_1 和 R_2 对电容 C 充电，当 u_C 上升到$\frac{2}{3}U_{CC}$时，比较器 C_1 输出为 0，将基本 RS 触发器置“0”，定时器输出 $u_O=0$。这时基本 RS 触发器的 $\overline{Q}=1$，使放电管 V 导通，电容 C 通过电阻 R_2 和 V 放电，u_C 下降。当 u_C 下降到$\frac{1}{3}U_{CC}$时，比较器 C_2 的输出为 0，将基本 RS 触发器置“1”，u_O 又由 0 变 1。由于此时基本 RS 触发器的 $\overline{Q}=0$，放电管 V 截止，电源 U_{CC}又经电阻 R_1 和 R_2 对电容 C 充电。反复上述过程，在输出端 u_o 便产生了连续的矩形脉冲。电路的工作波形如图 6—10 所示。

3. 振荡频率

由工作原理分析可知，电路稳定后，电容 C 充电和放电的过渡过程总是周而复始地进行着。其中电容 C 充电时间即 u_C 从$\frac{1}{3}U_{CC}$充电上升到$\frac{2}{3}U_{CC}$所需的时间，也就是第一个暂稳态维持的时间 t_{w1}：

$$t_{w1}\approx 0.7\ (R_1+R_2)\ C$$

第二个暂稳态的维持时间 t_{w2}，即 u_C 从$\frac{2}{3}U_{CC}$放电下降到$\frac{1}{3}U_{CC}$所需的时间：

$$t_{w2}\approx 0.7R_2C$$

振荡周期为：

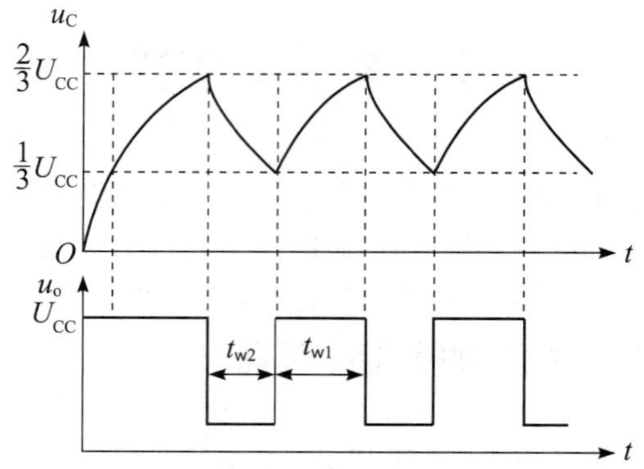

图 6—10　多谐振荡器的工作波形

$$T = t_{w1} + t_{w2} \approx 0.7\ (R_1 + 2R_2)\ C$$

电路的振荡频率为周期的倒数。

4. 占空比可调的多谐振荡器

脉冲波形中脉冲宽度与重复周期之比，称为占空比，即

$$q = t_{w1}/T \tag{6—1}$$

在如图 6—9 所示的电路中，由于电容 C 的充电时间常数 $t_{w1} = (R_1 + R_2)C$，放电时间常数 $t_{w2} = R_2C$，所以 $t_{w1} > t_{w2}$，u_o 的波形不可能对称，而且占空比不易调节。利用半导体二极管的单向导电性，把电容 C 充电和放电回路隔离开来，再加上一个电位器，便可构成为占空比可调的多谐振荡器，如图 6—11 所示。

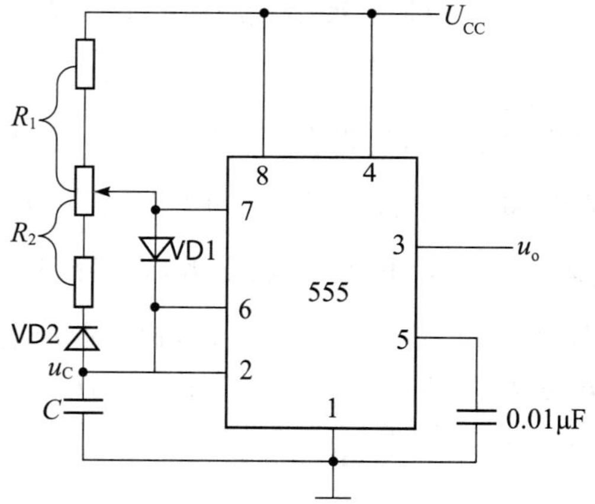

图 6—11　占空比可调的多谐振荡器

从图 6—11 可知，电容的充电时间常数 $t_{w1} = R_1C$，放电时间常数 $t_{w2} = R_2C$，占空比为：

$$q = t_{w1}/T = \frac{R_1}{R_1 + R_2} \tag{6—2}$$

只要改变电位器活动端的位置，就可以方便地调节占空比 q。当 $R_1 = R_2$ 时，$q = 0.5$，u_o 就成为对称的矩形脉冲。

6.3.2　石英晶体多谐振荡器

在许多数字系统中，都要求时钟脉冲频率十分稳定，如在数字钟表里，计数脉冲频率的稳定性就直接决定着计时的准确性。前面介绍的多谐振荡器，振荡频率容易受温度、电源电压变化等因素的影响，频率稳定性较差。为了得到频率稳定的脉冲信号，其中最常用的就是石英晶体多谐振荡器。

1. *石英晶体的选频特性*

石英晶体的电抗频率特性如图 6—12 所示。石英晶体有两个谐振频率，当外加电压的频率 $f=f_0$ 时，石英晶体的电抗 $X=0$，在其他频率下电抗无穷大。石英晶体不仅选频特性好，而且振荡频率 f_0 十分稳定。

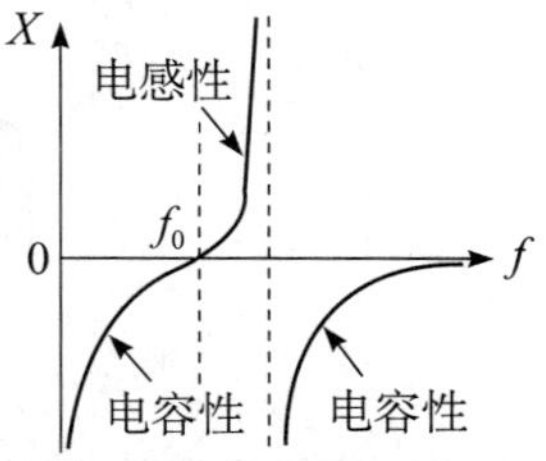

图 6—12　石英晶体的电抗频率特性

2. *石英晶体多谐振荡器*

（1）电路组成。

常用的石英晶体的振荡电路如图 6—13 所示。电阻 R_1、R_2 的作用是保证两个非门在静态时都能工作在线性放大区，对于 TTL 非门，常取 $R_1=R_2=$（0.7～2）kΩ；对于 CMOS 非门，则常取 $R_1=R_2=$（10～100）MΩ。C_1 和 C_2（$C_1=C_2$）是耦合电容，它们的容抗在石英晶体谐振频率 $f=f_0$ 时可以忽略不计，也可以不接耦合电容，而采取直接耦合方式。石英晶体起选频的作用。

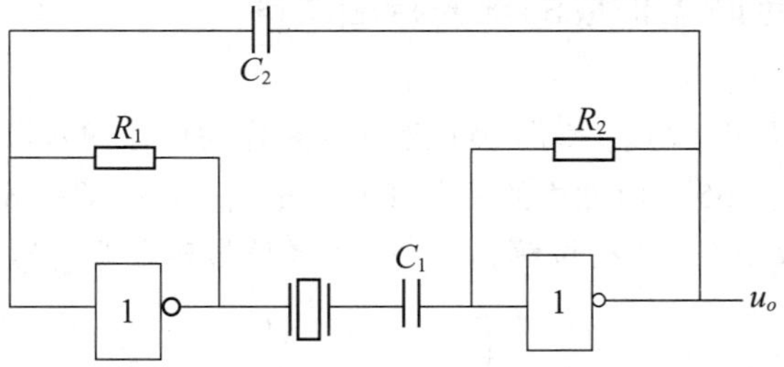

图 6—13　石英晶体多谐振荡器

（2）工作原理。

由于石英晶体有很好的选频特性，只有频率为 f_0 的信号能够顺利通过，满足振荡条件，所以一旦接通电源，电路就会在频率 f_0 形成自激振荡。因为石英晶体的谐振频率 f_0 仅取决于其体积大小、几何形状及材料，与 *RC* 无关，所以这种电路工作频率的稳定度很高。实际使用时，常在电路的输出端再加一个非门，它既能起整形作用，使输出脉冲更接近矩形波，又起缓冲隔离作用。

（3）由石英晶体振荡器构成的秒信号发生器。

秒信号发生器的逻辑电路如图 6—14 所示。石英晶体多谐振荡器产生 $f=32\ 768\text{Hz}$ 的基准信号，经由 T′触发器构成 15 级异步计数器分频后，便可得到稳定度极高的秒信号。这种秒信号发生器可作为各种计时系统的基准信号源。

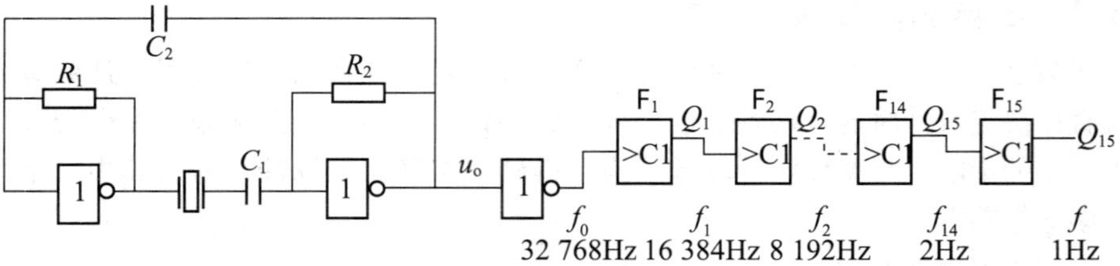

图 6—14　秒信号发生器

6.4　施密特触发器

施密特触发器的主要用途是可以把变化缓慢的信号波形变换为边沿陡峭的矩形波。施密特触发器有两个特点：

（1）电路有两种稳定状态。两种稳定状态的转换需要外加触发信号，维持两种稳定状态也依赖于外加触发信号。施密特触发器属于电平触发电路。

（2）电路有两个转换电平。输入信号从低电平上升到电路输出电平发生转换的电平，与输入信号从高电平下降到电路输出电平发生转换时的电平不同。

6.4.1　用 555 定时器构成的施密特触发器

1. 电路组成

将 555 定时器的 TH 端（2）、$\overline{TR}$端（6）连接起来作为信号输入端 u_i，便构成了施密特触发器，如图 6—15 所示。555 定时器中的放电管 V 引出端（7），通过 R 接电源 U_{CC2}，成为输出端 u_{o1}其高电平可通过改变 U_{CC2}进行调解；u_o 是 555 的信号输出端（3）。

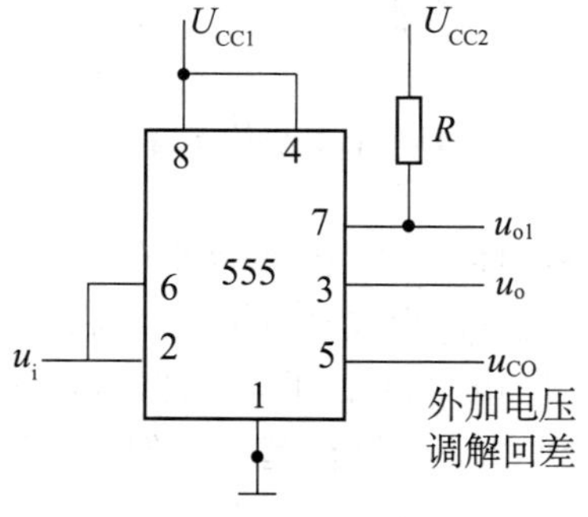

图 6—15　由 555 定时器构成的施密特触发器

2. 工作原理

（1）u_i = 0V 时，u_o 输出高电平。

（2）当 u_i 上升到$\frac{2}{3}U_{CC}$时，u_o 输出低电平。当 u_i 由$\frac{2}{3}U_{CC}$继续上升到 U_{CC}，再从 U_{CC}开始下降但是未下降到$\frac{1}{3}U_{CC}$时，u_o 一直保持不变。

（3）当 u_i 下降到$\frac{1}{3}U_{CC}$时，电路输出跳变为高电平，而且在 u_i 继续下降到 0V 时，电路的这种状态不变。

施密特触发器将输入的变化缓慢的三角波 u_i，整形成为输出跳变的矩形脉冲 u_o，如图 6—16所示。

3. 主要参数

施密特触发器的电压传输特性（输出电压 u_o 和输入电压 u_i 的关系）曲线如图 6—17 所示。

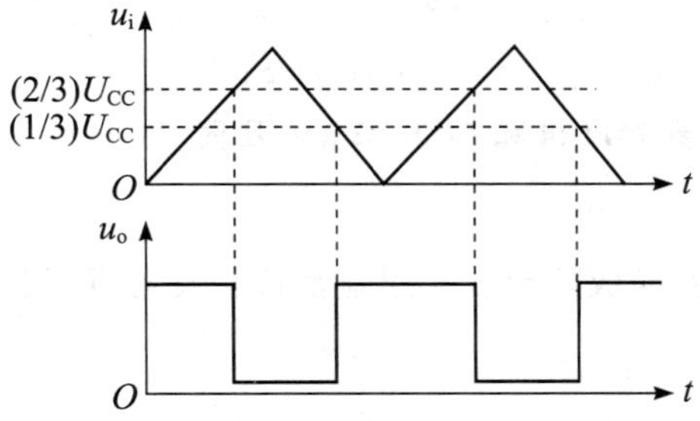

图 6—16　施密特触发器的工作波形

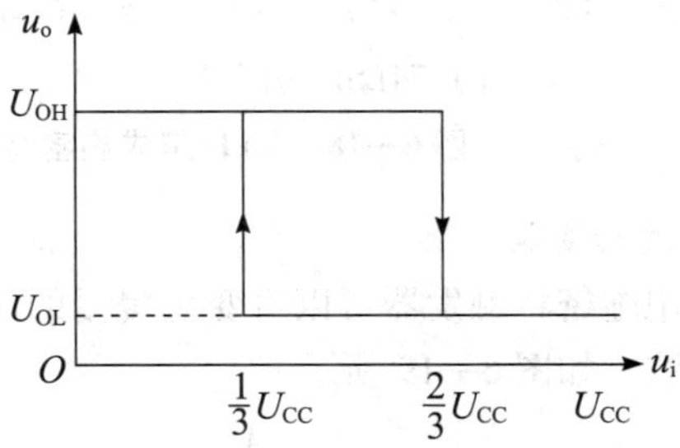

图 6—17　电压传输特性曲线

施密特触发器主要参数如下：

（1）上限阈值电压 U_{T+}。

把 u_i 上升过程中，使施密特触发器的状态翻转，输出电压 u_o 由高电平 U_{OH}跳变到低电平 U_{OL}时，所对应的输入电压值叫做上限阈值电压，并用 U_{T+}表示。图 6—17 中，$U_{T+}=\frac{2}{3}U_{CC}$。

（2）下限阈值电压 U_{T-}。

把 u_i 下降过程中，使施密特触发器的状态更新，输出电压 u_o 由低电平 U_{OL}跳变到高电平 U_{OH}时，所对应的输入电压值叫做下限阈值电压，并用 U_{T-}表示。图 6—17 中，$U_{T-}=\frac{1}{3}U_{CC}$。

（3）回差电压 ΔU_T。

回差电压又叫滞回电压，其值为上限阈值与下限阈值电压之差，即 $\Delta U_T=U_{T+}-U_{T-}$。图 6—17 中，$\Delta U_T=U_{T+}-U_T=\frac{1}{3}U_{CC}$。

若在控制端 u_{CO}外加电压 U_S，则有 $U_{T+}=U_S$、$U_{T-}=U_S/2$、$\Delta U_T=U_S/2$，而且改变 U_S 的值，它们的值也随之改变。

注意：施密特触发器的输出电平是由输入电平决定的，触发的含义是指当 u_i 由低电平上升到 U_{T+}或由高电平下降到 U_{T-}，会引起电路内部的正反馈过程，从而使 u_o 发生跳变。

6.4.2　集成施密特触发器

集成施密特触发器性能稳定、触发阈值稳定、输出矩形脉冲的边沿陡峭、抗干扰能力强、使用方便。常用的 TTL 集成施密特触发器的芯片有六反相器 74LS14、四 2 输入与非门 74LS132 和双 4 输入与非门 74LS132 等。74LS14 和 74LS132 的引脚图如图 6—18 所示。

6.4.3　施密特触发器应用举例

施密特触发器的应用很广，其典型应用举例如下。

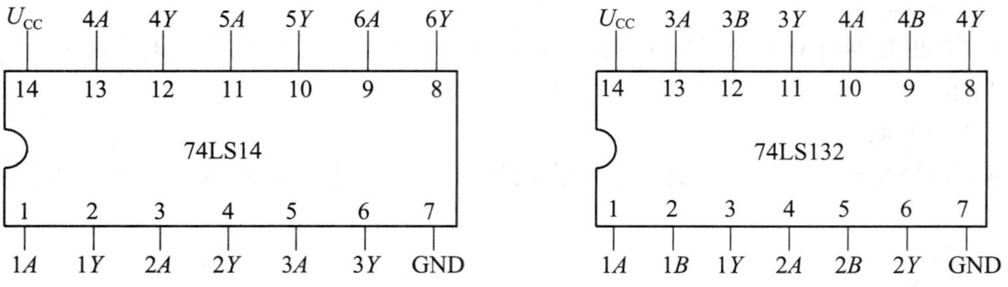

（a）74LS14 引脚图　　（b）74LS132 引脚图

图 6—18　TTL 集成施密特触发器 74LS14 和 74LS132 的引脚图

1. 波形变换

利用施密特触发器可以将变化缓慢的波形变换成矩形波。用施密特触发器将正弦波变换成矩形波，如图 6—19 所示。

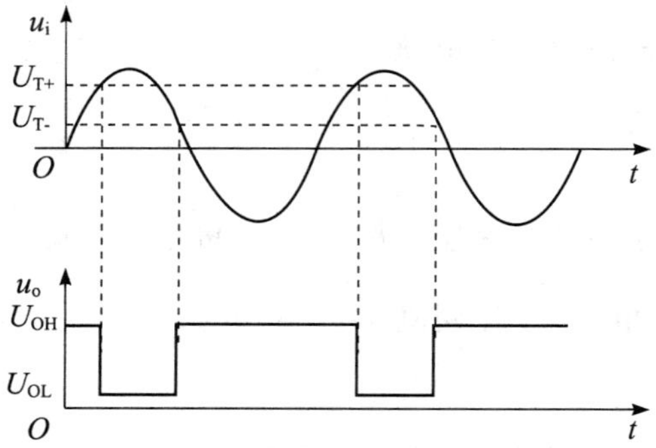

图 6—19　波形变换

2. 脉冲整形

在数字系统中，矩形脉冲经传输后往往发生波形畸变或者边沿产生振荡。通过施密特触发器整形，可以获得比较理想的矩形脉冲波形。用施密特触发器实现的脉冲整形电路，如图 6—20 所示。

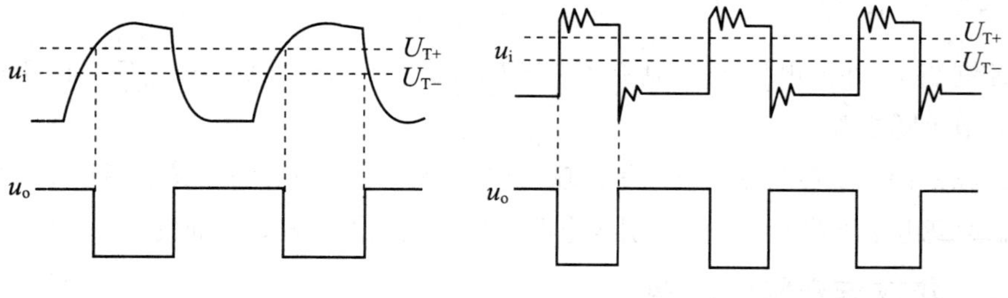

图 6—20　脉冲整形

3. 脉冲鉴幅

如图 6—21 所示，将一系列幅度各异的脉冲信号加到施密特触发器的输入端，只有那些幅度大于 U_{T+} 的脉冲才会在输出端产生输出信号。可见，施密特触发器具有脉冲鉴幅能力。

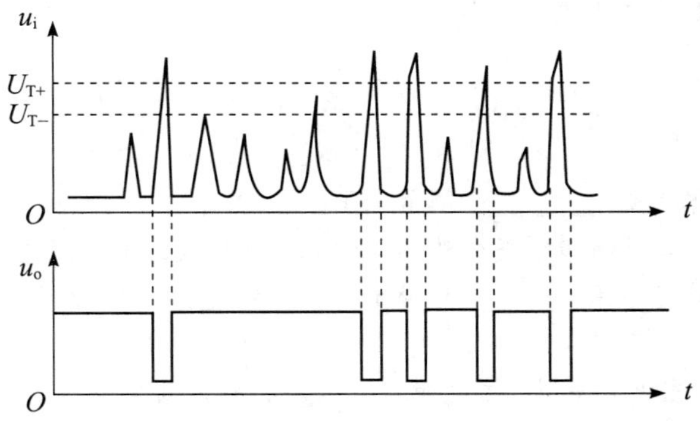

图 6—21　脉冲鉴幅

【总结提要】

1. 555 定时器是一种用途很广的集成电路，除了组成单稳态触发器、多谐振荡器和施密特触发器以外，还可以接成各种灵活多变的应用电路。

2. 单稳态触发器只有一个稳态，在外加触发脉冲作用下，能够从稳态翻转为暂稳态。但暂稳态的持续时间取决于电路内部的元件参数，与输入信号无关。因此，单稳态触发器可以用于波形的延时、定时、整形等。

3. 多谐振荡器没有稳态，只有两个暂稳态。两个暂稳态之间的转换，是由电路内部电容的充、放电作用自动进行的，所以它不需要外加触发信号，只要接通电源就能自动产生矩形脉冲信号。石英晶体多谐振荡器利用石英晶体的选频特性，只有频率为 f_0 的信号才能满足自激条件，产生自激振荡，其主要特点是 f_0 的稳定性极好，所以主要用于频率特性要求比较高的电路里。

4. 施密特触发器的特点是对于正向和负向增长的输入信号，电路的触发阈值电压不同，即具有回差特性。施密特触发器可用于波形的变换、整形、幅度鉴别。

【概念复习】

555 定时器、多谐振荡器、单稳态触发器、占空比、施密特触发器、回差电压。

【网站读物】

搜索关键词——555 定时器的应用、单稳态触发器、石英晶体多谐振荡器、施密特触发器。

【问题思考】

1. 简述 555 定时器中的“555”名称由来。
2. 555 定时器的主要功能有哪些?
3. 试分析由 555 定时器构成的单稳态触发器的电路工作原理。
4. 单稳态电路主要有哪些用途?
5. 试分析由 555 定时器构成的多谐振荡器的电路工作原理。
6. 画出由石英晶体构成的多谐振荡器的应用电路图。
7. 简述施密特触发器的特点。

8. 施密特触发器的主要用途有哪些?

【习题练习】

1. 填空题

(1) 施密特触发器具有________个阈值电压。

(2) ________触发器能将缓慢变化的非矩形脉冲变换成边沿陡峭的矩形脉冲。

(3) 脉冲整形电路可应用________电路和________电路，脉冲产生电路可应用________电路。

(4) 555 定时器输出低电平时，放电管________，输出高电平，放电管________。

(5) 单稳态电路主要用于脉冲________、________、________、________场合。

(6) 调节多谐振荡器的________时的不同时间常数，可调节输出矩形波的占空比。

2. 选择题

(1) 多谐振荡器可产生________。

A. 正弦波　B. 矩形脉冲　C. 三角波　D. 锯齿波

(2) 石英晶体多谐振荡器的突出优点是________。

A. 速度高　B. 电路简单　C. 振荡频率稳定　D. 输出的波形边沿陡峭

(3) 施密特触发器有关阈值电压个数的正确说法是________。

A. 一个阈值电压　B. 两个阈值电压　C. 三个阈值电压　D. 不能确定

(4) 下列特性中不属于施密特触发器特性的是________。

A. 回差特性　B. 输出电压波形边沿陡峭

C. 状态维持需要外加触发信号　D. 触发器触发功能

(5) 用来鉴别脉冲信号的幅度时，应采用________。

A. 单稳态触发器　B. 施密特触发器　C. 双稳态触发器　D. 无稳态触发器

3. 计算题

555 定时器接成施密特触发器，如图 6—22 所示。

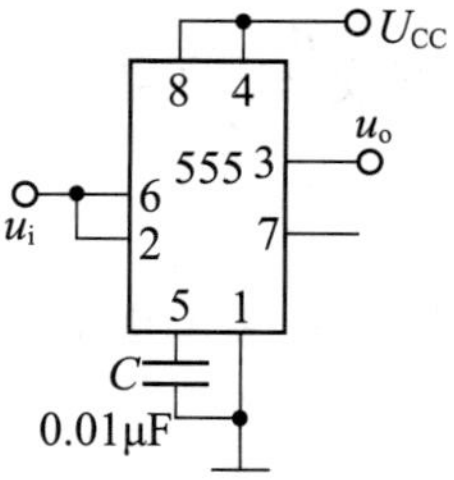

图 6—22

(1) 若 $U_{CC}=+5V$，则电路的 U_{T+}，U_{T-}，ΔU_T 各为多少?

(2) 画出电路的电压传输特性曲线 $u_o=f(u_i)$。若在 u_i 端加一个三角波，其峰—峰值为 $-5\sim5V$，定性画出 u_o 的波形。

(3) 若将电路中的 5 管脚端改接 4V 的参考电压，则电路的 U_{T+}，U_{T-}，ΔU_T 应为多少?

【书报文摘】

用 555 做开关防抖动电路

在设计计数器电路的时候，经常会碰到开关抖动的问题，使开关在断开和闭合的瞬间产生一些干扰脉冲，影响计数器的正常计数。用 555 组成的单稳态触发器可以解决这个问题，电路如图 6—23 所示。输出端平时为低电平，当有脉冲下降沿到来时，翻转为高电平，此时电源通过 R 对 C 充电，当电容 C 上的电压充到 $2U_{DD}/3$ 时，555 内部放电管导通，C 通过放电管迅速放电，输出端翻转为低电平。

防抖动原理：在电容电压从 0V 上升到 $2U_{DD}/3$ 过程中，输出端一直保持高电平，此时即使输入端有抖动脉冲输入，输出端也保持不变。通过合理选择暂态时间 T_d，就能防抖动。我在实践中取 R 为 56kΩ，C 为 4.7μF，T_d 约为 290ms，效果很好。如果想开关按得快一些，可以缩短 T_d，但是按下开关的时间不能超过 T_d，否则还是会有抖动。

T_d 计算公式：

$$T_d = 1.1RC$$

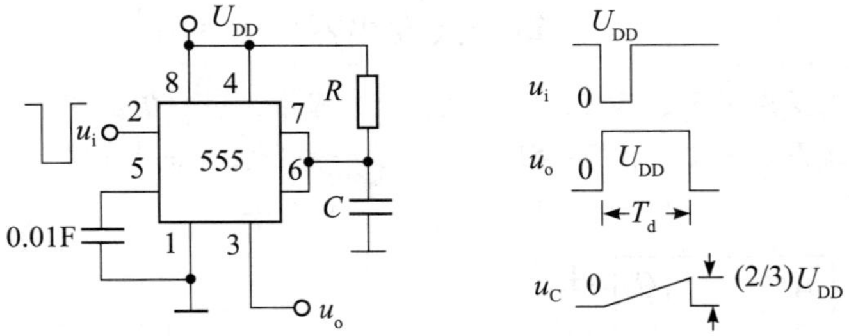

图 6—23

资料来源：朱雷：《用 555 做开关防抖动电路》，载《电子报》，2007－06－03。

第7章　D/A与A/D转换

【教学目标】

1. 了解D/A与A/D转换的概念、类型、电路组成、工作原理及应用。
2. 掌握各种D/A与A/D转换器的特点、选型及主要参数。
3. 掌握基准电压对量化误差、分辨率的影响。

【典型应用电路】

锯齿波发生器

锯齿波发生器广泛应用于显示器、电视机、示波器中，用它组成扫描电路。图7—1是一个锯齿波发生器电路图。图中两片74LS163构成了一个8位二进制计数器，DAC0832是一个双缓冲的D/A转换器。

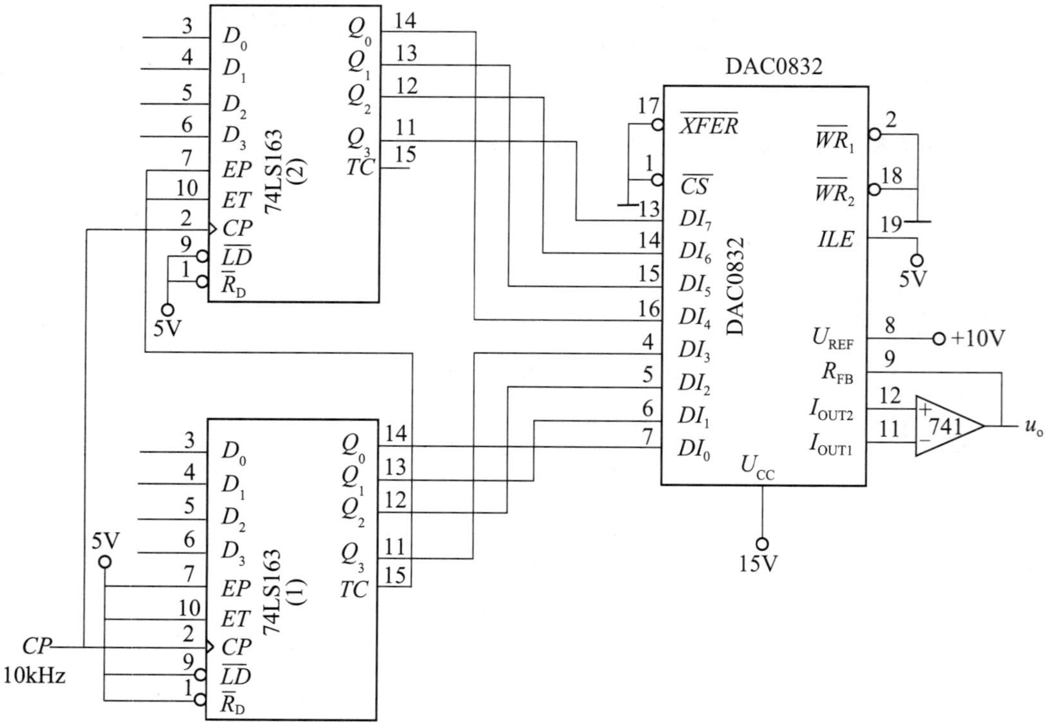

图7—1　锯齿波发生器

随着计数脉冲的增加，计数器的输出状态也从00000000到11111111发生变化。计数满

11111111 时，又从 00000000 开始。D/A 转换器 DAC0832 将计数器输出的 8 位二进制信息转换为模拟电压。当计数器全为“1”时，输出电压 $u_o = U_{max}$，下一个计数脉冲到来时，计数器全为“0”，输出电压 $u_o = 0$。显然，计数器输出从 00000000 到 11111111，D/A 转换器就有 $2^8 = 256$ 个递增的模拟电压输出，用示波器观察到的输出波形为锯齿波。

输出锯齿波的幅值与 D/A 转换器的输入参考电压 U_{REF} 有关。DAC0832 是由倒 T 形电阻网络构成的 D/A 转换器，外接的运算放大器 741 将 DAC0832 转换后的电流输出转换为电压输出，输出电压与参考电压 U_{REF} 成正比。当升高 U_{REF} 时，锯齿波的幅值也随之增大，反之亦然。

7.1 D/A 转换器

随着数字技术，特别是计算机技术的飞速发展与普及，在现代控制、通信等领域中，对信号的处理广泛地采用了数字计算机技术。由于系统处理的对象往往都是一些模拟量（如温度、压力、电压等），要使计算机或数字仪表能识别和处理这些信号，就必须将这些模拟信号转换成数字信号；而经计算机处理后输出的数字量往往也需要转换成相应的模拟信号才能为执行机构所接收。将模拟信号转换成数字信号的过程称为模/数（Analog/Digital）转换，也称 A/D 转换，能够完成这种转换的电路称为模/数转换器，即 A/D 转换器。将数字信号转换为模拟信号的过程称为数/模（Digital/Analog）转换，也称 D/A 转换，能够完成这种转换的电路称为数/模转换器，即 D/A 转换器。

A/D 转换器和 D/A 转换器是数字系统和模拟系统的接口电路，已成为计算机系统中不可缺少的接口电路。

7.1.1 权电阻网络 D/A 转换器

1. 电路组成

图 7—2 是一个 4 位权电阻网络 D/A 转换器，它由电子模拟开关 S、权电阻求和网络、运算放大器 A 和基准电压源 U_{REF} 等部分组成。权电阻求和网络中的各权电阻的阻值与权值相对应。电子模拟开关（S0～S3）的动作受二进制数 d_0～d_3 控制，S0～S3 为受控制的双向开关。当 $d_i = 1$ 时，则相应的开关 S_i 接到位置 1 上，并将基准电压源 U_{REF} 经相应电阻引起的电流接到运算放大器的虚地点；当 $d_i = 0$ 时，开关 S_i 接到位置 0，将没有电流流进运算放大器。

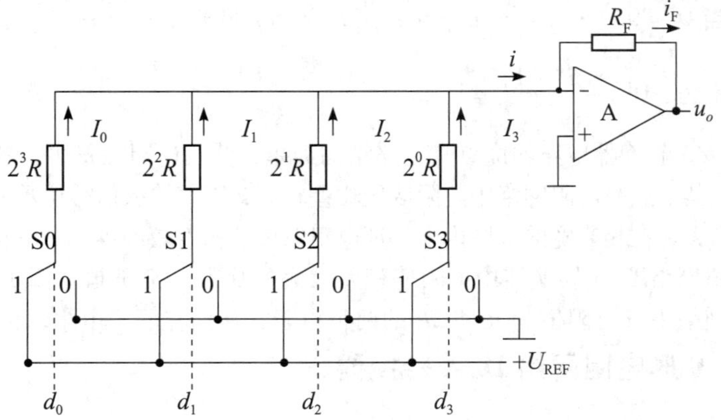

图 7—2 权电阻网络 DAC

2. 工作原理

设输入一个4位二进制数 $D=d_3d_2d_1d_0$，根据图7—2可得，流入求和运算放大器输入端的电流为：

$$i=I_3+I_2+I_1+I_0$$
$$=\frac{U_{REF}}{2^0R}d_3+\frac{U_{REF}}{2^1R}d_2+\frac{U_{REF}}{2^2R}d_1+\frac{U_{REF}}{2^3R}d_0$$
$$=\frac{U_{REF}}{2^3R}(2^3d_3+2^2d_2+2^1d_1+2^0d_0)$$

运算放大器A的输出电压 u_o 为：

$$u_o=-R_Fi_F=-R_Fi=-\frac{U_{REF}R_F}{2^3R}(2^3d_3+2^2d_2+2^1d_1+2^0d_0) \qquad (7—1)$$

显然，输出模拟电压的大小与输入二进制数的大小成正比，从而实现了数字量到模拟量的转换。

设反馈电阻 $R_F=R/2$，则电路输出电压 u_o 为：

$$u_o=-\frac{U_{REF}}{2^4}(2^3d_3+2^2d_2+2^1d_1+2^0d_0) \qquad (7—2)$$

所以电路的输出电压 u_o 与输入的四位二进制数成正比，比例系数 K 为：

$$K=-\frac{U_{REF}}{2^4} \qquad (7—3)$$

以此类推，n 位权电阻网络D/A转换器的运算放大器输入端电流、输出电压表达式分别为：

$$i=\frac{U_{REF}}{2^{n-1}R}(2^{n-1}d_{n-1}+2^{n-2}d_{n-2}+\cdots+2^1d_1+2^0d_0) \qquad (7—4)$$

$$u_o=-iR_F=-\frac{U_{REF}}{2^n}(2^{n-1}d_{n-1}+2^{n-2}d_{n-2}+\cdots+2^1d_1+2^0d_0) \qquad (7—5)$$

若输入一个4位二进制数 $D=d_3d_2d_1d_0=1001$，转换成十进制数为9，根据上述转换方法，电路的输出电压为：

$$u_o=-iR_F=-\frac{U_{REF}}{2^4}(2^3+2^0)=-\frac{9}{16}U_{REF}$$

由此可知，当 $D_n=00\cdots00$ 时，$u_o=0$；当 $D_n=11\cdots11$ 时，$u_o=-\frac{2^n-1}{2^n}U_{REF}$。输入 n 位二进制数的取值范围为：$0\sim-\frac{2^n-1}{2^n}U_{REF}$。

权电阻网络D/A转换器电路的优点是电路结构简单，使用电阻数量少；各位数码同时进行转换，速度较快。其缺点是电阻网络中电阻取值相差较大，随着输入信号位数的增多，电阻网络中电阻取值差距增大。在相当宽的范围内要保证电阻取值的精度较困难，对电路的集成不利。

为克服权电阻网络D/A转换器中电阻值相差太大的缺点，又研制出倒T形电阻网络D/A转换器，其电阻网络中仅有阻值为 R 和 $2R$ 的两种电阻，从而克服了电阻取值分散的缺点。

7.1.2 倒T形电阻网络D/A转换器

1. 电路组成

4位倒T形电阻网络D/A转换器的电路图如图7—3所示。电路由模拟开关S0～S3、倒T

形的电阻网络 R—$2R$、运算放大器 A 构成。

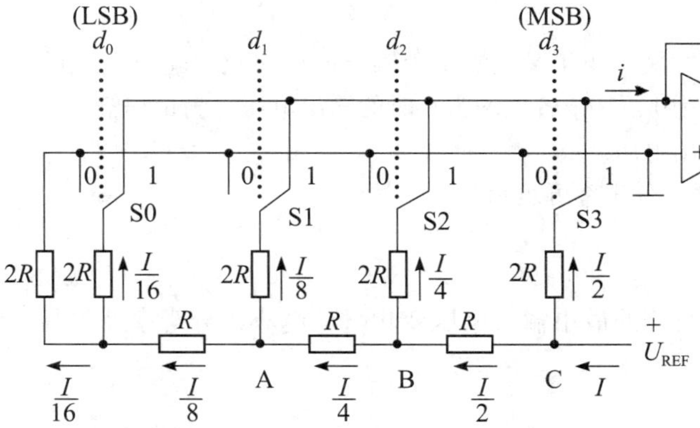

图 7—3　倒 T 形 D/A 转换器电路图

2. 工作原理

Si 由输入数码 d_i 控制，当 $d_i=1$ 时，Si 接运算放大器反相输入端（虚地），i 流入求和电路；当 $d_i=0$ 时，Si 将电阻 $2R$ 接地。无论模拟开关 Si 处于何种状态，与 Si 相连的 $2R$ 电阻均等效接“地”。这样流经电阻 $2R$ 的电流与开关位置无关，各支路的电流大小为固定值。

分析电阻网络不难发现，从 A、B、C 节点向左看的两端网络等效电阻均为 $2R$，流入每个 $2R$ 电阻的电流从高位到低位按 2 的整数倍递减。设由基准电压源提供的总电流为 I（$I=U_{REF}/R$），则流过各开关支路的电流分别为 $I/2$、$I/4$、$I/8$ 和 $I/16$。

由此可得总电流 i：

$$i=\frac{U_{REF}}{R}\left(\frac{d_0}{2^4}+\frac{d_1}{2^3}+\frac{d_2}{2^2}+\frac{d_3}{2^1}\right)$$

$$=\frac{U_{REF}}{2^4\times R}\left(2^3d_3+2^2d_2+2^1d_1+2^0d_0\right) \tag{7—6}$$

输出电压 u_o 为：

$$u_o=-i_FR_F=-iR_F$$

$$=-\frac{R_F}{R}\frac{U_{REF}}{2^4}\left(2^3d_3+2^2d_2+2^1d_1+2^0d_0\right) \tag{7—7}$$

由此可见，输出模拟电压 u_o 与输入二进制数 $d_3d_2d_1d_0$ 成正比，实现了数字量到模拟量的转换。

将输入数字量扩展到 n 位，可得 n 位倒 T 形电阻网络 D/A 转换器输出模拟量与输入数字量之间的一般关系式如下：

$$u_o=-\frac{R_F}{R}\frac{U_{REF}}{2^n}\left(2^{n-1}d_{n-1}+2^{n-2}d_{n-2}+\cdots+2^0d_0\right) \tag{7—8}$$

在倒 T 形电阻网络 D/A 转换器中，电阻网络仅由 R 和 $2R$ 两种电阻组成，这对于集成工艺是相当有利的；其次各支路电流直接流入运算放大器的输入端，它们之间不存在传输上的时间差，提高了电路的转换速度，因此这种形式的 D/A 转换器目前被广泛地采用。

7.1.3 D/A 转换器的主要技术指标

1. 分辨率

分辨率是指输出电压的最小变化量与满量程输出电压之比。输出电压的最小变化量就是对应的输入数字量最低位为1，其余各位均为0时的输出电压；满量程输出电压就是对应于输入数字量全部为1时的输出电压。

对于 n 位 D/A 转换器，分辨率可表示为：

$$分辨率 = \frac{1}{2^n - 1} \tag{7—9}$$

可见位数越多，能够分辨的最小输出电压变化量就越小，分辨率就越高，所以也可用位数 n 来表示分辨率。

2. 转换精度

转换精度是指电路实际输出的模拟电压值和理论输出的模拟电压值之差，常用最大误差与满量程输出电压之比的百分数表示。通常要求 D/A 转换器的误差小于 $U_{LSB}/2$。例如，某 D/A 转换器满量程输出电压为15V，如果误差为1%，就意味着输出电压的最大误差为 ±0.15V。百分数越小，精度越高。

3. 转换时间

转换时间是指 D/A 转换器从输入数字信号开始到输出模拟电压或电流达到稳定值时所用的时间。不同 D/A 转换器的转换速度也是不相同的，一般在几微秒到几十微秒的范围内。

7.1.4 集成 D/A 转换器及其应用

常用的集成 D/A 转换器有 AD7520、DAC0832、DAC0808、DAC1230、MC1408、AD7524 等，这里仅对 DAC0832 作简要介绍。

DAC0832 是采用 CMOS 工艺制成的电流输出型 8 位 D/A 转换器。图 7—4 是 DAC0832 的引脚图。

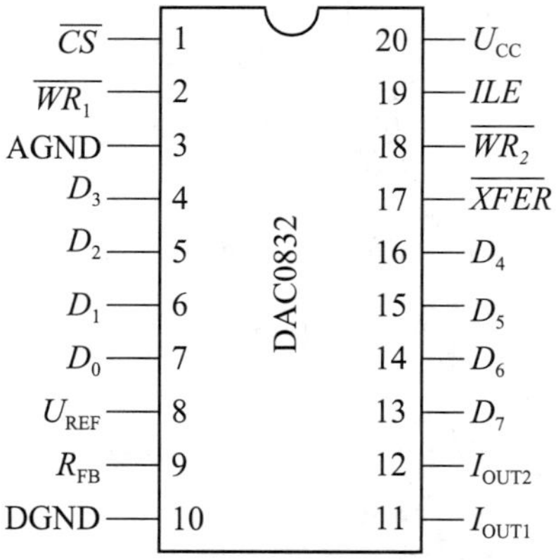

图 7—4 DAC0832 引脚图

DAC0832 的引脚功能说明如下：

（1）D_7～D_0：8 位的数据输入端，D_7 为最高位。

（2）I_{OUT1}：模拟电流输出端 1，当 DAC0832 寄存器中数据全为 1 时，输出电流最大，当 DAC0832 寄存器中数据全为 0 时，输出电流为 0。

（3）I_{OUT2}：模拟电流输出端 2，I_{OUT2} 与 I_{OUT1} 的和为一个常数，即 $I_{OUT1} + I_{OUT2} =$ 常数。

（4）R_{FB}：反馈电阻引出端，DAC0832 内部已经有反馈电阻，所以 R_{FB} 端可以直接接到外部运算放大器的输出端，这样相当于将一个反馈电阻接在运算放大器的输出端和输入端之间。

（5）U_{REF}：参考电压输入端，此端可接一个正电压，也可接一个负电压，它决定 0 至 255 的数字量转化出来的模拟量电压值的幅度，U_{REF} 范围为 -10～10V。U_{REF} 端与 D/A 内部 T 形电阻网络相连。

（6）U_{CC}：芯片供电电压，范围为 5～15V。

（7）AGND ：模拟量地，即模拟电路接地端。

（8）DGND ：数字量地，即数字电路接地端。

DAC0832 输出的是电流，要转换为电压，还必须经过一个外接的运算放大器。

D/A 转换器在通信、测量、自动控制、多媒体等诸多领域都有广泛的应用，并且其性能对系统的整体性能有重要的影响，在后续课程中大家会有更深的体会。

7.2　A/D 转换器

7.2.1　A/D 转换的一般步骤

A/D 转换器能够将模拟量转换为数字量。在 A/D 转换中，因为输入的模拟量在时间上是连续的，而输出的数字信号是离散量，所以进行转换时只能在一系列选定的瞬间（即时间坐标轴上的一些规定点）对输入的模拟信号采样，然后再把这些采样值转换为数字量输出。A/D 转换过程一般包括取样、保持、量化和编码这四个步骤，其中量化、编码电路是最核心的部件，任何 A/D 转换器都必须包含这种电路。

1. 取样—保持

取样（又称抽样或采样）是将时间上连续变化的模拟信号转换为时间上离散的模拟信号，即转换为一系列等间隔的脉冲，其过程如图 7—5 所示。图中，u_i 为模拟输入信号，u_o 为取样后输出信号。

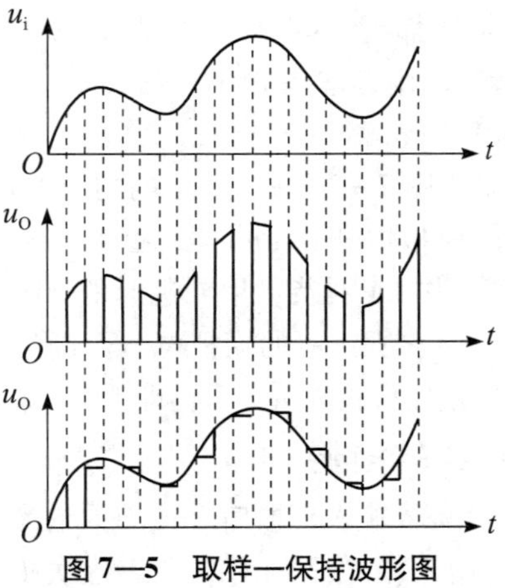

图 7—5　取样—保持波形图

为了不失真地用取样后的输出信号 u_o 来表示输入模拟信号 u_i，取样频率 f_S 必须满足 $f_S \geq 2f_{max}$（此式为取样定理）。其中，f_{max} 为输入信号 u_i 的最高频分量的频率。

因为每次把取样电压转换为相应的数字量都需要一定的时间，所以在每次取样以后，必须把取样电压保持一段时间，直到下次取样为止。通常取样和保持操作用取样—保持电路一次完成。取样—保持电路如图 7—6 所示。

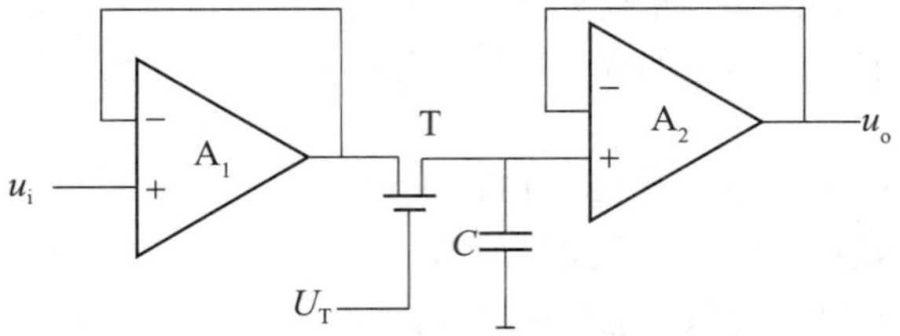

图 7—6　取样—保持电路

图中集成运算放大器 A_1 和 A_2 接成电压跟随器形式，利用其阻抗转换特性作为隔离级；N 沟道 MOS 管 T 作为取样开关；C 为存贮电容。在取样脉冲持续时间内，T 导通，输入模拟电压 u_i 经 T 向电容 C 充电，C 上充电电压在时间 t_1 内能跟随 u_i 的变化而变化，因而放大器输出电压 u_o 也跟随 u_i 的变化。当取样脉冲结束时，T 截止，如果电容器和场效应管的漏电流以及运算放大器的输入电流均可忽略，则电容器 C 上的充电电压将保持在 T 截止前 u_i 的值，直到下一个采样脉冲到来为止，T 重新导通，电容器 C 上的电压又跳变到该时刻的输入电压值。可见，进行 A/D 转换时所用的输入电压，实际上是每次取样结束时的 u_i 值。

2. 量化—编码

数字信号不仅在时间上是离散的，而且在数值上的变化也不是连续的。采样保持电路的输出信号虽已成为阶梯状，但其幅值仍然是连续的，尚未转换成离散的数字量。任何一个数字量的大小，都是以某个最小数量单位的整倍数来表示的。通常将此最小数量单位称为量化单位，用 Δ 表示。采样信号与量化单位进行比较而转化成此量化单位的整数倍的过程称为量化。把量化的数值用二进制数表示称为编码，这个二进制数就是 A/D 转换的输出信号。

由于模拟信号是连续的，那么它就不一定能被 Δ 整除，因而不可避免地会引入误差，这种误差称为量化误差。在把模拟信号划分为不同的量化等级时，可以得到不同的量化误差。

例如把 0～1V 的模拟电压信号转换成 3 位二进制代码，这时我们可以取 $\Delta = 1/8$V，并规定凡数值在 0～1/8V 之间的模拟电压都当作 0Δ 看待，用二进制的 000 表示；凡数值在1/8～2/8 V 之间的模拟电压都当作 1Δ 看待，用二进制的 001 表示等等，如图 7—7（a）所示。不难看出，最大的量化误差达 1Δ，即 1/8V。

为了减少量化误差，通常采用图 7—7（b）所示的划分方法，取量化单位 $\Delta = 2/15$V。并规定凡数值在 0～1/15V 之间的模拟电压都当作 0Δ 看待，用二进制的 000 表示；凡数值在 1/15～3/15V之间的模拟电压都当作 1Δ 看待，用二进制的 001 表示等等。因为现在把每个二进制数所代表的模拟电压值规定为它所对应的模拟电压范围的中点，所以最大的量化误差自然就缩小了。不难看出，最大的量化误差仅为 Δ/2，即 1/15V。

7.2.2　逐次逼近型 A/D 转换器

逐次逼近型 A/D 转换器，就是将输入模拟信号与不同的参考电压做多次比较，使转换所得的数字量在数值上逐次逼近输入模拟量的对应值。逐次逼近型 A/D 转换器，如图 7—8 所示。

转换开始前，先使 $Q_1Q_2Q_3Q_4Q_5 = 10000$。第一个 CP 到来时，是 F_A 被置 1，F_B 和 F_C 被

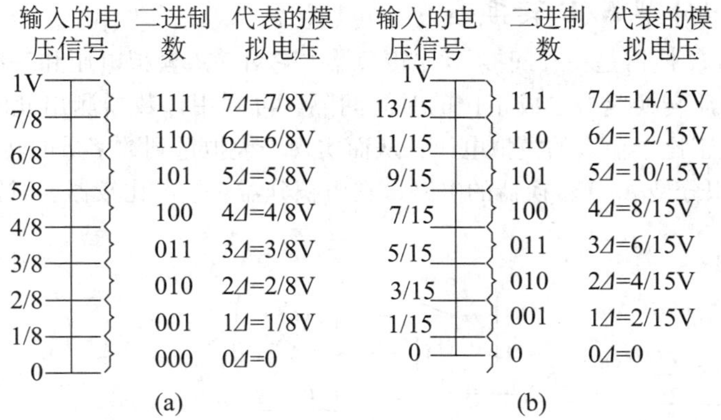

图 7—7　划分量化等级的两种方法

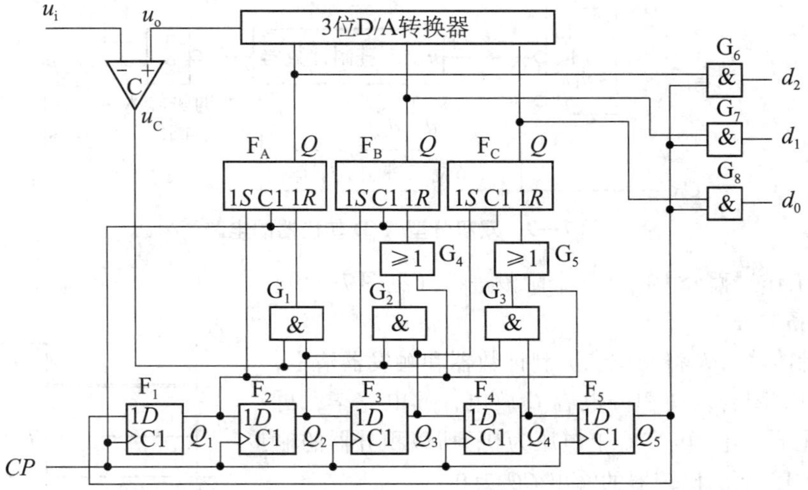

图 7—8　逐次逼近型 A/D 转换器

置 0。这时加到 D/A 转换器输入端的代码为 100，并在 D/A 转换器的输出端得到相应的模拟电压输出 u_o。u_o 和 u_i 在比较器中比较，当 $u_i < u_o$ 时，比较器输出 $u_C = 1$；当 $u_i \geqslant u_o$ 时，$u_C = 0$。同时移位寄存器右移一位，输出 $Q_1Q_2Q_3Q_4Q_5 = 01000$。

第二个 CP 到来后，若原来 $u_C = 1$，则 F_A 被置 0；若原来 $u_C = 0$，则 F_A 的 1 状态保留。与此同时，Q_2 的高电平将 F_B 置 1。同时移位寄存器右移一位，输出 $Q_1Q_2Q_3Q_4Q_5 = 00100$。

第三个 CP 到来后，一方面将 F_C 置 1，同时根据比较器的输出决定 F_B 的 1 状态是否应该保留。若原来 $u_C = 1$，则 FF_B 被置 0；若原来 $u_C = 0$，则 F_B 的 1 状态保留。移位寄存右移一位，输出 $Q_1Q_2Q_3Q_4Q_5 = 00010$。

第四个 CP 到来后，G_3 打开，根据比较器的输出决定 F_C 的 1 状态是否应该保留。同时移位寄存器右移一位，输出 $Q_1Q_2Q_3Q_4Q_5 = 00001$。

第五个 CP 到来后，移位寄存器输出 $Q_1Q_2Q_3Q_4Q_5 = 10000$，返回到初始状态。F_A、F_B、F_C 的状态作为转换结果，通过 G_6、G_7、G_8 送出。

逐次逼近型 A/D 转换器完成一次转换所需时间与其位数和时钟脉冲频率有关，位数越少，时钟频率越高，转换所需时间越短。这种 A/D 转换器具有转换速度快、精度高的特点。

7.2.3 双积分型 A/D 转换器

双积分型 A/D 转换器是一种间接 A/D 转换器。它对输入模拟电压和基准电压进行两次积分，将输入模拟电压转换成与之成正比的时间间隔，再利用计数器测出此时间间隔，则计数器所计的数字量就正比于输入的模拟电压，从而实现了模拟量到数字量的转换。

图 7—9 为双积分型 A/D 转换器的电路，它由积分器、过零比较器、时钟输入控制门和计数器等几部分组成。

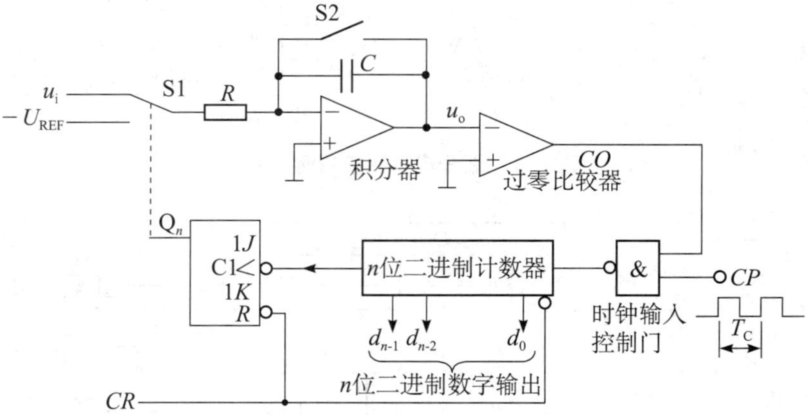

图 7—9 双积分型 A/D 转换器的电路

电路的工作过程分为以下三个阶段进行（见图 7—10）：

（1）准备阶段。

首先控制信号 CR 将 n 位二进制计数器和触发器清零，同时将开关 S2 闭合，使积分电容 C 放电，放电完毕，再将开关 S2 断开。由于电容 C 上电压为 0，所以积分器的输出电压 u_o 为 0，电压比较器的输出 CO 为 0。

（2）第一次积分阶段。

在转换开始（$t=0$）时，开关 S1 与输入模拟电压 u_i 接通，输入电压 u_i 加到积分器的输入端。积分器开始对 u_i 积分，积分器输出电压为：

$$u_o = -\frac{1}{RC}\int_0^t u_i \mathrm{d}t \tag{7—10}$$

由于 $u_o<0$V，过零比较器输出端 CO 为高电平，时钟输入控制门被打开。计数器在 CP 作用下从 0 开始计数。经过 2^{n-1} 个时钟脉冲后，计数器输出 $d_{n-1}d_{n-2}\cdots d_0$ 全为 1，触发器的输出 $Q_n=0$。经过 2^n 个时钟脉冲后，触发器的输出 $Q_n=1$，开关 $S1$ 转到基准电压 $-U_{REF}$ 一端，第一次积分结束。则第一次积分时间 T_1 为：

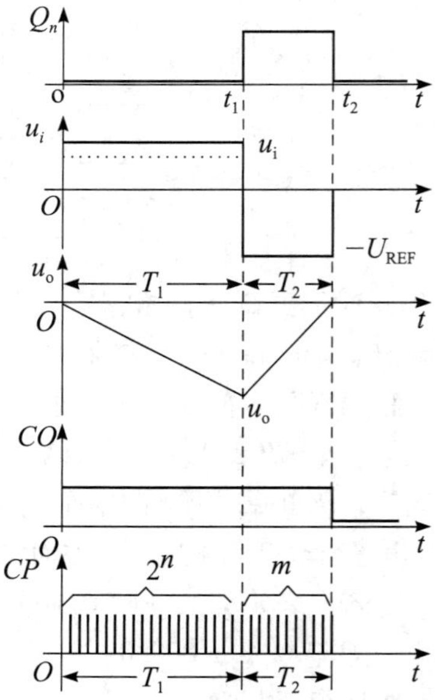

图 7—10 双积分型 A/D 转换器各点工作波形

$$T_1 = 2^n T_C \tag{7—11}$$

式中 T_C 为时钟脉冲 CP 的周期。

经过第一次积分后，积分器的输出电压 u_o 为：

$$u_o = \frac{T_1}{RC}u_i = \frac{2^n T_C}{RC}u_i \qquad (7—12)$$

（3）第二次积分阶段。

当 $t = T_1$ 时，S1 转到基准电压 $-U_{REF}$ 一端，将基准电压 $-U_{REF}$ 加到了积分器的输入端，积分器开始反向积分；当 $t = T_2$ 时，积分器输出电压 $u_o > 0V$，过零比较器输出 $CO = 0$，时钟脉冲控制门被关闭，计数停止。此时 u_o 的输出电压为：

$$u_o = 0$$

设 $T_2 = t_2 - t_1$，于是有：

$$\frac{U_{REF}T_2}{RC} = \frac{2^n T_C}{RC}u_i$$

$$T_2 = \frac{2^n T_C}{U_{REF}}u_i \qquad (7—13)$$

可见，T_2 与 u_i 成正比。

设第二次积分阶段输入计数器的时钟脉冲个数为 m，则

$$T_2 = mT_C$$

$$m = \frac{T_2}{T_C} = \frac{2^n}{U_{REF}}u_i \qquad (7—14)$$

由此可见计数器中所计得的数 m 与输入电压 u_i 成正比。只要 $u_i < U_{REF}$，转换器就能将输入电压 u_i 转换为数字量，并能从计数器读取转换结果。

在第二次积分阶段结束后，控制电路又使开关 S2 闭合，电容 C 放电，积分器回零。电路再次进入准备阶段，等待下一次转换开始。

由于双积分型 A/D 转换器在输入端使用了积分器，因此具有很强的抗工频干扰能力。由于在转换过程中，前后两次积分所采用的是同一积分器，因此，在两次积分期间，R、C 和脉冲源等元器件参数的变化对转换精度的影响均可以忽略。

双积分型 A/D 转换器的缺点是速度慢，完成一次转换时间不小于（$2n+1$）T_C。常用在对速度要求不高的场合，如数字电压表等。

7.2.4　A/D 转换的主要参数

1. 分辨率

A/D 转换器的分辨率是指输出数字量的最低位变化一个数时，对应输入模拟量的变化量，也可用 A/D 转换器的位数表示。位数越多，能分辨的最小模拟电压值就越小，转换精度越高。例如，输入模拟电压的变化范围为 0～5V，输出 8 位二进制数可以分辨的最小模拟电压为 $(5/2^8)\,V = 19.53mV$；而输出 12 位二进制数可以分辨的最小模拟电压为 $(5/2^{12})\ V \approx 1.24mV$。

2. 相对精度（又称转换误差）

相对精度指 A/D 转换器实际输出数字量与理想输出数字量之间的最大差值。通常用最低有效位 LSB 的倍数来表示。例如转换误差不大于 1/2 LSB，即说明实际输出数字量与理想输出数字量之间的最大误差不超过 1/2 LSB。

3. 转换速度

转换速度是指完成一次转换所需的时间。转换时间是指从接到转换控制信号开始，到输出端得到稳定的数字输出信号所经过的这段时间。

不同类型的转换器转换速度相差很大。在实际应用中，应从系统数据总的位数、精度要

求等方面考虑 A/D 转换器的选用。

7.2.5 集成 A/D 转换器及其应用举例

集成 A/D 转换器规格品种繁多，常见的有 ADC0804、ADC0809、MC14433 等，这里仅对 ADC0804 作简要介绍。ADC0804 是一种逐次比较型 A/D 转换器，引脚图如图 7—11 所示。

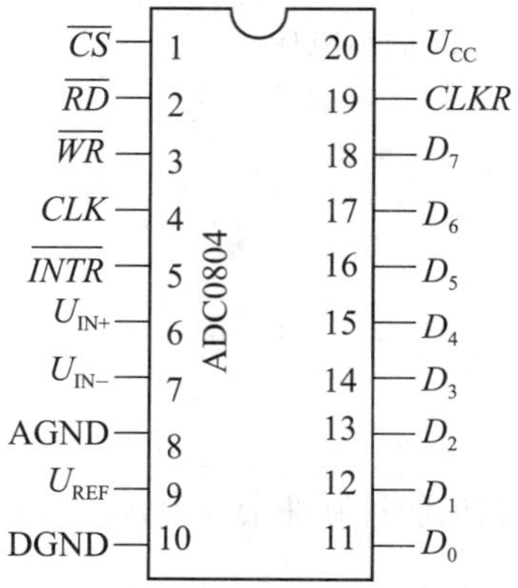

图 7—11 ADC0804 引脚图

1. ADC0804 各引脚功能

U_{IN+}、U_{IN-}：模拟信号输入端，可接收单极性、双极性和差模输入信号。

U_{REF}：基准电压输入端。

CLK：时钟信号输入端。

CLKR：内部时钟发生器外接电阻端，与 *CLK* 端配合可由芯片产生时钟脉冲。

$D_0 \sim D_7$：数据输出端，有三态功能，能与计算机机总线相连。

AGND：模拟信号地。

DGND：数字信号地。

$\overline{CS}$：片选信号输入端，低电平有效。

$\overline{RD}$：读信号输入端，低电平有效。当$\overline{CS}$和$\overline{RD}$均有效时，可读取转换后的输出数据。

$\overline{WR}$：写信号输入端，低电平有效。当$\overline{CS}$和$\overline{WR}$同时有效时，启动 A/D 转换。

$\overline{INTR}$：转换结束信号输出端，低电平有效。转换开始后，$\overline{INTR}$为高电平，转换结束时，该信号变为低电平。因此该信号可作为转换器的状态查询信号，也可作为中断请求信号，以通知 CPU 取走转换后的数据。

2. ADC0804 的典型应用

在现代过程控制及各种智能仪器和仪表中，为采集被控（被测）对象数据以达到由计算机进行实时检测、控制的目的，常用微处理器和 A/D 转换器组成数据采集系统。单通道微机化数据采集系统的示意图如图 7—12 所示。

系统由微处理器、存储器和 A/D 转换器组成，它们之间通过数据总线（DBUS）和控制总线（CBUS）连接，系统信号采用总线传送方式。

现以程序查询方式为例，说明 ADC0804 在数据采集系统中的应用。采集数据时，首先微处理器执行一条传送指令，在指令执行过程中，微处理器在控制总线的同时产生 CS_1、WR_1 低电平信号，启动 A/D 转换器工作，ADC0804 经 100μs 后将输入模拟信号转换为数字信号存于输出锁存器，并在 INTR 端产生低电平表示转换结束，并通知微处理器可来取数。当微处理器

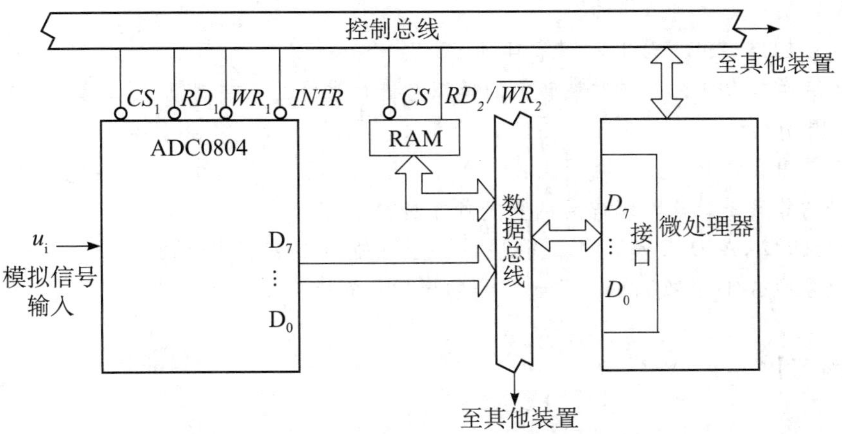

图 7—12　单通道微机化数据采集系统示意图

通过总线查询到 INTR 为低电平时，立即执行输入指令，以产生 CS、RD_2 低电平信号到 ADC0804 相应引脚，将数据取出并存入存储器中。整个数据采集过程中，由微处理器有序地执行若干指令完成。

【总结提要】

1. A/D 和 D/A 转换器是实现模拟电路和数字电路转换的桥梁，是重要的接口电路，是现代数字系统中的重要组成部分，应用日益广泛。

2. D/A 转换器根据工作原理分为权电阻网络 D/A 转换器、倒 T 形电阻网络 D/A 转换器，由于倒 T 形电阻网络 D/A 转换器转换速度快、性能好，适合于集成工艺制造，因此在集成 D/A转换器中得到广泛的应用。

D/A 转换器的分辨率和转换精度均与转换器的位数有关，位数越多，分辨率与精度均越高。

3. A/D 转换是将模拟量转换成相应数字量的电子电路，一般分为采样、保持、量化和编码四个步骤。按工作原理主要可分为逐次逼近型 A/D 转换器及双积分型 A/D 转换器等。

4. 不论是 D/A 转换器还是 A/D 转换器，基准电压 U_{REF} 都是一个很重要的应用参数，要理解基准电压的作用，尤其是在 A/D 转换中，它的值对量化误差、分辨率都有影响。

5. 常用的集成 A/D 和 D/A 转换器种类很多，其发展趋势是高速度、高分辨率，易与计算机接口，以满足各个领域对信息处理的要求。

【概念复习】

A/D 转换、D/A 转换、分辨率、转换精度、转换时间、取样、保持、量化、编码。

【网站读物】

搜索关键词——常用模数转换、数模转换芯片参数，典型应用。

【问题思考】

1. D/A 转换器的用途是什么？

2. D/A 转换器是如何工作的？

3. 权电阻网络、倒 T 形电阻网络有何区别？

4. A/D 转换器为什么必须对被转换的模拟量进行采样？采样周期 T_S 的意义是什么？T_S 值受什么条件限制？

5. 什么是量化？量化方法有哪几种？哪种方法误差小？量化后的量是否就为数字量？

6. 编码的作用是什么？编码后的量是什么量？

7. 逐次渐近型 A/D 转换器的工作过程是怎样的？它的特点是什么？

8. 双积分型 A/D 转换器的工作过程是怎样的？它有何特点？

【习题练习】

1. 填空题

（1）将模拟信号转换为数字信号，需要经过________、________、________、________四个过程。

（2）D/A 转换器的主要技术指标有________、________、________等。

2. 选择题

（1）一个无符号 4 位权电阻 D/A 转换器，最低位处的电阻为 40kΩ，则最高位处的电阻为________。

A. 4kΩ　　B. 5kΩ　　C. 10kΩ　　D. 20kΩ

（2）为使采样输出信号不失真地代表输入模拟信号，采样频率 f_S 和输入模拟信号的最高频率 f_{imax} 的关系是________。

A. $f_S \geqslant f_{imax}$　　B. $f_S \leqslant f_{imax}$　　C. $f_S \geqslant 2f_{imax}$　　D. $f_S \leqslant 2f_{imax}$

（3）将一个时间上连续变化的模拟量转换为时间上断续（离散）的模拟量的过程称为________。

A. 采样　　B. 量化　　C. 保持　　D. 编码

（4）用二进制码表示指定离散电平的过程称为________。

A. 采样　　B. 量化　　C. 保持　　D. 编码

（5）以下四种转换器，________是 A/D 转换器且转换速度最高。

A. 并联比较型　B. 双积分型　　C. 逐次逼近型　D. 施密特触发器

3. 计算题

（1）8 位二进制权电阻 D/A 转换器的 $R_F = R/2$，$U_{REF} = 10V$，当输入数字量为全 1 时，输出模拟电压值为多少？

（2）一被测的物理量经过传感器和 A/D 转换器后送入计算机处理，若传感器的准确度为 0.1%，问 A/D 转换器应选多少位？

【书报文摘】

A/D 转换器位数和转换速率的选取

对于数据采集系统，A/D 转换器位数和转换速率的选取是 A/D 转换器的重点。如果 A/D 转换器选取不当，会影响采集系统的精度，甚至会影响系统控制的稳定性。A/D 转换器按结构类型分为逐次逼近型、双斜率型、Δ—Σ 结构型、高速流水线结构型等。不论哪种结构，器件选取时应根据其提供的参数，依据实际要求选取。A/D 转换器的参数众多，包括位数、工作电压、误差参数、转换速平通道数、数字接口方式、功耗、封装价格等。在这些参数中，A/D 转换器的位数和转换速率的选取方法是应该重点掌握的，本文介绍一些选取的方法和原则，并给出了简单换算的例子。

1. 位数

A/D 转换器的位数决定着数据采集系统的分辨率。常见的 A/D 器件有 8 位、10 位、12 位、14 位、16 位、24 位等。A/D 转换器分辨率的定义如下：

$$1\ \mathrm{LSB} = U_{\mathrm{FSR}}/2^n$$

LSB = 最低有效位，U_{FSR} = 满量程输入电压，n 为 A/D 转换器的位数。如 16 位 A/D 转换器输入电压范围为 0～10V 时，1 LSB 的值为 0.152mV。

A/D 转换器自身的精度不会超过 ±1/2LSB 的范围。增益、偏移和线性误差等模拟误差也会影响 A/D 转换器的精度。增益和偏移可以通过硬件或软件调零，但线性误差是不可调的，因为它是由固定值的梯形电阻网络和网络开关不匹配造成的。

A/D 转换器位数的确定与整个测量控制系统所要测量和控制的范围和精度有关。假设测量的直流范围为 0～15kA，电流表最低位分辨率为 10A，则 A/D 转换器的位数至少应为 11 位。由于系统精度涉及的环节较多，包括传感器变送、信号预处理电路、A/D 转换器、输出电路、控制算法等，因而 A/D 转换器的位数至少应比总精度要求的最低分辨率高一位。

在 A/D 转换器的选型手册上，还应注意到转换速率高于 1Msps 的高速 A/D 转换器提供的信噪比 SNR（dB）选项。A/D 转换器理论上可获得的最佳 SNR 是 A/D 转换器分辨率的函数，定义为：

$$\mathrm{SNR} = (6.02n + 1.76)\ \mathrm{dB}$$

这里 n 就是 A/D 转换器的位数（分辨率）。实际的 SNR 值可能会比这个公式的结果低 2～10dB，选择时应留有一定余量。

2. 转换速率

A/D 转换器的转换速率是指单位时间内转换数据的次数。例如：转换时间为 10μs，其转换速率为 100ksps，即每秒转换 100 000 次。A/D 转换器可分为超高速（≤1ns）、高速（≤1μs）、中速（≤1ms）、低速（≥1ms）等。

需要注意的是，如果一个 A/D 转换器同时有 n 个通道在使用，但内部只有一个 D/A 模块，各通道的采样靠转换开关的切换来分配转换任务的话，那么每个通道的平均转换速率就是器件标称转换速率/n。

A/D 转换器的转换速率应根据输入信号的最高频率来确定。根据奈奎斯特（Nyquist）采样定理，在理想的采样数据系统中，数据带宽的每次循环要求至少两次采样。对大多数应用来说，采样速率应是 A/D 转换器输入信号最高频率的 3～4 倍。采样速率越高，越能反映出被测对象的实时值，准确性越高。

例如要分辨 10μs 的信号周期，检测频率 f_M 至少大于 100kHz（1/10μs）。根据奈奎斯特采样定理，须满足条件：$F_n \geqslant 2f_M$，也就是采样频率至少要达到 200kHz 以上。若整个系统的设计检测频率上限是 40MHz，A/D 的采样频率必须高于 80MHz。

资料来源：陈剑峰：《A/D 转换器位数和转换速率的选取》，载《电子报》，2006-04-09。

第 8 章　半导体存储器和可编程逻辑器件

【教学目标】

1. 理解存储器的基本结构、分类、特点及工作原理。
2. 熟练掌握扩展方法。
3. 理解可编程逻辑器件电路的表示方法。
4. 理解可编程逻辑器件的基本结构和基本工作原理。

【典型应用电路】

EPROM 实现可编程控制灯

使用可编程存储器 EPROM 实现对发光二极管的控制，通过改变 EPROM 存储单元的内容来改变发光二极管的亮灭顺序。

用 EPROM 实现可编程控制灯的参考电路如图 8—1 所示。

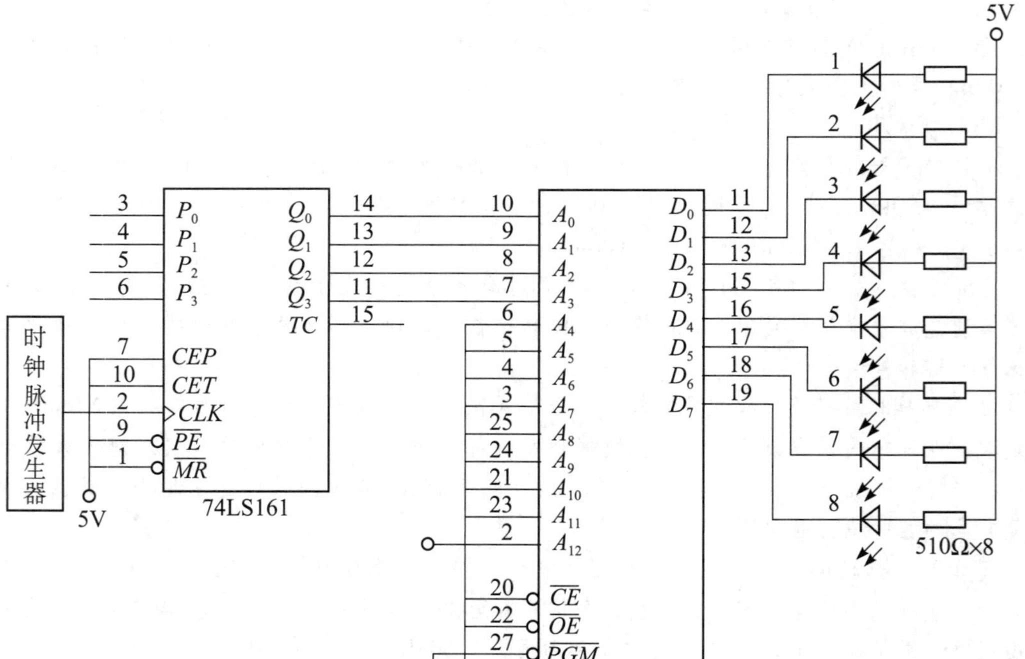

图 8—1　EPROM 实现可编程控制灯电路

74LS161 为 4 位二进制计数器，在时钟脉冲作用下，它的输出端 Q_0、Q_1、Q_2、Q_3 在 0000～1111（用十六进制表示为0000H～000FH）之间变化。2764 是一个 8 K×8（位）的存储器，即有 8K 字节，每个字节 8 位。有 A_0～A_{12} 共 13 根地址线，其中 A_4～A_{12} 不使用，直接接地。因此 A_0～A_{12} 只能在0000H～000FH 之间变化，对应 2764 的 0000H～000FH 存储单元，每个单元可存储 8 位二进制数据。2764 的每个单元写入内容后，通过地址线选中某单元，可读出其中的 8 位信息。2764 的 8 位输出接 8 个发光二极管，当某位输出为低电平时，就会点亮与之相连的二极管。

8.1 半导体存储器

在计算机和数字系统中，都有大量的数据需要存储，半导体存储器是计算机和其他数字系统中用以存储大量数据的部件。因此，存储器是计算机和其他数字系统中不可缺少的重要组成部分。和其他存储方式相比，半导体存储器具有体积小、速度快、集成度高、功耗小等优点。

半导体存储器的种类很多，首先从存取功能上可分为只读存储器（Read-only Memory，ROM）和随机存储器（Random Access Memory，RAM）两大类。随机存储器与只读存储器的根本区别在于正常工作状态下就可以随时向存储器里写入数据和读出数据。随机存储器是用来存放指令、数据以及运算的中间结果等信息。

从制造工艺上又可以把存储器分为双极（TTL）型存储器和单极性（MOS）型存储器。MOS 型电路具有低功耗、集成度高的优点，目前大容量的存储器都是采用 MOS 工艺来制作。

8.1.1 只读存储器

在正常工作状态下只读存储器存储的数据是固定不变的，只能从中读取数据，不能修改或重新写入数据，因此称为只读存储器。ROM 的优点是电路结构简单，而且在断电以后数据不会丢失。它的缺点是只适用于存储那些固定数据。只读存储器主要用于存储需要长期保存的常数、表格、函数、程序和字符等固定不变的信息。

ROM 按照数据写入的方式不同可分为：

（1）掩膜 ROM（MROM）。MROM 中存储的内容是生产厂家利用掩膜技术写入的，用户在使用时不能再改变其中存储的内容。

（2）可编程 ROM（PROM）。PROM 中存储的内容由用户写入，一经写入不能再改动，也就是只能写入一次。

（3）可擦除可编程 ROM（EPROM）。EPROM 中内容由用户写入，能改写，但是改写过程复杂，正常工作时也只读不写。

（4）电可擦除可编程 ROM（EEPROM）。EEPROM 中存储的数据可以用电压信号快速改写，广泛用于通信设备中，如手机。

1. ROM 的结构

ROM 主要由地址译码器、存储矩阵和输出缓冲器三部分组成，其结构示意图如图 8—2 所示。地址译码器为全译码器，有 n 条地址输入线，用 A_0～A_{n-1} 表示；有 2^n 条译码输出线，用 W_0～W_{2^n-1} 表示，称字线；存储矩阵存放大量二进制信息，它主要由存储单元组成，有 m 条输出线，分别用 D_0～D_{m-1} 表示，称位线。由此可知，该存储器的存储容量为 $2^n\times m$。例如，地

址线 $n=10$ 条，则译码器的输出线为 $2^n=2^{10}=1\,024$（条），设存储矩阵有 $D_0\sim D_7$ 8 位二进制信息输出，$m=8$ 时，则该 ROM 的存储容量为 $2^{10}\times8$（位）$=1\text{K}\times8$（位）。

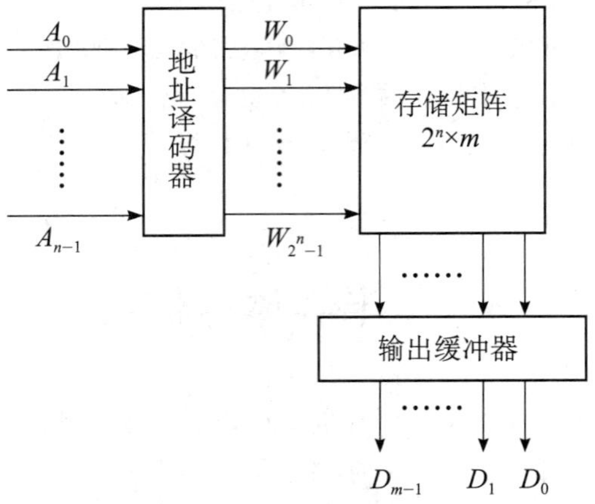

图 8—2　ROM 的结构示意图

2. ROM 的工作原理

按照存储电路中所使用存储器件的不同，ROM 分为二极管 ROM、双极型三极管 ROM 和 MOS 管 ROM 三种，其工作原理基本相同。在此以二极管 ROM 为例来说明 ROM 的工作原理，如图 8—3 所示。它是由二极管构成的容量为 4×4 的 ROM。由图可知地址译码器是一个与门构成的阵列，称为与阵列；存储矩阵是一个或门构成的阵列，称为或阵列。

图中地址译码器输出 4 条字线是 4 个与门的输出，表达式如下：

$$W_0=\overline{A}_1\overline{A}_0$$
$$W_1=\overline{A}_1A_0$$
$$W_2=A_1\overline{A}_0$$
$$W_3=A_1A_0$$

图中二极管构成的存储矩阵，对应于每一个输出位 D_0、D_1、D_2 和 D_3 来说，表达式如下：

$$D_0=W_0+W_2=\overline{A}_1\overline{A}_0+A_1\overline{A}_0$$
$$D_1=W_1+W_2+W_3=\overline{A}_1A_0+A_1\overline{A}_0+A_1A_0$$
$$D_2=W_0+W_2+W_3=\overline{A}_1\overline{A}_0+A_1\overline{A}_0+A_1A_0$$
$$D_3=W_1+W_3=\overline{A}_1A_0+A_1A_0$$

由上面的表达式可得 ROM 的存储内容，见表 8—1。

表 8—1　　ROM 存储内容

地址代码		字线译码结果				存储内容			
A_1	A_0	W_3	W_2	W_1	W_0	D_3	D_2	D_1	D_0
0	0	0	0	0	1	0	1	0	1
0	1	0	0	1	0	1	0	1	0
1	0	0	1	0	0	0	1	1	1
1	1	1	0	0	0	1	1	1	0

从图 8—3 可以看出，字线与位线的每个交叉点都是一个存储单元，交叉点处接有二极管时相当于存 1，没有接二极管时相当于存 0，交叉点的数目也就是存储单元数。通常直接用存

储单元的数目表示存储器的存储容量，并写成“字数 × 位数”的形式，即存储量为 4（字数）×4（位数）。

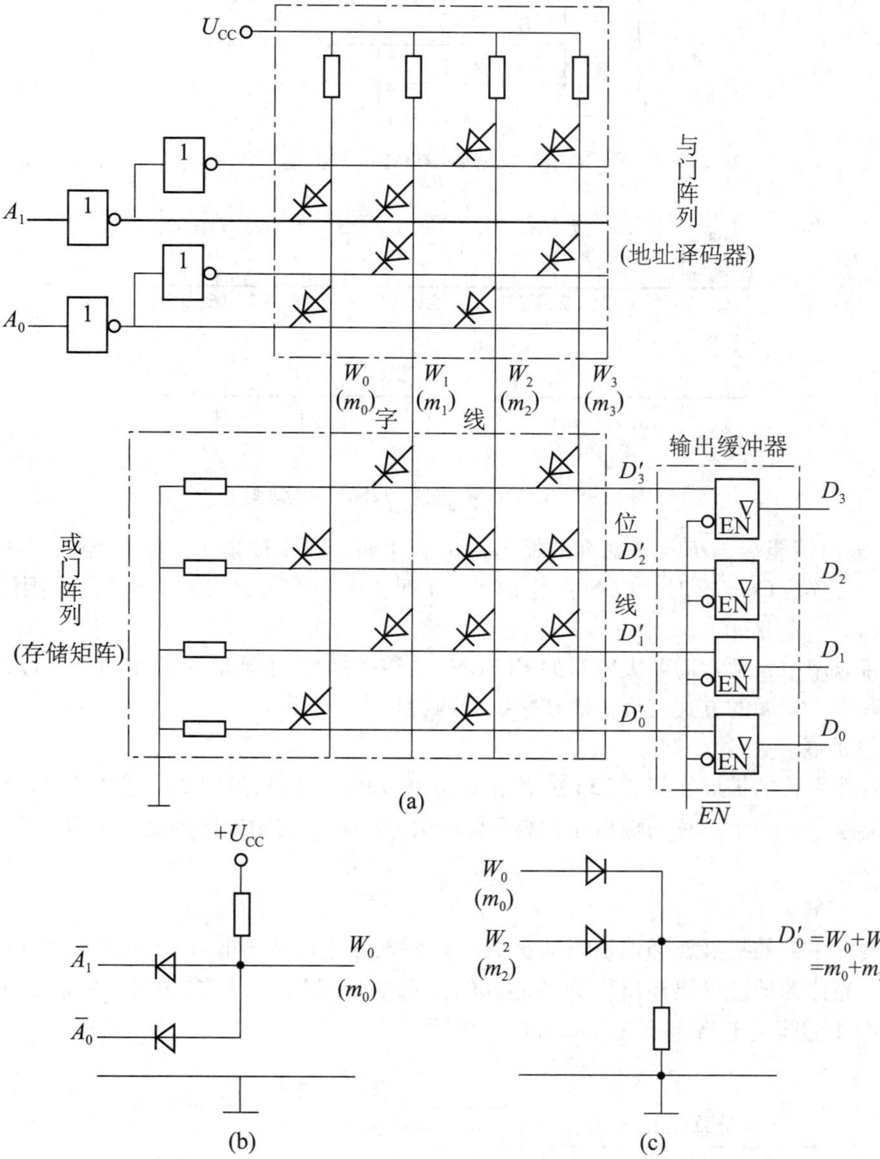

（a）ROM 电路　　（b）二极管与门　　（c）二极管或门

图 8—3　二极管 ROM

极管 ROM 可以画成陈列图的形式，如图 8—4 所示。图中交叉处的圆点代表有二极管，表示该单元存储 1，没有画圆点的交叉处，表示存储 0。当 $A_1A_0 = 00$ 时，$W_0 = 1$，此时存储的数据 $D_3D_2D_1D_0$（0101）被输出。

3. ROM 的扩展

27256 是 32K ×8（位）的常用 EPROM 典型芯片，27256 的引脚图如图 8—5 所示。

正常使用时，U_{CC} 和 U_{PP} 接 5V；编程时，U_{PP} 接 25V。

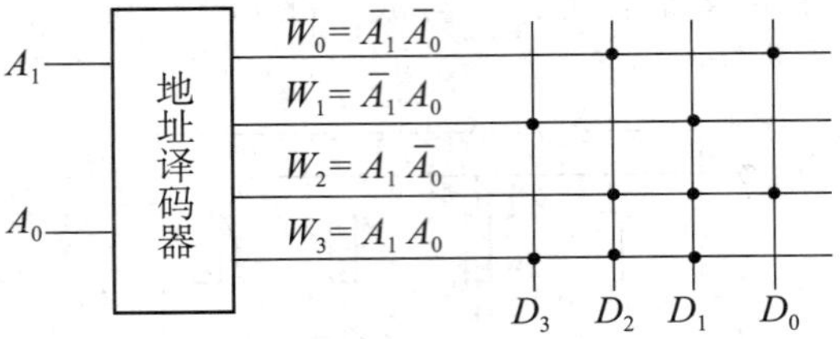

图 8—4　二极管 ROM 的阵列图

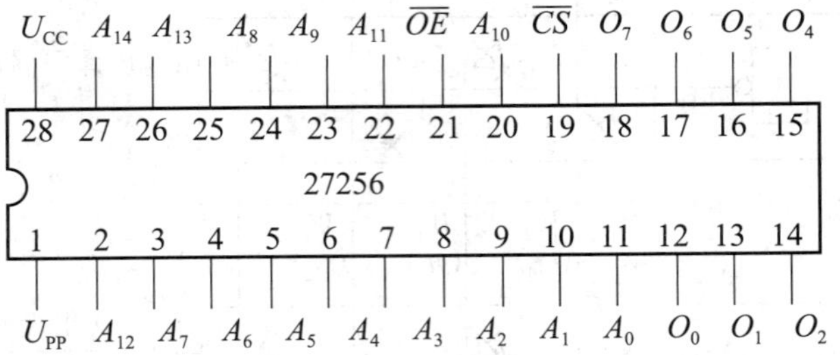

图 8—5　EPROM 芯片 27256 的引脚图

$\overline{OE}$ 为输出使能端，$\overline{OE}=0$ 时允许输出；$\overline{OE}=1$ 时，输出被禁止，ROM 输出端为高阻态。

$\overline{CS}$ 为片选端，$\overline{CS}=0$ 时，ROM 工作；$\overline{CS}=1$ 时，ROM 停止工作，且输出为高阻态，不论 $\overline{OE}$ 为何值。

在实际应用中，常常需要大容量的 EPROM，当有的芯片不能满足要求时，可以用扩展容量的办法解决。扩展的方式有位扩展和字扩展两种。

（1）位扩展。

位扩展即字长的扩展。将 27256 扩展成 16 位的 EPROM，只需把 2 个芯片的地址线和控制线都分别连起来，一个芯片的输出作为高 8 位，另一个芯片的输出作为低 8 位即可。连接图如图 8—6 所示。

（2）字扩展。

字扩展即字数的扩展，即地址码的扩展。只要把各个芯片的输出线和输入地址线都各自并联起来，高位的地址译码输出作为各芯片的片选信号 $\overline{CS}$ 。4 片 27256 扩展成为 $4\times32K\times8$（位）EPROM 的简化电路连接图，如图 8—7 所示。

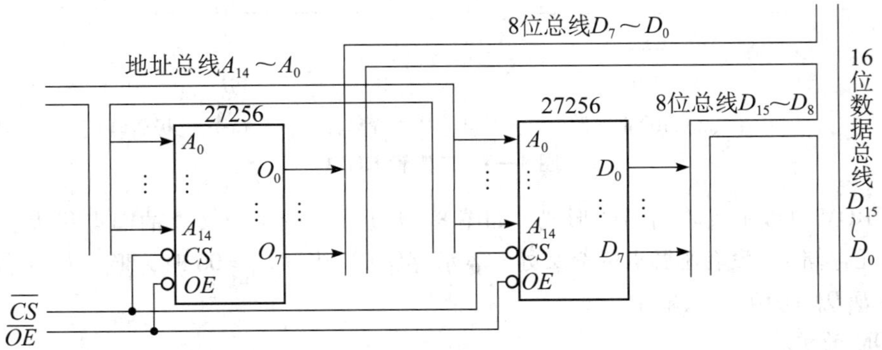

图 8—6　2 片 27256 扩展成 32K×16（位）EPROM

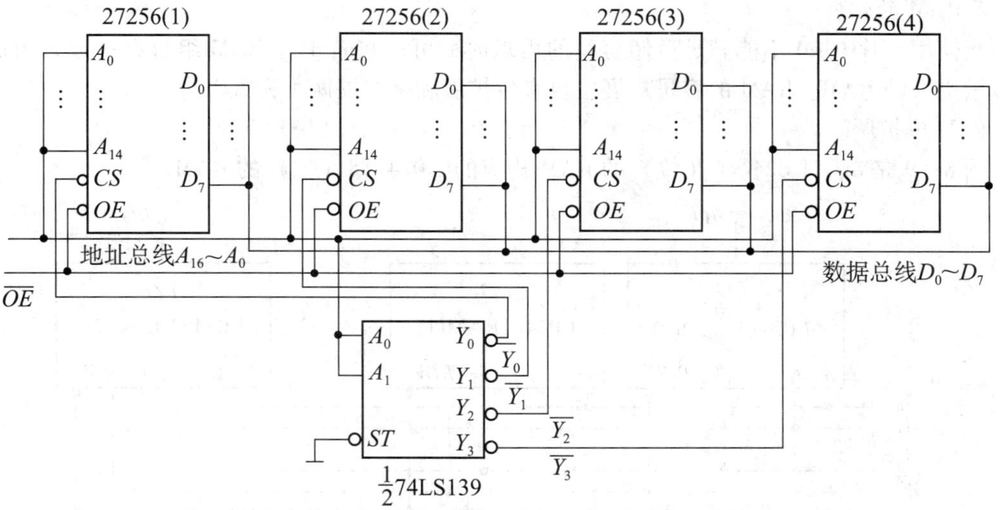

图 8—7　4 片 27256 扩展成 4×32K×8（位）EPROM

8.1.2　随机存储器

随机存储器（RAM），是数字计算机的重要记忆部件，用来暂时存放数据或指令。RAM 的优点是读写方便、使用灵活；缺点是断电后存于 RAM 的信息会丢失，一般用来做各种微型计算机的内部存储器。

根据器件类型，RAM 分为双极型和 MOS 型两种。双极型 RAM 工作速度高，但制造工艺复杂、成本高、功耗大、集成度低，主要用于高速工作场合。MOS 型 RAM 制造工艺简单、成本低、功耗小、集成度高，但工作速度比双极型 RAM 低。目前大容量 RAM 都采用 MOS 型。

1. RAM 的结构

图 8—8 是 RAM 的结构示意图，它由地址译码器、存储矩阵、读写控制电路组成。RAM 通过地址译码器进行寻址，即由译码器的输出线控制存储矩阵中的各个单元与输入/输出端接通。存储矩阵中的存储单元在读写控制信号（$R/\overline{W}$）的控制下，既可以随时从指定地址单元中读出数据，又可以随时写入新的数据。

当 CS 有效时，芯片被选中，可进行读写操作。此时若读信号有效，则被选中单元的信息通过三态数据缓冲输出（称为读出）；若写信号有效，则外部数据通过三态数据缓冲器存入（写入）相应的存储单元。片选（CS）无效时三态数据缓冲器处于高阻状态。

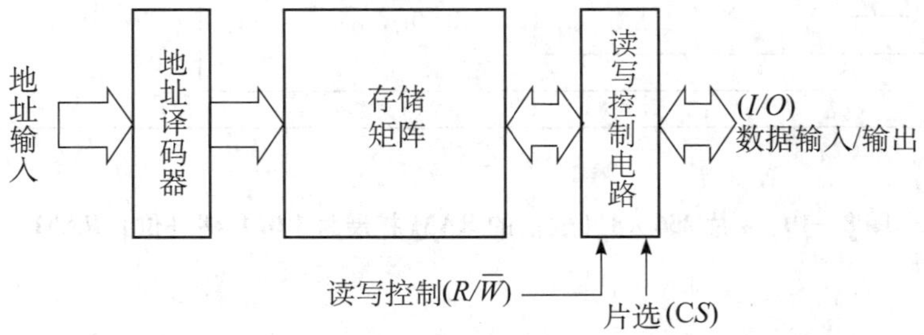

图 8—8　RAM 的结构示意图

2. RAM 的扩展

当使用一片 RAM 不能满足存储容量的需求时，可以将若干片 RAM 组合在一起，组成一个容量更大的 RAM。RAM 的容量扩展主要有位扩展和字扩展两种方式。

（1）位扩展。

图 8—9 是 8 片 1 024 ×1（位）的 RAM 构成的 1 024 ×8（位）的 RAM。

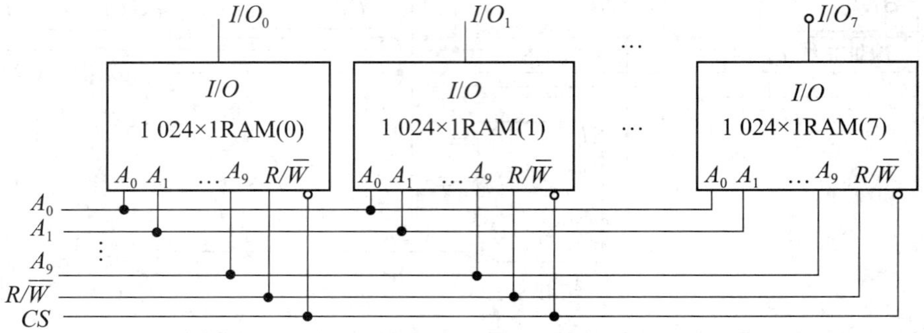

图 8—9　1 024 ×1（位）的 RAM 构成的 1 024 ×8（位）的 RAM

（2）字扩展。

如果每一片存储器的数据位数够用而字数不够用时，则需要采用字扩展方式，将多片存储器芯片组成一个字数更多的存储器。图 8—10 是 4 片 256 ×8（位）的 RAM 扩展为 1 024 ×8（位）RAM。

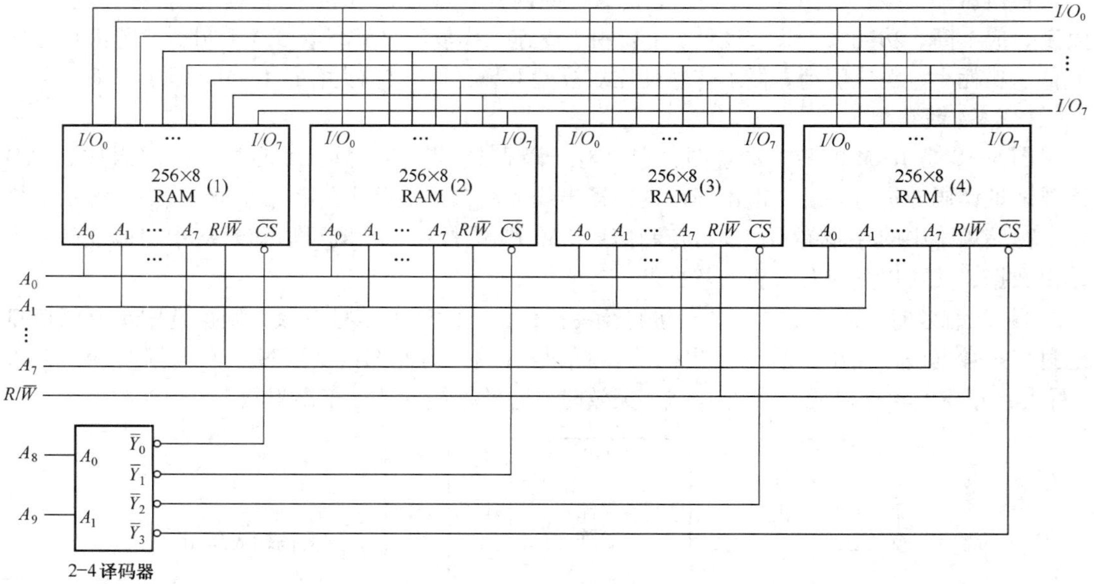

图 8—10　4 片 256 ×8（位）的 RAM 扩展为 1 024 ×8（位）RAM

8.2　可编程逻辑器件

可编程逻辑器件（Programmable Logic Device，PLD）是一种可由用户对其进行编程的大规模通用集成电路，是20世纪70年代发展起来的新型集成器件。可编程逻辑器件的种类很多，常按集成度来分类，一般分为两大类：

（1）简单可编程逻辑器件（SPLD）。芯片集成度较低，可用逻辑门数大约在500门以下。早期出现的可编程只读存储器（PROM）、可编程逻辑阵列（PLA）、可编程阵列逻辑（PAL）、通用阵列逻辑（GAL）都属这一类。

（2）高密度可编程逻辑器件（HDPLD）。芯片集成度较高，如现在大量使用的复杂可编程逻辑器件（Complex Programmable Logic Device，CPLD）、现场可编程门阵列（Field Programmable Gate Array，FPGA）。

简单可编程逻辑器件是最早出现的可编程逻辑器件，逻辑规模都比较小，只能实现通用数字逻辑电路的一些功能，在结构上是由最简单的“与—或”门阵列和输入输出单元组成。

8.2.1　PLD的基本结构、分类和内部电路表示方法

1. PLD的基本结构

数字电路分为组合逻辑电路和时序逻辑电路，任何组合逻辑函数都可用“与—或”表达式来表示，从而可用与门和或门来实现。而时序逻辑电路又由组合逻辑电路和存储电路（触发器）组成，多数PLD器件的内部电路就是根据上述电路的特点设计的，因此，PLD器件的基本结构如图8—11所示。

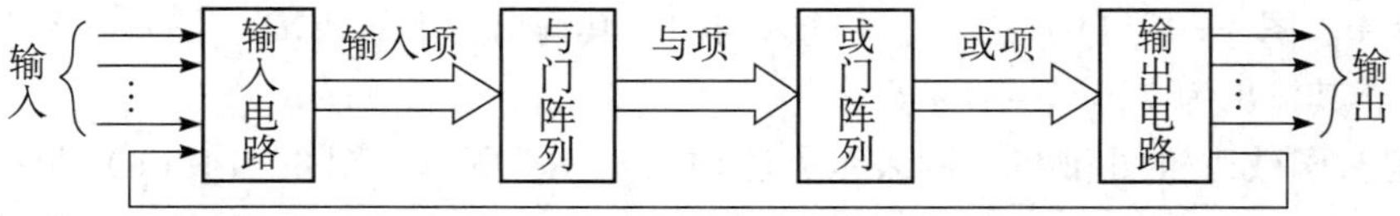

图8—11　PLD结构示意图

输入电路主要是将输入信号变换为互补信号，并有选择地接到与阵列中的有关与门的输入端，在与阵列输出端得到一组与项（乘积项），被有选择地加到相应或门的输入端，在或阵列输出端得到一组或项，它为“与—或”表达式，再加到输出电路上。输出电路一般都采用三态输出结构。

2. PLD的分类

通常根据PLD的各个部分是否可以编程或组态，将PLD分为可编程只读存储器（PROM）、可编程逻辑阵列（PLA）、可编程阵列逻辑（PAL）、通用阵列逻辑（GAL），见表8—2。

表8—2　　PLD的分类

分类	与阵列	或阵列	输出电路
PROM	固定	可编程	固定
PLA	可编程	可编程	固定
PAL	可编程	固定	固定
GAL	可编程	固定	可组态

PAL 和 GAL 器件性能稳定可靠、成本低、开发软件丰富完善，因此应用广泛。

3. PLD 内部电路表示方法

PLD 内部每个节点分三种情况：未连接、固定连接、可编程连接。表示方法如图 8—12 所示。“未连接”表示该节点的两条交叉的线互不相连，是断开的，在两条线交叉处既没有交叉点也没有小圆点；“固定连接”表示该节点的交叉点是固定地连接着，不可以通过编程将其断开，通常用一个小圆点来表示；“可编程连接”表示该节点的两条交叉线是通过编程的方法将其连接上的，可以通过编程将其断开，通常用一个叉来表示连接。

图 8—12 PLD 内部节点连接表示

由于 PLD 的阵列连接规模十分庞大，为方便起见，在绘制 PLD 的逻辑图时常采用简化画法，如图 8—13 所示。

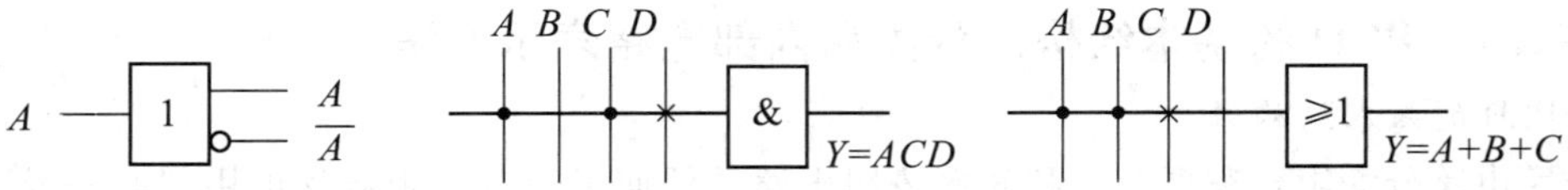

(a) 缓冲器画法　(b) 与门画法　(c) 或门画法

图 8—13 PLD 器件的内部电路简化表示方法

图 8—13（a）是缓冲器的画法，输入信号 A 经过缓冲器后，在输出端产生互补的原变量 A 和反变量 $\bar{A}$。图 8—13（b）为一个 4 输入与门，其输出为 $Y = ACD$。图 8—13（c）为一个 4 输入或门，其输出为 $Y = A + B + C$。

组合逻辑函数逻辑图和 PLD 的表示方法如图 8—14 所示。图 8—14（a）是两个组合逻辑函数 $Y_1 = \bar{A}B + A\bar{B}$ 和 $Y_2 = \bar{A}\,\bar{B} + AB$ 的逻辑图，图 8—13（b）是两个逻辑函数的 PLD 表示图。由于 PLD 的结构关系相对固定，可将（b）图简画为（c）图。（c）图中虚线左侧表示与阵列，竖线表示输入，横线表示输出；虚线右侧表示或阵列，横线表示输入，竖线表示输出。

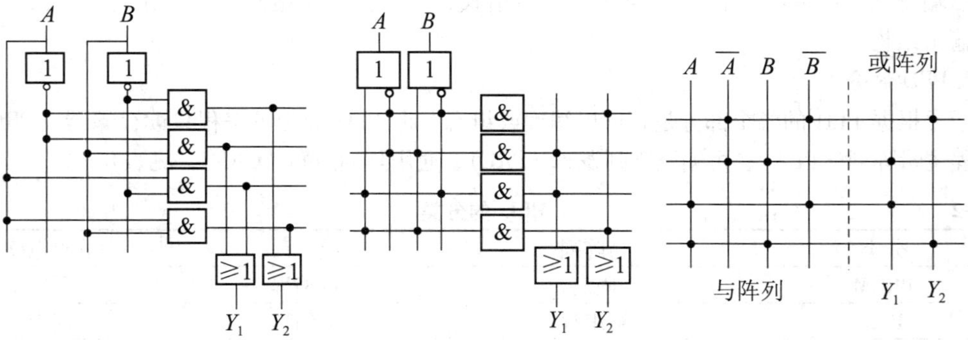

(a)　(b)　(c)

图 8—14 组合逻辑函数逻辑图和 PLD 的表示方法

8.2.2　PAL

PAL 是的一次性可编程逻辑器件，它主要由可编程的与阵列、不可编程的或阵列和输出电路组成，其阵列结构如图 8—15 所示。

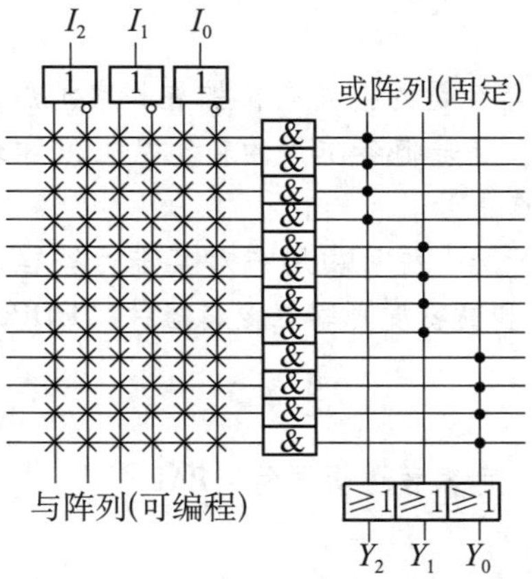

图 8—15　PAL 的阵列结构

例 8—1　如图 8—16 所示为用 PAL 实现的一组组合逻辑函数，试写出该组组合逻辑函数的表达式。

分析　根据 PAL 的结构特点和阵列的编程情况，可先写出每个与门的输出情况，然后根据固定的或门，写出函数的表达式。

解　从图 8—16 中可知，与门输出的结果从上到下依次为：

$\bar{I}_2I_1$、$I_2\bar{I}_1\bar{I}_0$、I_2I_1、$\bar{I}_1I_0$、$I_2\bar{I}_1$、$I_2I_1I_0$、I_2I_1、$\bar{I}_2\bar{I}_0$、$\bar{I}_2\bar{I}_1\bar{I}_0$、$I_2\bar{I}_0$、$I_1\bar{I}_0$、$I_2I_1I_0$。

由固定的或阵列可得：

$$Y_2 = \bar{I}_2I_1 + I_2\bar{I}_1\bar{I}_0 + I_2I_1 + \bar{I}_1I_0$$

$$Y_1 = I_2\bar{I}_1 + I_2I_1I_0 + \bar{I}_2\bar{I}_0 + \bar{I}_2\bar{I}_1\bar{I}_0$$

$$Y_0 = I_2I_0 + I_1\bar{I}_0 + I_2I_1I$$

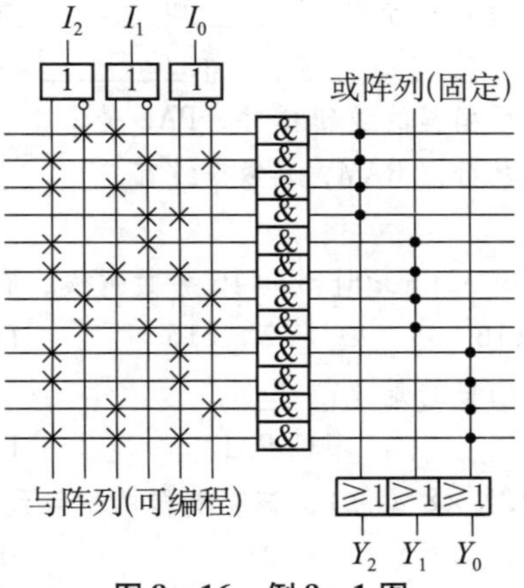

图 8—16　例 8—1 图

【总结提要】

1. 只读存储器只能读不能写，用于存储需长期保存的固定数据。ROM 分为 MROM、PROM、EPROM 和 EEPROM。

2. 随机存储器用来暂时存放数据或指令。RAM 的优点是读写方便，使用灵活；缺点是断电后存于 RAM 的信息会丢失，一般用来做各种微型计算机的内部存储器。RAM 有双极型和 MOS 型两种。

3. 只读存储器和随机存储器容量的扩展有位扩展和字扩展，位扩展就是将芯片的地址线和控制线都分别并联起来；字扩展是把各芯片的输出数据线和地址线都并联起来，用高位地址的译码输出作为各芯片的片选信号。

4. 可编程逻辑器件（PLD）是一种可由用户对其进行编程的大规模通用集成电路，分为简单可编程逻辑器件（SPLD）和高密度可编程逻辑器件（HDPLD）。

【概念复习】

只读存储器、随机存储器、可编程逻辑器件、PAL。

【网站读物】

搜索关键词——只读存储器、随机存储器、可编程逻辑器件、PAL。

【问题思考】

1. 什么是只读存储器，分为几类？
2. 什么是随机存储器，它与只读存储器有什么区别？
3. 一般 RAM 由哪几部分组成？各部分的作用是什么？
4. 什么是位扩展，什么是字扩展？
5. 什么是可编程逻辑器件，如何分类？

【习题练习】

1. 填空题

（1）半导体存储器按存储功能可分为________和________两种类型。

（2）ROM 的电路结构由________、________和________三部分组成。

（3）PLA 是________阵列可编程的逻辑器件，PAL 是________阵列可编程的逻辑器件。

（4）一个 256 字线 ×1 位线的静态 RAM，其数据线有________条，地址线有________条。

2. 选择题

（1）某计算机有内存储器有 32 条地址线和 16 条数据线，存储容量是________。

A. $32^2\times16$　　B. 32×16^2　　C. $2^{32}\times16$　　D. 32×16

（2）与陈列固定或陈列可编程的是________。

A. PLA　　B. GAL　　C. PAL　　D. PROM

（3）半导体存储器容量 512K×8（位），该存储器的地址线为________条。

A. 8　　B. 9　　C. 2　　D. 12

（4）半导体存储器容量 8K×4（位），该存储器的数据线为________条。

A. 10　　B. 2　　C. 4　　D. 12

3. 分析题

（1）试画出用 1 024 ×4（位）的 RAM 扩展成 4 096 ×4（位）的 RAM 接线示意图。

（2）试用如图 8—17 所示的 PAL 实现下列逻辑函数：

$$O_3 = ABC + BCD + ACD + ABD$$

$$O_2 = \bar{A}B + B\bar{C} + D$$

$$O_1 = A\bar{B} + \bar{A}B$$

$$O_0 = AB + \overline{AB}$$

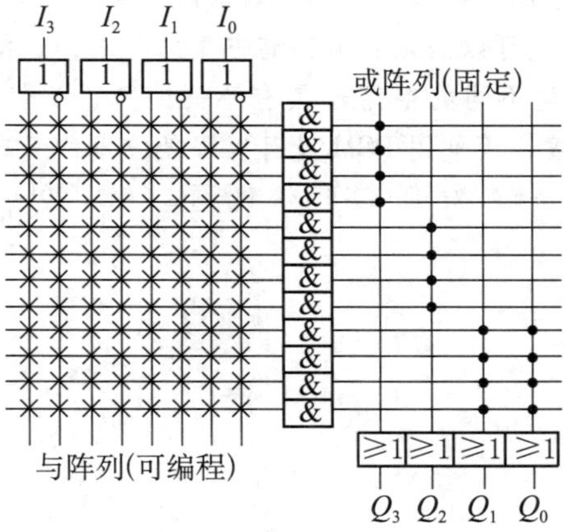

图 8—17

【书报文摘】

相变存储器凸显高效率低成本

在智能电表应用中，随着用户信息存储量的增加，需要低成本、高可靠性的系统进行数据的存储。相变存储器（PCM）利用六族元素的合金在晶态和非晶态之间进行转换来存储信息，具有很多优点。

（1）PCM 具有位修改性。例如要更改客户端的地址数据，如果使用 Flash 的话，必须先把 Flash 的内容备份到 XRAM 里面，之后在 XRAM 里修改，并删除 Flash 里面原有的数据，最后再把 XRAM 里的数据传输到 Flash；而 PCM 由于具有位修改性，可以直接进行修改，因此具有操作速度快、效率高的优点。

（2）PCM 具有很高的写入次数。高端电表经常要实时写入数据，它对写入次数要求非常高。PCM 单个存储单元写入次数可达 10^{12}。由于我们有更大的存储单元，带来制造环节的缺陷不可避免，也有不同工艺、不同批次的产品造成的一些变量干扰，因此实际的产品写入次数目前可以做到 $10^6 \sim 10^8$，这基本上可以满足高端电表的要求。相比之下，Flash 大概在写入 10 万次的时候电压就有了比较明显的变化。因此，PCM 写入次数远远大于 Flash。

（3）PCM 的成本下降空间还很大。目前，Flash 器件面临一个问题，50 纳米以下的工艺要考虑器件可靠性与成本下降之间的平衡，因为在 50 纳米以下，可用的存储电子减少会带来存储失效。而 PCM 的工艺继续升级可达 5 纳米，因此，从工艺范围上看，PCM 比业界其他的存储技术有更广阔的成本下降空间。

在高端的电表存储方案中，除了 MCU 外，还需要一个大电容或者一个电池，以保证系统发生掉电的时候可以记录事件。根据基于传统存储器件的设计，电表需要在 100～200 毫秒的时间内写入数据；由于 PCM 的操作速度比较快，客户在使用过程中不需要那么大的电容以应付较长的断电时间，因此也可以节省成本。

传统的智能电表设计采用三类独立的存储器件，即 MCU 通过 SPI 或者并行接口使用 NVRAM 来记录实时信息，用 EEPROM 和 Flash 记录历史数据。PCM 可以整合目前的存储架构，即只使用一颗 PCM 芯片就可以满足目前存储方案的要求，这使得 PCM 在供应链和生产管理上都具有优势。此外，三类不同的存储器具有不同的特性，包括接口的速度、操作模式、软件都会增加设计的复杂程度，而使用 PCM 就可以降低方案的复杂度。

资料来源：刘群：《相变存储器凸显高效率低成本》，载《中国电子报》，2010-06-22。

附录一　数制与码制

一、数制

数制即指计数的方法。日常生活中经常使用的有十进制、二十四进制及六十进制等。数字电路还经常使用二进制、八进制及十六进制。

1. 十进制

十进制是日常生活中常用的计数体制。每一位的系数可以是 0，1，2，3，4，5，6，7，8，9 中的一个，计数的基数是 10，超过 9 的数用多位数表示，其相邻的低位和高位间的关系是“逢十进一”，故称为十进制。

任意一个十进制数 D 可展开为：

$$D = \sum_{i=-m}^{n-1} K_i 10^i \qquad (附1)$$

式中，K_i 是第 i 位的系数，它可以是 0～9 十个数码中的任何一个，10^i 称为第 i 位的权。例如：

$456.78 = 4\times10^2 + 5\times10^1 + 6\times10^0 + 7\times10^{-1} + 8\times10^{-2}$

若以 N 代替公式（附 1）中的 10，则可得到任意进制数的展开式：

$$D = \sum_{i=-m}^{n-1} K_i N^i \qquad (附2)$$

式中，K_i 为第 i 位的系数；N 为计数基数；N^i 为第 i 位的权；$K_i N^i$ 为第 i 位的加权系数，故任意进制数的数值等于各加权系数之和。

2. 二进制

在数字电路中广泛采用的是二进制。在二进制中，每位有 0 和 1 两个数字，计数基数为 2，相邻低位和高位的进位关系是“逢二进一”，故称为二进制。其加权系数展开式为：

$$D = \sum_{i=-m}^{n-1} K_i 2^i \qquad (附3)$$

利用式（附 3）可以计算出用二进制数表示的十进制数的大小。例如：

$(1101.101)_2 = 1\times2^3 + 1\times2^2 + 0\times2^1 + 1\times2^0 + 1\times2^{-1} + 0\times2^{-2} + 1\times2^{-3} = (13.625)_{10}$

上式中用下标 2 和 10 分别表示括号里的二进制数及十进制数。

3. 八进制

八进制数中，每一位可以是 0～7 中的每个数码，计数基数是 8，超过 8 要用多位数表示，相邻低位与高位的进位关系是“逢八进一”，故称为八进制。其加权系数展开式为：

$$D = \sum_{i=-m}^{n-1} K_i 8^i \qquad (附4)$$

利用公式（附 4）可计算出它表示的十进制数的大小，例如：

$(562.4)_8 = 5\times8^2+6\times8^1+2\times8^0+4\times8^{-1}=(370.5)_{10}$

上式中的下标 8 表示括号中的数是八进制数。

4. 十六进制

在十六进制中，每一位有十六个不同的数码，分别用0～9、A（10）、B（11）、C（12）、D（13）、E（14）、F（15）表示，计数基数是16，超过16 的要用多位数表示，相邻的低位和高位的进位关系是“逢十六进一”，故称为十六进制，其加权系数展开式为：

$$D=\sum_{i=-m}^{n-1}K_i\,16^i \qquad \text{（附 5）}$$

由公式（附 5）可计算出它所表示的十进制数的大小，例如：

$(2C.8A)_{16}=2\times16^1+12\times16^0+8\times16^{-1}+10\times16^{-2}=(44.539\,062\,5)_{10}$

二、数制间转换

1. 二—十进制转换

把二进制数转换成等值的十进制数称为二—十进制转换。转换时只要按加权系数展开式展开，再把各项的数值相加即为十进制数。例如：

$$\begin{aligned}(1101.11)_2 &= 1\times2^3+1\times2^2+0\times2^1+1\times2^0+1\times2^{-1}+1\times2^{-2}=8+4+0+1+1/2+1/4\\ &=(13.75)_{10}\end{aligned}$$

2. 十—二进制转换

十—二进制转换指将十进制数转换成等值的二进制数，可分为整数部分和小数部分转换两种情形。对整数部分可采用连除法，即所谓“除 2 取余作系数，从低位到高位”的方法。例如，将 $(45)_{10}$化为二进制数：

$$\begin{array}{l} 2\,\underline{|\;45\;}\cdots\cdots\cdots\cdots\text{余数 }1\\ 2\,\underline{|\;22\;}\cdots\cdots\cdots\cdots\text{余数 }0\\ 2\,\underline{|\;11\;}\cdots\cdots\cdots\cdots\text{余数 }1\\ 2\,\underline{|\;5\;\;}\cdots\cdots\cdots\cdots\text{余数 }1\\ 2\,\underline{|\;2\;\;}\cdots\cdots\cdots\cdots\text{余数 }0\\ 2\,\underline{|\;1\;\;}\cdots\cdots\cdots\cdots\text{余数 }1\\ \quad\;\; 0 \end{array}$$

故 $(45)_{10}=(101101)_2$。

小数部分的转换可采用连乘法，即所谓“乘 2 取整作系数，从高位到低位”的方如，将 $(0.625)_{10}$转换为二进制数。

$0.625\times2=1.250\cdots\cdots\cdots\cdots$整数 1

$0.250\times2=0.500\cdots\cdots\cdots\cdots$整数 0

$0.500\times2=1.000\cdots\cdots\cdots\cdots$整数 1

所以有 $(0.625)_{10}=(0.101)_2$。

3. 其他进制—十进制转换

可将其他进制数按加权系数展开式展开，得到的即为等值的十进制数。

4. 二—十六进制转换

若将二进制数转换成等值的十六进制数，只要从低位到高位将 4 位二进制数分为一组，代之以等值的十六进制数，得到的即为十六进制数。例如，将 $(10011011.10100011)_2$ 化为十六进制数：

$$
\begin{array}{cccc}
(1001 & 1011. & 1010 & 0011)_2 \\
\downarrow & \downarrow & \downarrow & \downarrow \\
=(9 & B. & A & 3)_{16}
\end{array}
$$

同理，若将二进制数转换成等值的八进制数，只要从低位到高位将 3 位二进制数分为一组，代之以等值的八进制数，得到的即为八进制数。例如，将 $(101011.110)_2$ 化为八进制数：

$$
\begin{array}{ccc}
(101 & 011. & 110)_2 \\
\downarrow & \downarrow & \downarrow \\
=(5 & 3. & 6)_8
\end{array}
$$

5. 十六—二进制转换

若将十六进制数转换成等值的二进制数，只需将十六进制的每一位用等值的 4 位二进制数代替即可。例如，$(9A5.C8)_{16}$ 转换为二进制数：

$$
\begin{array}{ccccc}
(9 & A & 5. & C & 8)_{16} \\
\downarrow & \downarrow & \downarrow & \downarrow & \downarrow \\
=(1001 & 1010 & 0101. & 1100 & 1000)_2
\end{array}
$$

三、码制

码制是指用二进制数码表示数字符的编码方法。例如用 4 位二进制数码表示 1 位十进制数的 0～9 这十个状态，使其可在数字电路中运行时，有很多种不同的编码方法，见附表 1。通常将用 4 位二进制码表示 1 位十进制数的编码方法叫做二—十进制码，简称为 BCD 码。

附表 1　　几种常见的 BCD 码

十进制数 \ BCD 码	8421 码	2421 码	5211 码	余三码	格雷码
0	0000	0000	0000	0011	0000
1	0001	0001	0001	0100	0001
2	0010	0010	0100	0101	0011
3	0011	0011	0101	0110	0010
4	0100	0100	0111	0111	0110
5	0101	1011	1000	1000	0111
6	0110	1100	1001	1001	0101
7	0111	1101	1100	1010	0100
8	1000	1110	1101	1011	1100
9	1001	1111	1111	1100	1000

在计算机机系统的字符编码多采用美国信息交换标准代码——ASCII（American Standard Code For Information Interchange）码。它用 7 位二进制编码，可以表示 128 个字符，其中包括 0～9共 10 个数码，以及大小写英文字母等可打印的字符。0～9 的数字字符相对应的 ASCII 码分别为 $(0110000)_2$～$(0111001)_2$。为了方便起见，也常采用十六进制数表示 ASCII 码，这时

0～9 的 ASCII 码为 $(30)_{16}$～$(39)_{16}$。附表 2 是 ASCII 编码表。

附表 2　　ASCII 编码表

<table>
<tr><td colspan="2" rowspan="2"></td><td>0</td><td>1</td><td>2</td><td>3</td><td>4</td><td>5</td><td>6</td><td>7</td></tr>
<tr><td>000</td><td>001</td><td>010</td><td>011</td><td>100</td><td>101</td><td>110</td><td>111</td></tr>
<tr><td>0</td><td>0000</td><td>NUL</td><td>DLE</td><td>SP</td><td>0</td><td>@</td><td>P</td><td>`</td><td>p</td></tr>
<tr><td>1</td><td>0001</td><td>SOH</td><td>DC1</td><td>!</td><td>1</td><td>A</td><td>Q</td><td>a</td><td>q</td></tr>
<tr><td>2</td><td>0010</td><td>STX</td><td>DC2</td><td>"</td><td>2</td><td>B</td><td>R</td><td>b</td><td>r</td></tr>
<tr><td>3</td><td>0011</td><td>ETX</td><td>DC3</td><td>#</td><td>3</td><td>C</td><td>S</td><td>c</td><td>s</td></tr>
<tr><td>4</td><td>0100</td><td>EOT</td><td>DC4</td><td>$</td><td>4</td><td>D</td><td>T</td><td>d</td><td>t</td></tr>
<tr><td>5</td><td>0101</td><td>ENQ</td><td>NAK</td><td>%</td><td>5</td><td>E</td><td>U</td><td>e</td><td>u</td></tr>
<tr><td>6</td><td>0110</td><td>ACK</td><td>SYN</td><td>&</td><td>6</td><td>F</td><td>V</td><td>f</td><td>v</td></tr>
<tr><td>7</td><td>0111</td><td>BEL</td><td>ETB</td><td>′</td><td>7</td><td>G</td><td>W</td><td>g</td><td>w</td></tr>
<tr><td>8</td><td>1000</td><td>BS</td><td>CAN</td><td>(</td><td>8</td><td>H</td><td>X</td><td>h</td><td>x</td></tr>
<tr><td>9</td><td>1001</td><td>HT</td><td>EM</td><td>)</td><td>9</td><td>I</td><td>Y</td><td>i</td><td>y</td></tr>
<tr><td>A</td><td>1010</td><td>LF</td><td>SUM</td><td>*</td><td>:</td><td>J</td><td>Z</td><td>j</td><td>z</td></tr>
<tr><td>B</td><td>1011</td><td>VT</td><td>ESC</td><td>+</td><td>;</td><td>K</td><td>[</td><td>k</td><td>{</td></tr>
<tr><td>C</td><td>1100</td><td>FF</td><td>FS</td><td>,</td><td><</td><td>L</td><td>\</td><td>l</td><td>|</td></tr>
<tr><td>D</td><td>1101</td><td>CR</td><td>GS</td><td>-</td><td>=</td><td>M</td><td>]</td><td>m</td><td>}</td></tr>
<tr><td>E</td><td>1110</td><td>SO</td><td>RS</td><td>.</td><td>></td><td>N</td><td>^</td><td>n</td><td>~</td></tr>
<tr><td>F</td><td>1111</td><td>SI</td><td>US</td><td>/</td><td>?</td><td>O</td><td>_</td><td>o</td><td>DEL</td></tr>
</table>

附录二 常用数字集成电路引脚图

一、TTL 集成电路

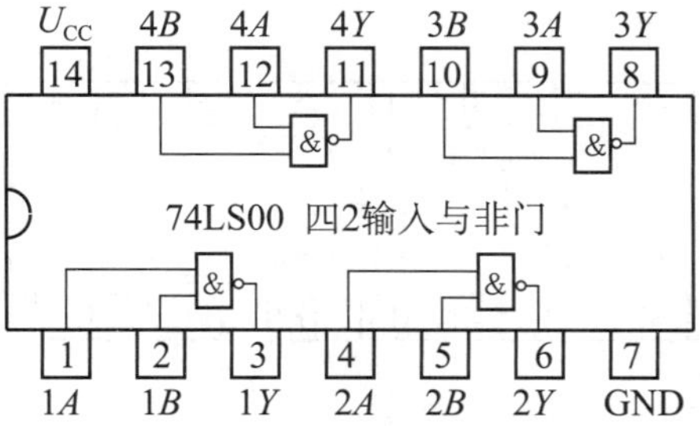

附图1

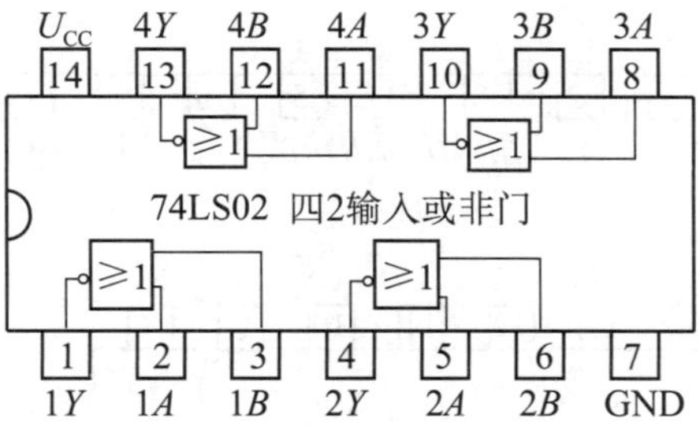

附图2

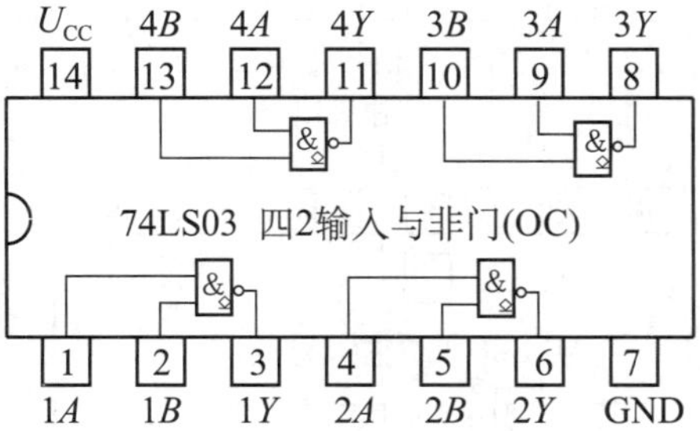

附图3

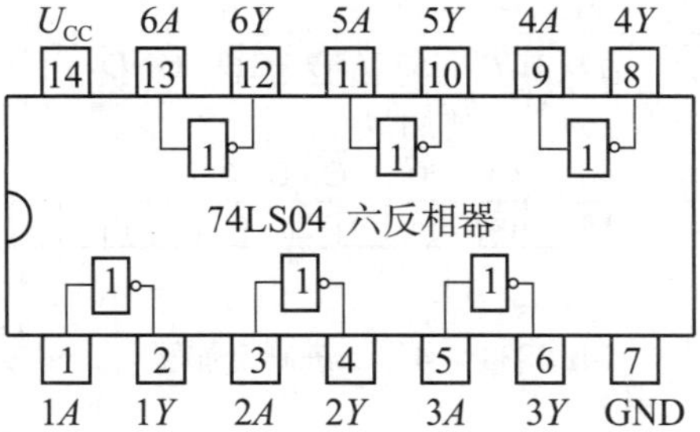

附图4

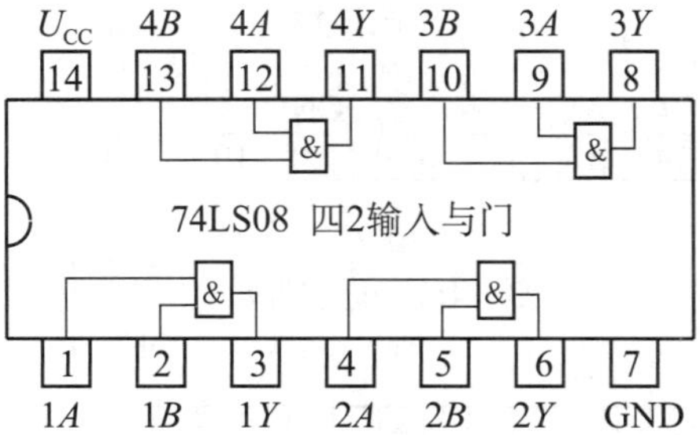

附图5

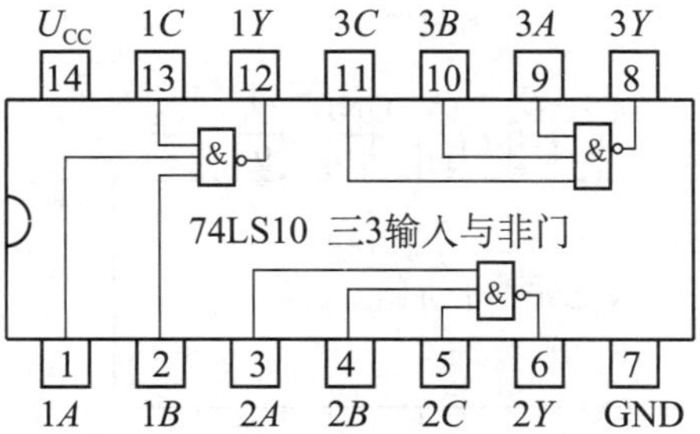

附图6

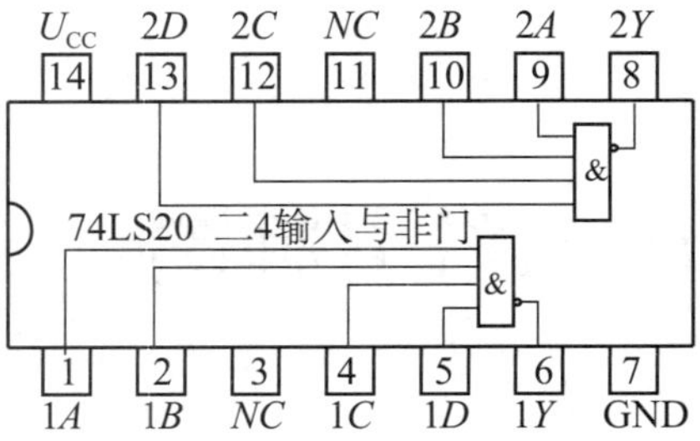

附图7

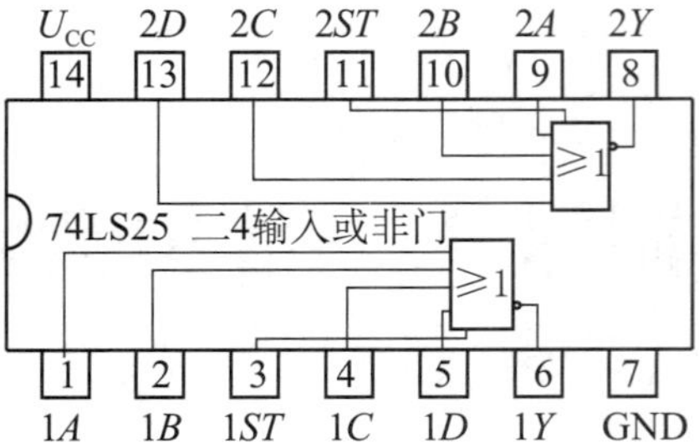

附图8

附图9

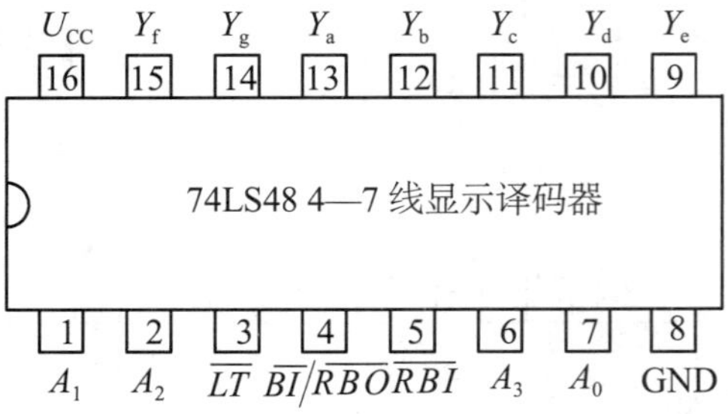

附图10

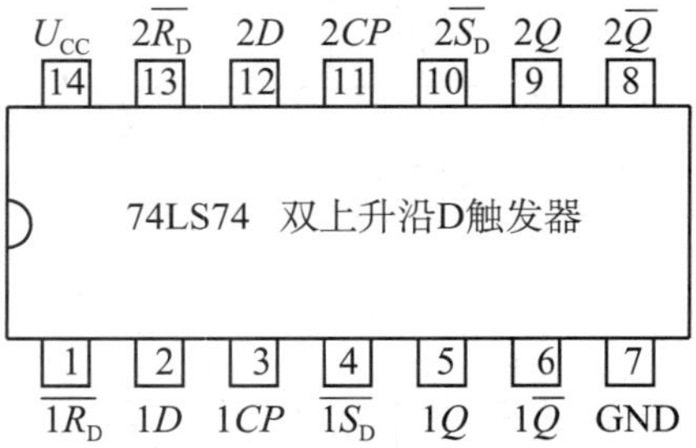

附图11

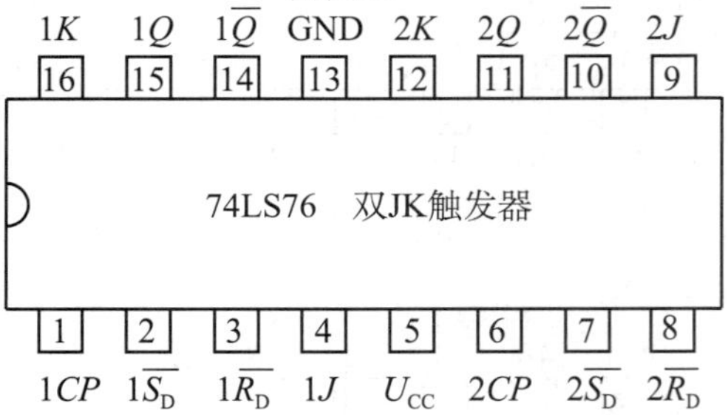

附图12

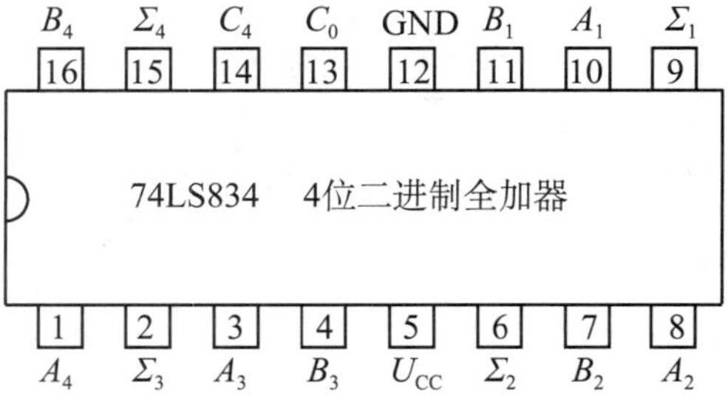

附图13

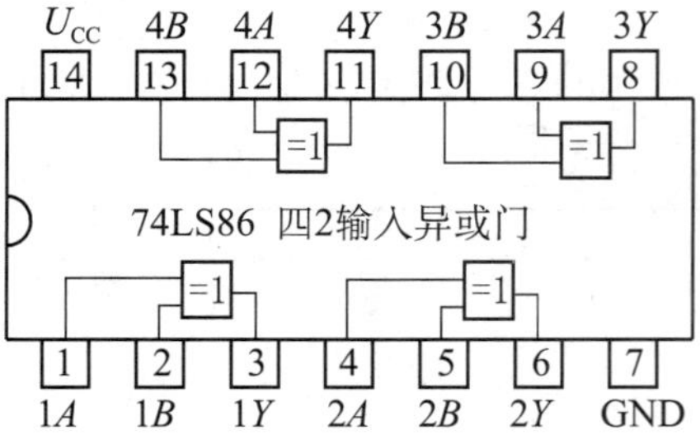

附图14

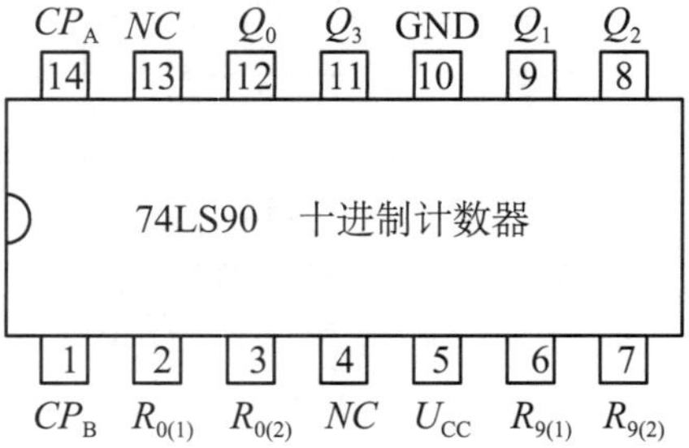

附图15

附图16

附图17

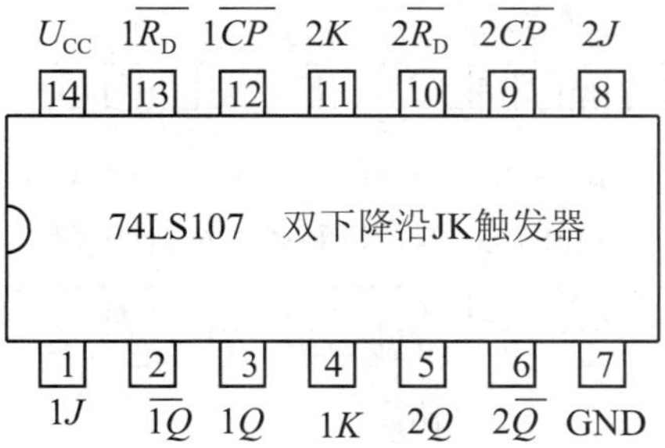

附图18

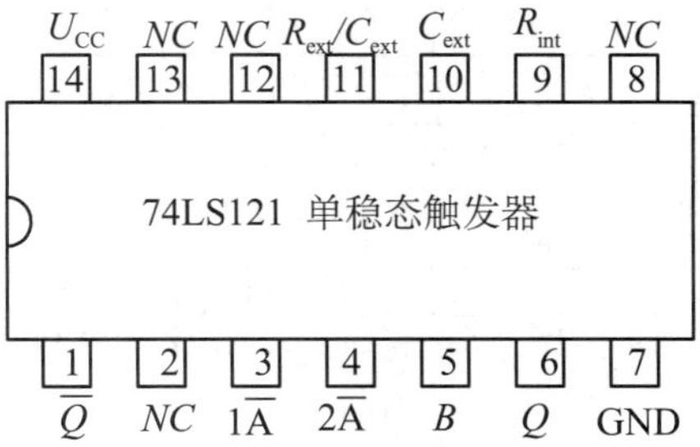

附图19

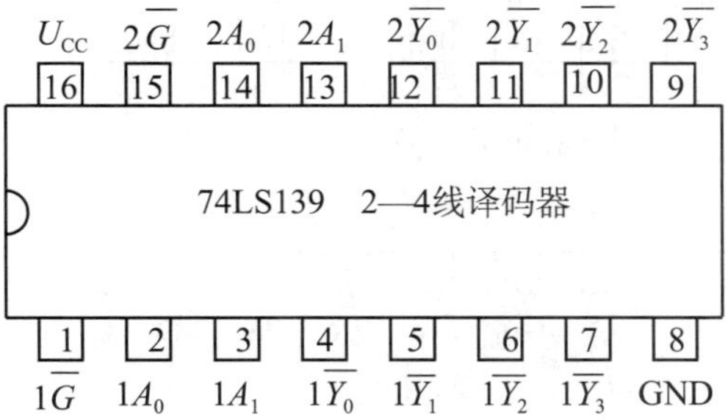

附图20

附图21

附图22

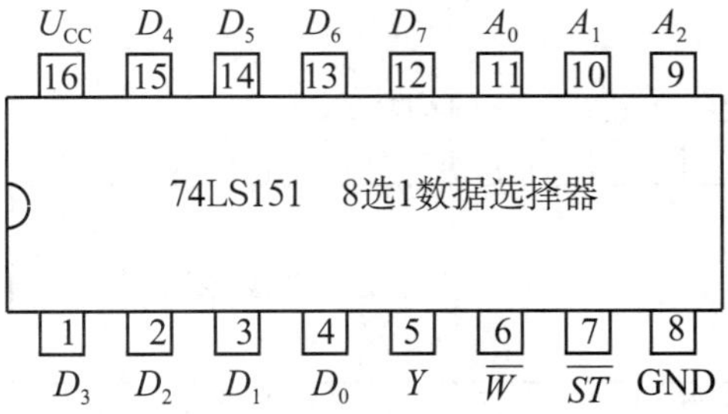

附图23

附图24

附图25

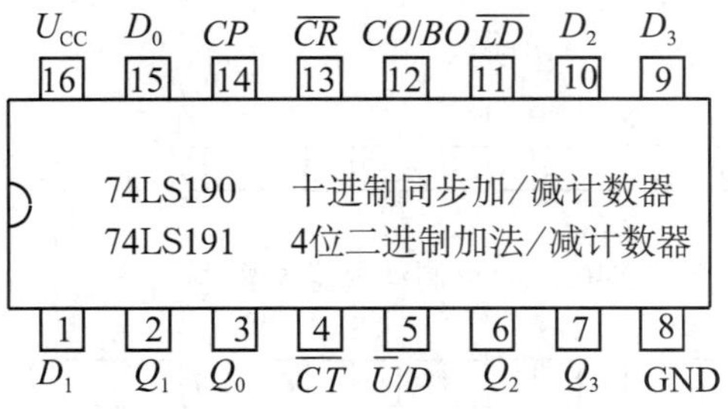

附图26

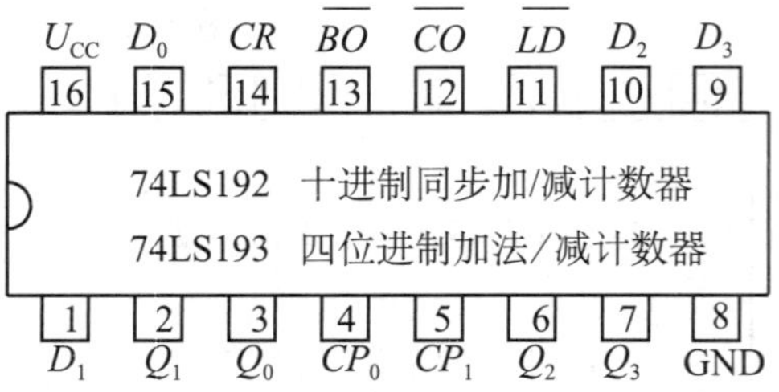

附图27

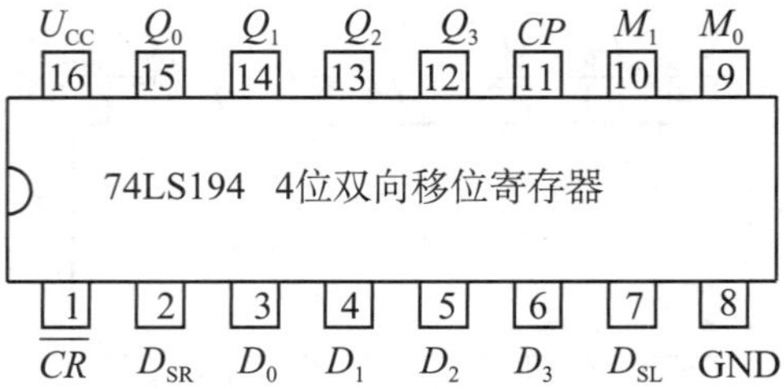

附图28

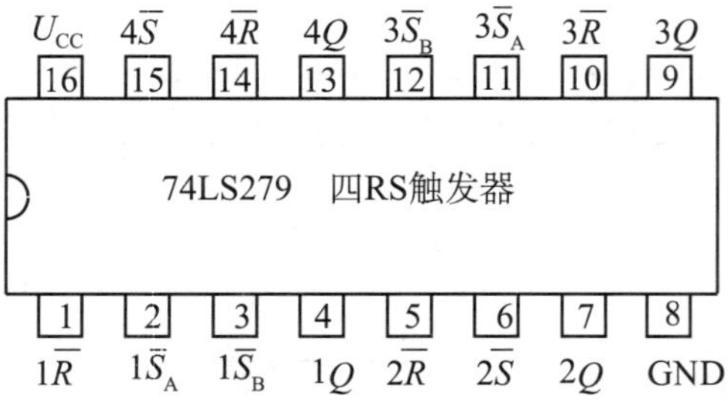

附图29

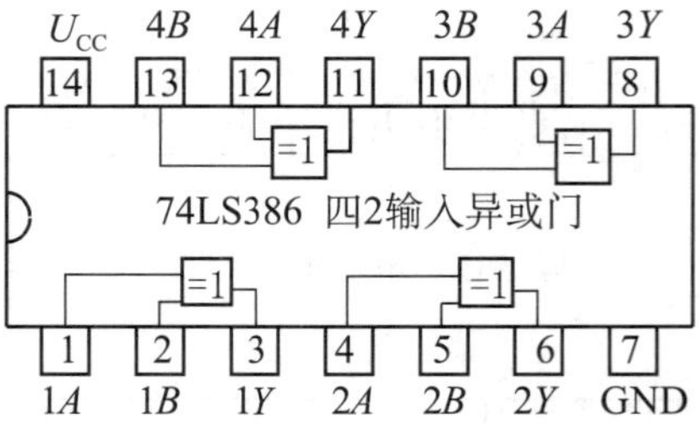

附图30

二、CMOS 集成电路

附图31

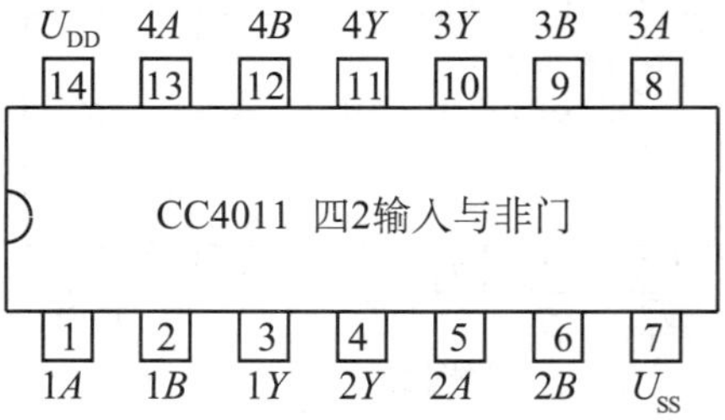

附图32

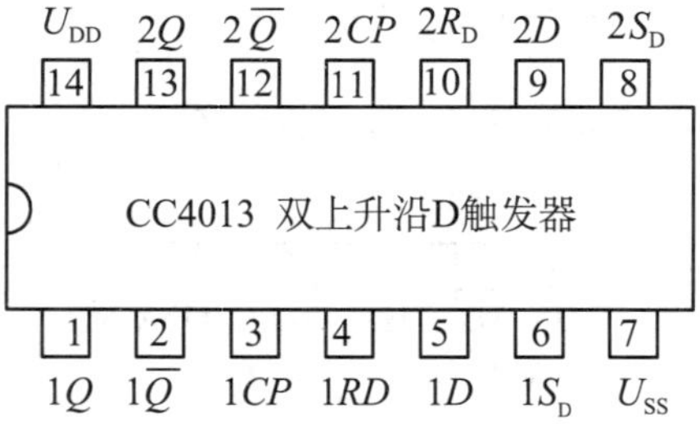

附图33

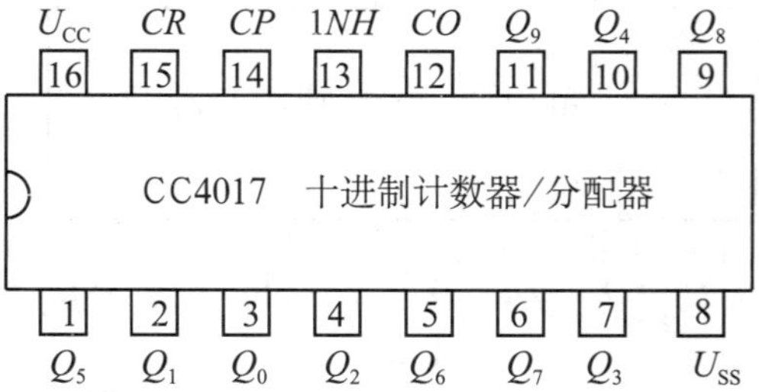

附图34

附图35

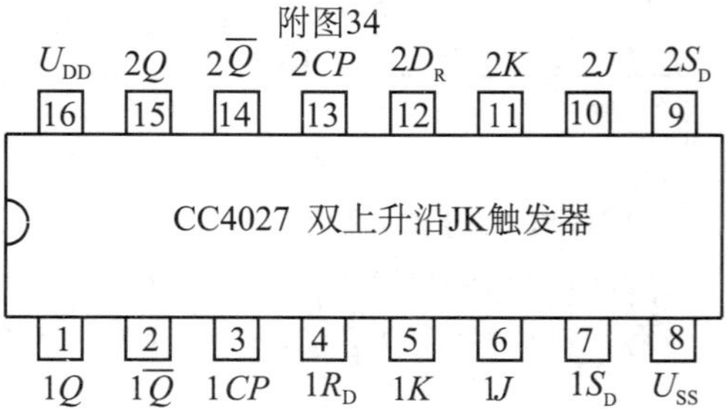

附图36

附录三　参考答案

第 1 章

1. 填空题

(1) 幅度　时间　1　0

(2) 与　或　非　与非　或非　与或非　异或

(3) 交换律　分配律　结合律

(4) 代入规则　反演规则　对偶规则

2. 选择题

(1) D　(2) D　(3) AD　(4) D

3. 判断题

(1) √　(2) √　(3) ×　(4) ×

4. 分析题

(1)

1) $Y=\overline{AB}+C+D$　　2) $Y=\bar{A}C\bar{D}+\bar{C}D$

(2)

1) $Y=\overline{\overline{AB}\cdot\overline{BC}\cdot\overline{AC}}$　　2) $Y=\overline{\overline{\bar{A}\bar{B}}\cdot\overline{\bar{B}\bar{C}}\cdot\overline{ABC}}$

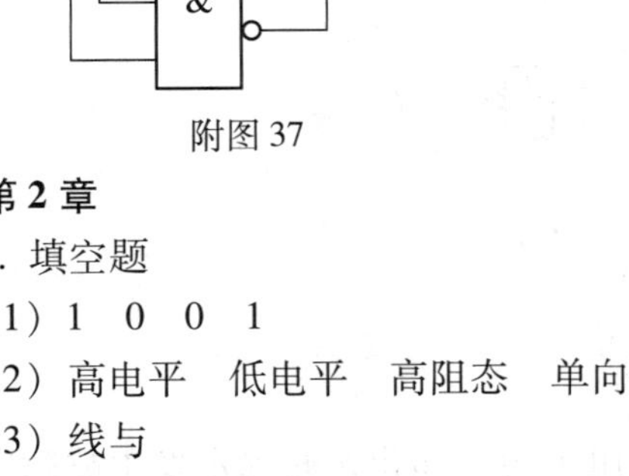

附图 37

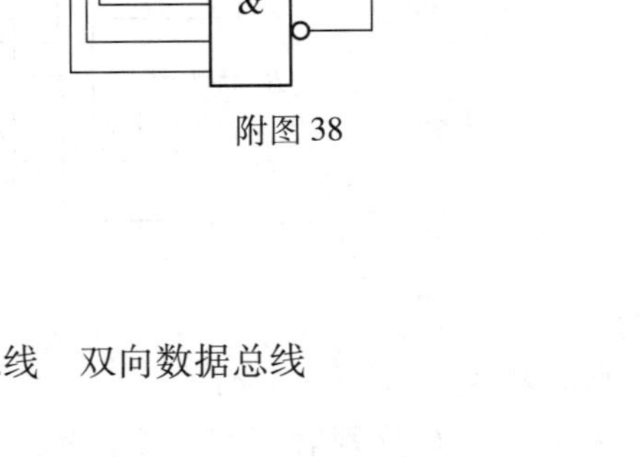

附图 38

第 2 章

1. 填空题

(1) 1　0　0　1

(2) 高电平　低电平　高阻态　单向数据总线　双向数据总线

(3) 线与

(4) 截止区　饱和区

2. 选择题

(1) B　(2) B　(3) B　(4) C　B

3. 计算题

（1） $U_{NH}=0.6V$ $U_{NL}=0.5V$

（2）

1） $U_O=0.7V$

2） $U_O=5.7V$

3） $U_B=5V$，$U_O=5.7V$

4） $U_B=4.65V$，$U_O=5.35V$

（3）（a） 可正常工作 $Y_1=\overline{A}$ （b） $Y_2=0$ （c） $Y_3=1$ （d） $Y_4=A+B$ （e） $Y_5=0$ （f） $Y_6=\overline{A+B}$

（4）（a） 正确 （b） 不正确，应将地端悬空 （c） 不正确，应将悬空端接地 （d） 正确 （e） 不正确，应为 OC 门

（5） 略。

第 3 章

1. 填空题

（1） 逻辑电路 时序电路 （2） 输入信号的现态 （3） 门电路 （4） 编码 （5） 5

2. 选择题

（1） A （2） D （3） B （4） C

3. 分析题

（1） 真值表略。

$$F = \overline{A\overline{B} + \overline{B}C}$$

（2） 真值表略。

$$Y_1 = \overline{\overline{A}BC + A\overline{B}C + AB\overline{C} + \overline{A}\,\overline{B}\,\overline{C}}$$ 奇数个 1 的检出功能

$$Y_2 = AB + AC + BC$$ 两个或两个以上 1 的检出功能，即多数表决器

4. 设计题

（1）

1）真值表略。

2）$D = \overline{A}C + AB$

3）

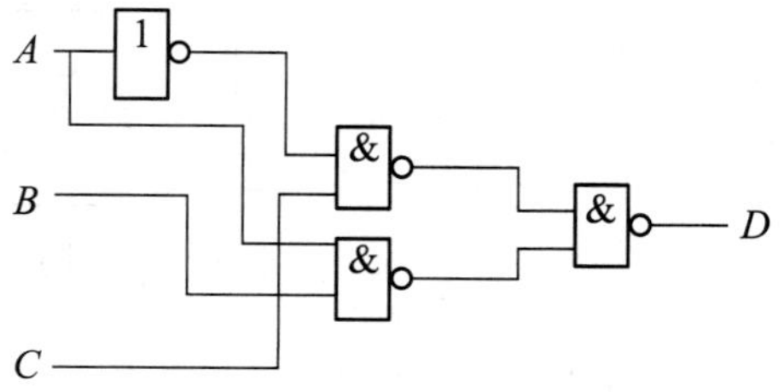

附图 39

（2）

1）真值表略。

2）用 A、B、C 分别表示红、黄、绿三盏灯，用 Y 表示输出，并规定发生故障时用 1 表示。

$$Y = \overline{A}\,\overline{B}\,\overline{C} + \overline{A}BC + A\overline{B}C + AB\overline{C} + ABC$$

用卡诺图化简得：$Y = \overline{A}\,\overline{B}\,\overline{C} + BC + AC + AB$

3）

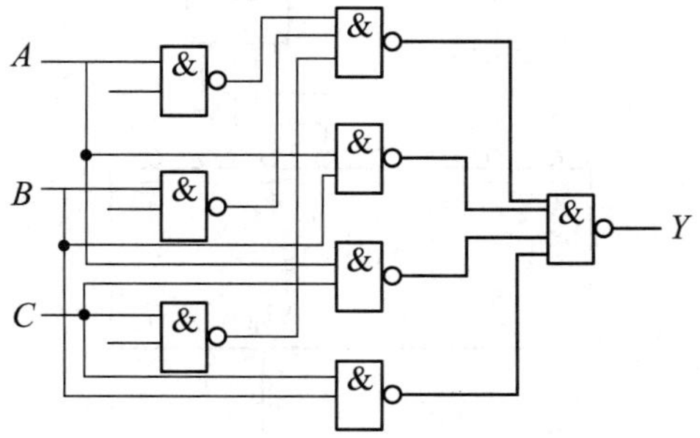

附图 40

（3）用A、B、C分别表示三个工厂，用Y_1、Y_2表示甲站和乙站，并规定供电时用1表示。

$Y_1 = \overline{A}\,\overline{B}C + \overline{A}B\overline{C} + A\,\overline{B}\,\overline{C} + ABC$

$Y_2 = A\overline{C} + AB + BC$

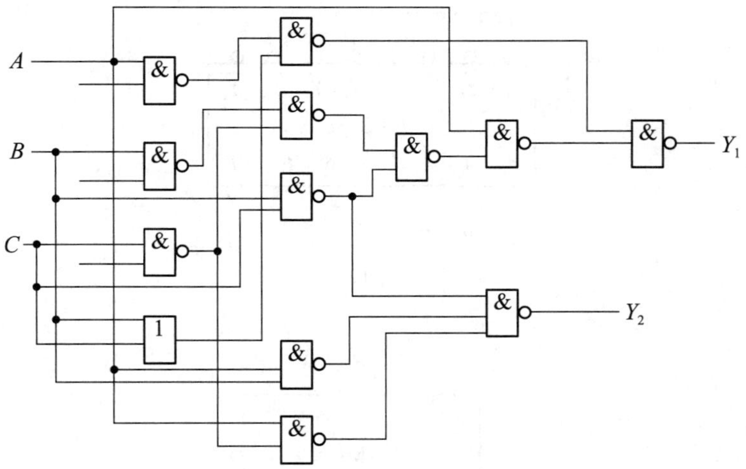

附图 41

（4）

$Y_1 = AC$

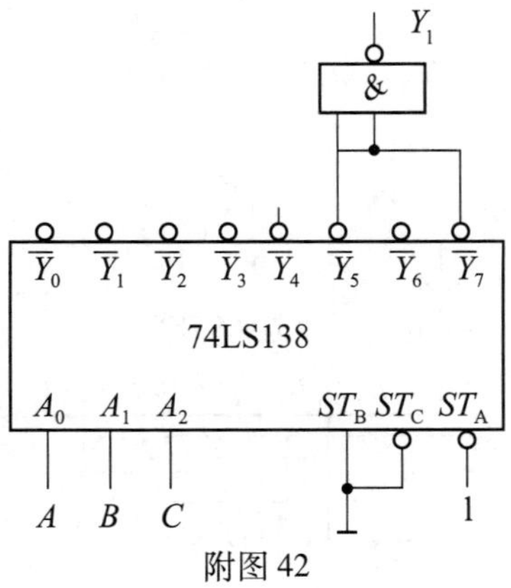

附图 42

$Y_2 = \overline{A}\,\overline{B}C + A\,\overline{B}\,\overline{C} + BC$

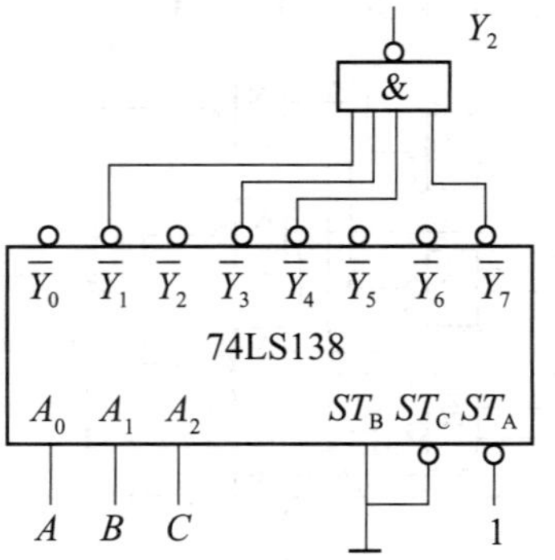

附图 43

$Y_3 = \overline{B}\,\overline{C} + AB\overline{C}$

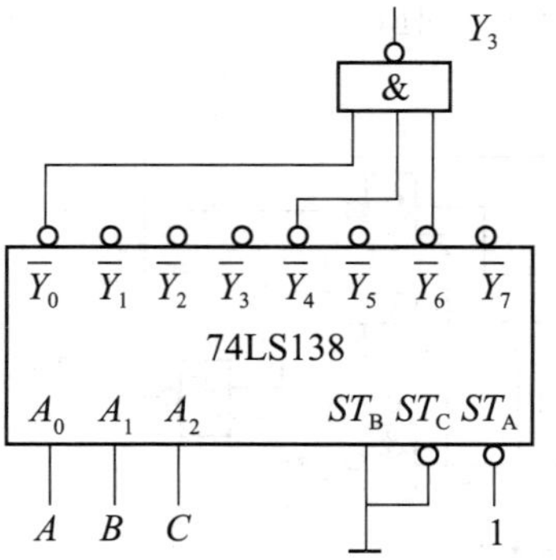

附图 44

(5)

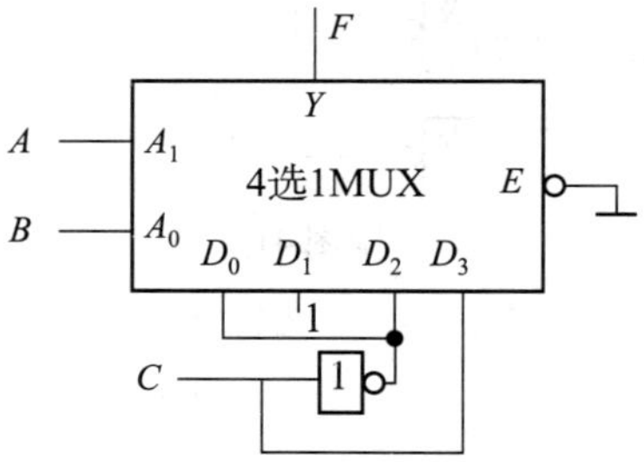

附图 45

(6)

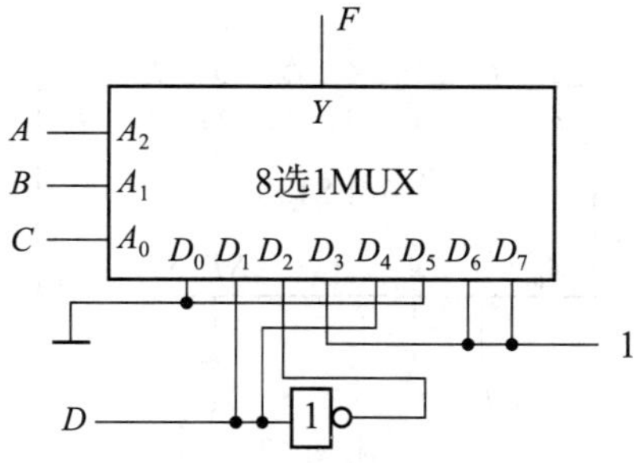

附图 46

第 4 章

1. 填空题

（1）2　8

（2）0　0

（3）$Q=1$　$Q=0$　Q

（4）$RS=0$

2. 选择题

（1）C　（2）C　（3）A

3. 判断题

（1）×　（2）√　（3）√

4. 画图题

（1）略。

（2）略。

第 5 章

1. 填空题

（1）组合　时序

（2）时序逻辑电路　组合逻辑电路

（3）无效状态　有效状态

（4）有效

（5）连在同一个时钟脉冲上

（6）2^n

（7）4

（8）S_N　S_{N-1}

（9）串行进位方式　并行进位方式

（10）基本　移位

（11）逐位移动

（12）左　右　串入　并入

（13）4　4

2. 选择题

（1）D　（2）D　（3）B　（4）B　（5）D　（6）A　（7）A　（8）D　（9）D　（10）B

3. 计算题

（1）五进制计数器，进位信号低电平有效，能自启动。

（2）略。

（3）略。

（4）状态图如下图，其余略。

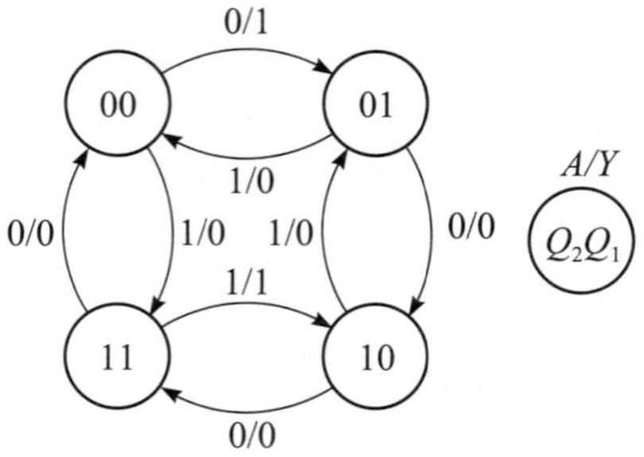

附图 47

（5）50 进制计数器。

（6）$M=1$ 时，六进制；$M=0$ 时，八进制。

（7）$A=1$ 时，十二进制；$A=0$ 时，十进制。

（8）二十进制。

（9）～（15）略。

第 6 章

1. 填空题

（1）两个

（2）施密特触发器

（3）单稳态　施密特　多谐振荡

（4）导通　截止

（5）脉冲整形　展宽　延时　定时

（6）充放电

2. 选择题

（1）B　（2）C　（3）B　（4）D　（5）B

3. 计算题

（1）10/3　5/3　5/3

（2）略。

（3）4　2　2

第 7 章

1. 填空题

（1）采样　保持　量化　编码

（2）分辨率　转换精度　转换时间

2. 选择题

（1）B　（2）C　（3）A　（4）D　（5）A

3. 计算题

（1）9.96

（2）10

第 8 章

1. 填空题

（1）只读存储器　随机存储器

（2）地址译码器　存储矩阵　输出缓冲器

（3）与阵列和或阵列　与阵列

（4）1　8

2. 选择题

（1）C　（2）D　（3）B　（4）C

3. 分析题

（1）略。

（2）略。

参考文献

1. 高永强，王吉恒．数字电子技术．北京：人民邮电出版社，2006
2. 郭建华．数字电子技术与实训教程．北京：人民邮电出版社，2004
3. 胡锦．数字电路与逻辑设计．北京：高等教育出版社，2002
4. 李妍，姜俐侠．数字电子技术．大连：大连理工大学出版社，2003
5. 赵玉菊．电子技术仿真与实训．北京：电子工业出版社，2009
6. 余孟尝．数字电子技术基础简明教程．北京：高等教育出版社，2007
7. 江晓安，董秀峰，杨颂华．数字电子技术（第三版）．西安：西安电子科技大学出版社，2008
8. 张克农．数字电子技术基础．北京：高等教育出版社，2003
9. 王桂馨，张惠敏．数字电子技术．北京：中国铁道出版社，2002
10. 杨颂华等．数字电子技术基础．西安：西安电子科技大学出版社，2008
11. 孙丽霞．数字电子技术．北京：高等教育出版社，2004
12. 杨志忠．数字电子技术基础．北京：高等教育出版社，2004
13. 张友汉．数字电子技术基础．北京：高等教育出版社，2004
14. 李中发．数字电子技术（第二版）．北京：中国水利水电出版社，2007
15. 杨碧石．数字电子技术基础．北京：人民邮电出版社，2007
16. 张志良．数字电子技术基础．北京：机械工业出版社，2007
17. 邱寄帆，唐程山．数字电子技术．北京：人民邮电出版社，2009

教师信息反馈表

为了更好地为您服务，提高教学质量，中国人民大学出版社愿意为您提供全面的教学支持，期望与您建立更广泛的合作关系。请您填好下表后以电子邮件或信件的形式反馈给我们。

您使用过或正在使用的我社教材名称		版次	
您希望获得哪些相关教学资料			
您对本书的建议（可附页）			
您的姓名			
您所在的学校、院系			
您所讲授课程名称			
学生人数			
您的联系地址			
邮政编码		联系电话	
电子邮件（必填）			
您是否为人大社教研网会员	□是　会员卡号：______ □不是，现在申请		
您在相关专业是否有主编或参编教材意向	□是　　□否 □不一定		
您所希望参编或主编的教材的基本情况（包括内容、框架结构、特色等，可附页）			

我们的联系方式：北京市海淀区中关村大街31号
中国人民大学出版社教育分社
邮政编码：100080
电话：010-62515910
网址：http://www.crup.com.cn/jiaoyu/
E-mail：jyfs_2007@126.com